写作能让孩子走多远

鲁稚 著

这是一本帮助父母引导孩子爱上写作的图书。作者根据自己辅导孩子爱上写作、通过写作成功迈入名校大门，并且积极勇敢地面对人生挫折的经历，分享了如何让孩子爱上写作、学会写作，并且从写作中收获成长的力量。兼具作家和母亲双重身份的作者，在书中既提供了很多具体的写作技巧和方法，又分享了很多教育孩子的真谛，字里行间流露出一个作家的人文关怀和一个妈妈对孩子的温情。本书文字温暖流畅，娓娓道来，让人读完有拿起笔写作的冲动。

图书在版编目（CIP）数据

写作能让孩子走多远 / 鲁稚著. — 北京：机械工业出版社，2023.6（2024.10重印）
ISBN 978-7-111-73427-7

Ⅰ.①写… Ⅱ.①鲁… Ⅲ.①汉语—写作—少儿读物 Ⅳ.①H15-49

中国国家版本馆CIP数据核字（2023）第118024号

机械工业出版社（北京市百万庄大街22号　邮政编码100037）
策划编辑：刘文蕾　　　　　责任编辑：刘文蕾
责任校对：薄萌钰　王　延　封面设计：吕凤英
责任印制：邸　敏
北京富资园科技发展有限公司印刷
2024年10月第1版第2次印刷
165mm×225mm · 23印张 · 247千字
标准书号：ISBN 978-7-111-73427-7
定价：59.80元

电话服务　　　　　　　　　网络服务
客服电话：010-88361066　　机 工 官 网：www.cmpbook.com
　　　　　010-88379833　　机 工 官 博：weibo.com/cmp1952
　　　　　010-68326294　　金 书 网：www.golden-book.com
封底无防伪标均为盗版　　机工教育服务网：www.cmpedu.com

自序

写作让我走多远

在这本书尚为书稿时,我和责任编辑文蕾讨论书名,谈到"走多远"。我想,既然我要在书中回答"写作能让孩子走多远",那么,写作让我走了多远?当我想到这个问题时,胸中忽然涌出无边的暖意,就像许多年前,我还是个小孩子时,有一次生病咳嗽不已,任何药都止不住,咳得几乎窒息,妈妈突然抱住我,用她的嘴贴着我的背心,向我哈气。那温暖的气息从她唇间哈出,穿过我的后背,直抵肺腑,我竟然奇迹般地止住了咳。

妈妈呀,为什么我每次写你,都会流泪?

写作不是能让我走多远的事,它根本就是让我还能坚持走的事,我至今还在这世上走着,我还没有咳死,我得记着妈妈哈给我的气。

我的人生也曾有过黑暗时期,在孤独绝望的深夜,我躺着哭泣,我起来抽烟,我打开窗户想对着外面号叫……一切都无济于事,我被无边的阴郁所包裹,撕不开任何一个小口子。最终,我只能坐到桌边,拿起笔,在日记本上漫无目的地写。

只要开始写了,内心的乱流就变成了字,我被这些字所吸引,忘记了那是我自己的苦痛。我仿佛在品尝别人的苦痛，咀嚼它们。圣严法师说，"把烦恼化作智慧和怜悯"。我的苦痛，在书写中化作了智慧和怜悯。

无边的苦痛，无边的智慧和怜悯。

在度过无数个这样的夜晚之后，我还是有苦痛，但已经不轻易绝望了，因为我知道，写着写着，晨光就会爬上树梢，星星会逐渐变淡，整个天空慢慢亮起来，窗外又有了脚步声，我又可以去厨房做早餐，心里有微微的喜悦，仿佛昨夜的沮丧从未存在过。我又活了。

当然，过往也有高光时刻，但它和黑暗一样，无法与人共享，我还是只能同写作举杯，将所有欣喜和满足都倾泻给文字。知我者，我自己也。

年轻时我也曾有过强烈的倾诉欲，逮着一个相互能懂的人，就整夜整夜地交谈，情状堪比恋爱。但年岁渐长，相互能懂的人越来越少，我渐渐接受了独行的安排。一个人在世上走，一个人欣赏沿途的风景，一个人体味内心的波澜，当偶尔冥思苦想而有所得时，一个人沉醉于轻盈通透的快感之中——无非就是把它写下来！除此之外，你又能找谁去说呢？谁又要听你说这些？

我习惯了写。写作是我唯一的朋友，唯一忠诚的、永远的伴侣。

所以你认为，写作对我来说意味着什么？

它当然还有更多的意义。写作不仅安顿了我的灵魂，还给了我饭碗。这是很多普通人所关心的。

我大学读的是中文系，第一份职业是教师，在师范学校教语文，第一年教《语文基础知识》，第二年换成了《文选与写作》，直至六年后离开学校。然后做过记者、编辑，无不是靠写作吃饭。再后来写书、出书、办文化公司、做自媒体，之所以都还能做出点样子，着实离不开那点儿写作根基。

现在我满脸皱纹了，人生进入倒计时，但我时常在镜子中看见一个目光清澈的"少年"，听听自己的心跳，还是有力的，节奏分明。我相信，这也与写作有关。写作让我更结实地感受这个世界，也让我从这份感受中获得宁静与成长。此生能享受写作，夫复何求？

那么，我与写作的缘分是如何开始的呢？

这大约源于基因，我父亲就喜欢写，记忆中我小时候他就经常在报纸上发表文章，他一生中大约写了三本书，一本是正式出版的，一本是内部发行的，还有一本是自娱自乐的。但从体量来说，它们都称得上"书"。

我母亲虽没出过书，也没发表过文章，但她喜欢读书，而且品味不俗。她和我父亲都是学历史的，他们是大学同学。既然能从大学历史系毕业，至少《左传》《史记》之类专业书籍是读过的吧。我所亲见她读过的"闲书"有《红楼梦》《聊斋志异》《世说新语》《三言二拍》之类，《庄子》她也可以背诵一些篇章，这些书家里都有，我偶尔也翻翻。当然，《青春之歌》《林海雪原》《艳阳天》这类当时的畅销书家里也有，我们这代人少年时的精神胃口都由这类书籍喂养。

大概因为耳濡目染，我从小就喜欢读书，作文也写得好，经常被老师拿到班上念。由于经常得到表扬，写作文的动力自然倍增。心理学家阿德勒说，人的一切活动都是为了获得优越感，深以为然。写作文使我超越平凡，获得了优越感，也可以说是让我获得了成就感和自信心，所以我从小就喜欢写。

然后，随着青春期的到来，总有一些东西需要宣泄，没有谁可以倾诉，我只能选择纸和笔。初中时我已经在老师布置的作文之外，自己偶尔写点东西。现在已记不清写了些什么，可能就是一些小感想、小情绪吧，也可以算是日记，但并没有精美的日记本，只是找个好点的作业本写在上面。有些自认为不安全的文字，又或是觉得毫无意义，写了就随手撕掉或烧掉，一篇也没留下来。

我早期的日记，不仅仅是学生时代的，甚至是30岁以前的日记，都没有留下只言片语，由于各种原因毁掉或流失了。这让我的生命仿佛残缺不全，有一部分永远遗失在记忆的黑洞中。当然，这也不全是坏事，至少解除了一部分记忆的负担。

我曾经以为，我写作的目的是为了抵抗时间，抵抗遗忘，让易碎的生命能经久耐用，即使当我生命已逝，文字还在，我就仿佛还在，还在文字中呼吸。但其实，我现在已经明白，这不过是臆想，是自恋。我和我的文字，都终将如我那些消散的日记一样，灰飞烟灭。

由此看来，写作真的就是一个过程，所谓作品，只是这个过程的自然结果。当这个果实结出来以后，这一段过程也就结束了。所以我并不爱看我自己写的书，也不爱看关于我的书的评论，甚至不爱在自媒体上使用书里的文章。写完就完了，再写下一篇、下一本，开始下一段过程。就是这样。

到高中时，我的写作已经带有一些创作成分了，偶尔写点散文，发表在学校的黑板报上。想必那时我写的东西多少有点打动人心之处，黑板报前也常有人驻足阅读。没想到的是，居然就因此有男生追我（也许并不仅仅因此），匆匆塞给我的"纸条"里，就引用了我发表在黑板报上的散文，把我比喻成文中所写的"茉莉"。那是我生平第一次收到男生的纸条，可想而知，震撼之大。

我生性腼腆，不爱说话，长相平庸，无任何文艺特长，平素只能仰望"校花"，羡慕别人的风光。然而，就是这么平凡的我，却在高二那年收到了男生的纸条！那个年代，学生早恋让人闻之色变，有人为此受处分，有人为此被开除，那个男生得冒着多大的风险给我递纸条啊！还是当面递的，在我去隔壁父亲学校的必经之路上——不知道他观察了多久，埋伏了多久，才终于得到这个机会！我至今记得他当时的眼神，只有初恋的少年才能那样燃烧。

我们之间并没有发展出浪漫的关系，但我终身感激他。

写作是有力量的，对于年轻人来说，写作不仅仅是事业的台阶，还是恋爱的利器，说不定真的可以凭着文字一箭穿心。

由此可见，写作于我来说，是多种意义的纠缠。在很早的时候，写作就已经成了我生命的一部分。随着岁月流逝，写作的意义也沉淀下来，越积越多。

写作本质上是一种表达方式，所以它总是与人的生命状态相关。青春年少时，文字都带有荷尔蒙的气息；进入社会，写作难免掺杂功利之心；等到生了孩子，做了母亲，写作则呈现出温润睿智，与母性息息相通。

我写了这么多年关于家庭教育的书，一直是跟随着儿子成长的步伐。第一本《平凡的孩子也有春天》出版于 2007 年，当时儿子上小学五年级，那本书基本就是写我和他小学阶段的事。之后出版的书，慢慢从小学写到初中、高中，直到他去美国上大学后，我出版了《三年能走多远》，把他高中三年包括申请美国大学的全过程都完完整整复盘了。之后，我在教育儿子这件事上就完成了使命。

现在儿子已经是个青年，已经有他自己的生活和事业，甚至在写作这件事上，他都已经走到了我前面。我写作多年，至今还没出版过一本小说集，但他已经出版了两部长篇小说（一部中文、一部英文），现在又在写第三部。儿子不再需要我教育，我也就失去了写教育书的激情，决定不再以儿子为主角。我仍然会写，但会回归到更广义的写作上，更多地写自己。

多年前，为了说服一位有才华的女孩写书，我说："你要想变成某方面的专家，最好的办法就是写一本书，写书会让你深入思考有关的问题。你自己都想不透的，无法写成书。等你的书写完了，你也想透了。对个人成长来说，没有比写书更好的捷径了。"她后来果然写了。

写作不仅是思考结果的呈现，它本身就是思考的工具。感谢上帝给了我如此合用、永不生锈的工具，我借着它生存、丰沛！

所以，写作让我走了多远？

写诗歌和散文，帮助我涉过人生的险滩，我活下来了；写寓言和小说，帮助我骑上感性的马，种下理性的树，终究一路风景，一路硕果；写教育书，让我收获更好的儿子、更好的家庭和更好的自己。同样，写这本关于"写作"的书，也帮助我在创作路上进一步探寻。

忽然想起，我母亲不仅爱读，她年轻时也是爱写的。母亲去世那年，我整理她的遗物，从箱底翻出一个笔记本，红色的封面已破旧黯淡，里面的内容也大多简短，皆似匆忙之笔，但我却读得泪眼婆娑。

其中一篇是这样的："某年某月某日，我秀华会笑了。"短短一句让我泪如雨下。秀华就是我，奶奶为我起的名。我，秀华，一个小小的生命，我会笑了，母亲把这写进了日记。当我读到这短短一句时，母亲已经不在人世。我的妈妈，我来迟了，你的秀华已成为鲁稚，你应该早把日记给我看，让我也抱你一次，看你在我怀中笑，我要把你写进书里。

写作有什么用？我在这本书里还会讲写日记的意义，它不是为了练笔，它就是生命的记录，就像我的妈妈，用这短短一句穿透岁月，留下永恒印记。

那么，什么是好的写作？写作能让我们走多远？其实我也说不清。如果你的文字能给你自己哪怕一丁点儿安慰，能让别的任何人哪怕有一丁点儿感动、一丁点儿启发、一丁点儿记忆，那就是了不起的事。

写作文也应如此。我会慢慢讲来。

鲁　稚

目 录

自序　写作让我走多远

第一章
六岁前,孩子与写作有什么关系

1. 自己形成观念的能力,比观念本身更重要 /003
2. 真挚的情感是最宝贵的财富 /012
3. 学会好好说话,就是写作的开始 /015
4. 爱和包容,是怎样滋养灵魂、影响表达的 /019

第二章
学写之前,先学会说

1. 从小事说起 /027
2. 让孩子自己说 /029
3. 完整的表达需要耐心 /032
4. 说清楚的实质是想清楚 /037
5. 感染力是怎么培养出来的 /046
   夸张背后,是珍贵的想象力 /046
   举例和比喻,意味着什么 /049
   丰富精准的词汇是怎样"炼"成的 /051
   幽默之花只能在自由中开放 /052
6. 最重要的是家长要善于听 /056

第三章
写作第一关：从"怕作文"到"爱作文"

1 让写作回归表达 /061
　　作文不复杂，能说就能写 /061
　　大人走开，让孩子专心写 /066
　　不要纠缠枝节，写出来再说 /069
　　最好的练笔是"写以致用" /073
　　展示的机会要自己争取 /075

2 写作中的障碍不可避免，关键是怎么办 /081
　　作文是个"坑"，但不要怕 /083
　　自己试错，自己成长 /089

3 让作文变得好玩 /094
　　写作原本是一场游戏 /094
　　放松的感觉有多好 /100

4 评判的艺术 /104
　　写作需要"被看见" /104
　　把评判变成交流 /106
　　尊重孩子的表达 /111
　　不要盯着小错不放 /113
　　永远给他"100分" /117
　　指导孩子写作的几个要点 /121

5 把作文当成作品 /127

第四章
写作第二关：解决"不知道写啥"的难题

1 有分数"作妖"，很难写出自己的真情实感 /137
2 内心的感受需要细细体会 /144
3 没有生活经验，哪来写作素材 /151
   不要做圈养的天使 /151
   走出去，与丰富的素材相遇 /158
   让孩子参与大人的事 /164
   学会看见，学会思索 /168
   抓住感悟的瞬间 /171
4 要有从容观察的时间 /176
5 允许孩子写废话 /178
6 养成随手记录的习惯 /180

第五章
写作第三关：如何写得出彩

1 真实的文字最有力 /185
   相信直觉，找到打动你的东西 /185
   回到写作的原点，真实表达 /187
   自信，才能表现个性 /192
2 有细节才有生命 /196
3 想象给文字上色 /200
   写作需要想象力 /200
   几种培养和运用想象力的方法 /204
4 没有观点，文章就是一潭死水 /215
   提问的能力 /216
   追问的能力 /218
   概括的能力 /222
   批判性思维 /224
   如何借鉴而不抄袭 /226

第六章
关于阅读的正解和误解

1. 建立对书的亲近感 /231
2. 如何向孩子推荐书 /235
3. 读想读的书 /238
4. 读完整的书 /244
5. 多读"闲"书 /247
6. 既读虚构类书，也读非虚构类书 /253
7. 不着急，慢慢来 /257
8. 读书不在多，关键要思考 /263
9. 挤时间读书 /265
10. 阅读不只是"读" /267

第七章
最好的习惯，莫过于写日记

1. 写日记之好，难以尽言 /271
2. 什么时候开始写，决定着能否持续写下去 /276
3. 心中燃起一团火，从此就亮了 /279
4. 日记不是作业，请勿批改 /283
5. 有安全感，才能说人话 /289
6. 习惯养成了，不写还难受 /294

第八章
初中，从作文到创作

1. 从写日记到写小说 /299
2. 坚持，必有所成 /301
3. 最好的老师就是自己 /306
4. 写作，是灵魂开出的花 /310

第九章
写作把他送进世界名校

1. 与其补"短板"，不如突出"长板" /317
2. 项目式写作，一场探索 /320
3. 写作为什么能体现领导力 /327
4. 写作为什么能体现行动力 /335

第十章
写作何尝不是灵魂伴侣

1. 写作陪他走过艰难的路 /339
2. 儿子成人，我终获安详 /349

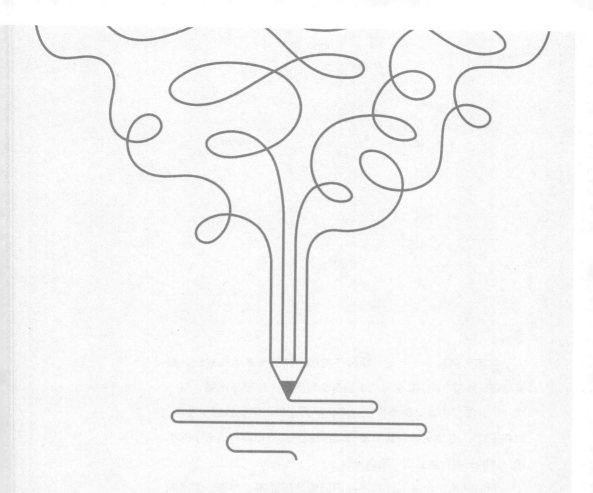

第一章

六岁前,孩子与写作有什么关系

前不久遇到一位老友,聊起各自孩子这二十多年的成长,颇多感慨。她说,"你家鲁鲁从小就有文科气质,你记不记得,有一次我们开车出去耍,鲁鲁坐在后排,半天一声不吭。我问'鲁鲁,你在干啥',他说'我在看风景'。当时我觉得好惊奇,这么小的小孩,才两三岁,就会说'看风景'了!"

我们俩哈哈大笑。我并不确切记得她所说的这件事,但她的话确切地把我拉回到当年的情景,我仿佛看见那个小小男孩,出神地望着车窗外的新鲜景象,说出了"看风景"这句略显老成的话。

这是偶然的吗?不是。那时我的儿子李鲁就是这个样子,比同龄人略显老成,遇事沉稳,语言表达上也显得更清晰、丰富。

他的这些特质是怎么来的呢?现在他已经长大,我终于可以跳出局中人的偏狭,通过复盘来看看自己在教育上做对了什么,或者做错了什么。

先来看六岁以前。

自己形成观念的能力，比观念本身更重要

在孩子成长初期，最好的教育是聊天儿。

儿子鲁鲁出生时，我的身份是私营企业老板。公司不大，业务不多，惨淡经营的唯一好处就是我有比较多的闲暇时间可以陪伴儿子。

由于我母亲早逝，当时来帮我带儿子的是父亲，他是某高校历史系副教授，刚退休，在外面两所学校兼职上课。为了帮我带孩子，他辞去兼职工作，每月收入顿减几千，这算得上很大的牺牲。每天，他从自己家里骑车过来，我把儿子交给他，再去上班。下班回来从他手里接过儿子，他再骑车回自己家。就这样日复一日。

父亲生性幽默，精力充沛，喜欢讲笑话、猜谜语，喜欢带着外孙到处逛，小区的每个角落，周边的每个公园，都留下爷孙俩的足迹……我相信这一切对鲁鲁都有着潜移默化的影响。

而我，最喜欢的就是和儿子聊天儿。是的，聊天儿，而不是训话，也不是教导。我们就像两个成年人在对话，我常常被他深深启发，因而心怀感动与感恩，享受着交流的愉悦。

有段时间，我教鲁鲁认卡片上的动物，每认一种他都要问："咬不咬人？"

我一一回答，有的咬，有的不咬。遇到会咬人的动物，他就惊叹一句："好吓人哟！"

听多了，我就逗他："有什么吓人的？人才是世界上最凶的动物！"

鲁鲁不服："人打得赢老虎吗？老虎'轰'的一口，就把人咬死了！"

"人凭两只手是打不赢老虎，但老虎不会用枪，更不会用坦克、导弹、原子弹，老虎看见人只有躲，躲不掉的就只有死！"

他睁大了眼睛："那什么动物才打得赢人呢？"在他眼里，老虎已经是顶级的杀手，除了老虎，谁还能与人类抗衡？

"只有人能打赢人。你看每天报纸上那么多被汽车撞死的，被强盗杀死的，还有打仗打死的……大多数的人都是被人整死的。"

"人为什么要整死人呢？"他更迷惑了。

我发现我掉进了坑里。深究下去这真是一个太大的问题，动用我全部的知识也未必回答得了。但我还是欣慰我把他引到了一个更复杂的世界里，这让他能够在更大的框架里构建对世界的认识。

这次聊天儿之后，我便对"到底什么动物能打赢人"这个问题发生了兴趣。想来想去，最后发现，越大型越凶猛的动物，对人类的威胁越小，反而是越小型越原始的动物，对人类的威胁越大。世界上真正死于老虎、狮子的人很少，但老鼠带来的鼠疫、蚊子带来的疟疾、蝗虫带来的饥荒，等等，却给人类造成了巨大的灾难。所以，平常我们眼中所见的世界，只是一个很表浅、很局部的世界。我们对世界了解越多，思考越多，对世界的认识就越深广。

后来，当我和鲁鲁再去玩那些卡片，认识各种各样的动物、植物时，自然而然会聊到我的这类思考。鲁鲁有时会惊讶，有时也会默想。无论他接下来是否还会继续发问，这片刻的默想已让我欣慰了。

我这本书谈的是写作，而写作这件事，从本质上说，就是用文字来表达自己的所思所感。世界就是那么个世界，每天发生着各种事情，但面对同样一件事情，每个人的感受和看法却不同，这些不同的感受和看法，决定着文章的高下。

同一个世界，为什么不同的人会有不同的感受和看法呢？大概是因为每个人在早年都形成了自己对世界的基本判断，如同戴上了有色眼镜，使得各人眼中的世界都有某种固有的基调，这就是世界观。

乐观的人，看世界总在开花；悲观的人，看世界总在落叶。孩子们学习写作，最初可能没有太大区别，因为欠缺的都是基本的文字表达技巧，每个孩子都是初学者，都还在模仿阶段，谁学得像谁就写得好。

但随着学习的深入，基本技巧解决了，就要看谁能运用这些技巧，写出更好的内容。紧接着技巧就退居次位，谁对事物有更好的认识，谁就能写出更多的启迪、更深的感动。到后来，写文章比拼的不再是"写"，而是"想"和"感"——有思想、有观点、能使人感动的才是好文章。

思想和观点从何而来呢？是从对世界的观察和思考中得来的。那么，世界是变化的，人的思想和观点是否也要随之变化？尽管道理好懂，但事实上，不管世界如何变，大部分人都很难改变自己的固有观念。

为什么会这样？或许是因为，那些最初的观念本来就是作为一种现成的东西被灌输进脑子里的，本来就不是自己观察和思考的结果。很多人在早年就已经失去了依据自己的观察和思考而形成观念的能力。没有这种独立思考、形成观念的能力，世界变了，观念却不能相应地重新形成，也就无法奢谈改变，自然就成了僵化之人。

形成观念的能力比观念本身更重要。

如何才能让孩子具有形成观念的能力呢？最现实的途径还是在于家长自身不僵化，然后用灵活开放的思维去影响孩子。

记得鲁鲁还在上幼儿园时，有一天我们正在吃苹果，他忽然说："老师说，大苹果要让给小朋友。"

我随口答："那你拿到大苹果就让给小朋友吧。"

"那小朋友拿到大苹果，又会不会让给我呢？"

"当然，他也要让给你！"

"哈哈，那还是我吃大苹果！"鲁鲁高兴得摇头晃脑。旋即又问："如果他不让给我呢？"

那还真是个难题。人的本能，就是想吃大苹果，而大苹果数量有限。那么，有限的大苹果到底该由谁来吃？

我问鲁鲁："幼儿园分苹果是老师发给小朋友，还是小朋友自己去拿？"

"老师把装苹果的小桶儿放在前面，小朋友排队自己拿，一人拿一个。"

"哦，你会挑大的吗？"

"我想挑大的,老师不准,只准挨个拿。"

"那就对了,拿到哪个算哪个。如果每个小朋友都挨个拿,这次可能拿到小的,下次可能就拿到大的了。"只要规则是公平的,就不必刻意教导孩子们"让苹果",甚至根本不必让孩子们注意到苹果的大小。老师也许是想借机进行思想品德教育,可有时候成年人的刻板灌输反而让孩子困惑。

我问鲁鲁:"你拿到过大苹果没有?"

"拿到过。"

"如果老师让你把大苹果让给小朋友,你干不干?"

"不干!"

"如果老师说'你不让给小朋友就不乖',你让不让呢?"

他犹豫地望着我,不知道该怎么答。我说:"这是你的苹果,你可以自己决定。"

"那我到底让不让呢?"他还是困惑。

"我觉得要看那个小朋友是谁,还有为什么要把大苹果让给他。如果是你的好朋友,他非常非常想要你的大苹果,你觉得让给他你自己也挺高兴,就可以让给他。如果让出大苹果,你心里很生气、很委屈,就不要让。如果是一个小朋友摔了一跤,哇哇大哭,你把大苹果让给他,他就不哭了,你也可以让给他。如果一个小朋友拿他的玩具和你换大苹果,你又正好喜欢他的玩具,就可以把大苹果换给他……"

"如果小朋友不给我玩具,非要我的大苹果呢?"

"那就是抢了!如果你比他力气大,就不要给他,保住自己的苹果。

> 价值观并不是靠灌输某种现成观念而形成的。父母要教会孩子看待问题的方法，让他们在观察分析的基础上，去形成自己的判断。这个"形成"的过程比"接受"现成观念更为重要。

如果你抢不过，也可以让给他，但要告诉老师和妈妈。"

一个苹果，牵扯出很多问题，和孩子聊聊怎样分苹果，以理性、客观、开放的态度去讨论，其实也就是在帮助孩子建立规则意识、物权意识，以及资源的获得与分配方式、人与人之间相处的原则，等等，这些都是人生的大问题，说到底就是价值观。

价值观会在整整一生中，随时随地以各种方式考验一个人。将来孩子写作文也绕不开价值观。

我们现在都非常强调批判性思维，其实批判性思维的精髓就是不盲从，独立思考。从小习惯于独立思考的孩子，很早就可以展现出写作上的优势。

我曾经的写作班学生，一年级的小朋友王君莱，写过这么一篇童话，《松鼠与蛇》。

松鼠与蛇

一天，松鼠在找松果，它看见一棵大松树，蛇在树上晒太阳。

松鼠说："蛇，你再不准备过冬的食物，到了冬天就会饿死的。"

蛇说："没关系，我整个冬天都在睡觉。"

寓意：不要用自己的生活看待别人。

这篇童话很短，看前面的情节你会觉得平淡无奇，无非就是劝人勤勉的论调。但读到最后一句，却会为之一惊，这个一年级的小不点儿，真是个小小哲学家啊！年龄虽小，领悟的道理一点也不小。开始我们以为她要赞美松鼠的勤劳，批评蛇的懒惰——这是书中常见的教诲——没想到最后她却借蛇之口道出了更深的哲理：每一个生命都自有其生存之道，不要以自己的生活标准衡量他人。

孩子的潜力是巨大的，在童年拥有尚未受到拘束的心灵，而这就是一笔宝贵的资源，只要不被糟蹋，足可受用一生。

家是孩子最好的学校，教育就在日常的点点滴滴中。每个孩子都是从认识身边的事物开始认识世界、形成观念的。我们和孩子朝夕相处，每天都会面临不同的问题，由此开启不同的对话，每一次对话都是在为彼此思想的大厦添砖加瓦。

鲁鲁四岁的时候，我带他到北京玩（当时我们还住在成都），住在朋友家。附近有个超市，我常和鲁鲁去购物。去超市的路正在改造，路边堆着很多水泥管，鲁鲁就去爬。

"不要爬，危险！"我警告他，"以前有个娃娃去爬堆着的铁管，结果铁管没堆稳，滚下来，就被压死了！"我用事例来加强威慑力。

"死了？那纪念他没有呢？"鲁鲁大概想起了前几天去天安门广场看过的人民英雄纪念碑，把"死"和"纪念"联系到了一起。

"没有，他只是一般的人。"我自然地把这个小孩和"英雄"区分开。

"什么人才会被纪念呢？"

"只有对社会有很大贡献,为别人做出牺牲的人才会被纪念。"

"什么叫'贡献'?"

"就是做好事,对别人有用。"

"哦,知道了。那个娃娃是没有用的,自己要去爬,不听话,不乖!"他只差说出"活该"两个字了。

我立刻意识到我的回答不妥,"也不是不乖,他只是不懂事,不知道危险。虽然他只是个娃娃,但是也不能说他没有用。别人不纪念他,他的爸爸妈妈会永远纪念他。"我赶紧纠正之前的说法。

"为什么呢?"

"因为爸爸妈妈爱他呀!不管他有用没用,都会想念他的。"说这些的时候,我心底涌出一股难言的疼,不自觉地把鲁鲁揽在怀里。但说完又立刻感觉到不妥,我还是错了!我在安抚儿子,表达自己无条件的爱的时候,还是传达了一个错误的信息——这个娃娃的确是没有用的,对其他人来说。

那么,一个小孩,或者一个普通的、渺小的生命,如果对陌生人、对社会来说没有用,我们又为什么还要尊重他、爱惜他呢?显然,任何一个小孩都值得所有人珍惜。那么,小孩的用处到底在哪里?为什么每一个小孩、每一个生命都值得珍惜?

我和鲁鲁的对话实际上又涉及了一些根本性的问题。当然,我们不可能通过一次对话就把所有问题都搞清楚,但至少这次对话涉及了"爱",涉及了"一个人存在的意义",它可能成为下一次对话的阶梯。

我和鲁鲁的对话中,充斥着类似的对世界的探索,哪怕他还是个小屁孩，我也不认为他一点儿不懂，我不会因为他暂时的幼稚而回避一些深奥的问题。有时候，哪怕我回答不了，但问题的产生就已经埋下了思考的种子，或许答案会在多年后发芽。

写作并不是从"写"那一刻才开始的，你是个什么样的人，内心有什么样的东西可表达，都会体现在文章里。哪怕一篇最简单的文章，也是作者整个心灵的体现，就如哪怕是一缕最幽微的花香，也准确地标注着整朵花的特质，茉莉是茉莉的，玫瑰是玫瑰的。

> 写作能力的养成，从培养一个完整的人开始。而培养人的工程，从人诞生的那一刻就起步了。

真挚的情感
是最宝贵的财富

情感是文章的基础，冷酷的人写不出温暖的文字。文字比外貌、比语言更能表现真实的灵魂。

记得鲁鲁很小的时候，有一次我们聊到宇宙飞船。

鲁鲁问："火箭打不打得到天上去？"

"当然可以，宇宙飞船就是火箭发射上天的。"

"宇宙飞船可以飞到哪里去呢？"鲁鲁对飞船很神往的样子。

我马上给他描绘出一幅美好蓝图："飞到其他星星上，比如火星、月亮，在月亮上还可以看见我们地球，是蓝色的，很漂亮。"

鲁鲁一听更是兴奋："我也想到月亮上。"

"你们这一辈人也许能上去，再过几十年，说不定去月亮就像去北京一样方便。"

"那你呢？"鲁鲁睁大眼睛望着我。

"我，已经不在了。"

"死了？"

"是的。"

"爸爸呢？"

"也一样。"

"我一个人上去呀？我害怕。"

我忍不住伸手摸摸他的脑袋，那刚剪过的头发短短一层，毛茸茸的："不害怕！那时候你已经有自己的娃娃了。你可以带他们一起上去。"我想如果真有那一天，他肯定不孤独。

鲁鲁笑了："我还要给他们说'不害怕'，还要给他们买糖吃。"

突然感到生命太美好，美好得让人想哭。人就是这样代代相续，彼此支撑着绵延下去。人活一世，有了孩子，真的是什么都有了。

这段文字，我相信今天读到它的人还是会怦然心动，虽然它只是出自一个普普通通的三岁小孩之口。二十多年过去了，世上有多少文字速生速死，连成为垃圾都不配，而这段平实的记录却仍能打动人心。为什么？它是美好人性的真实流露！

要写出感人的文章，比写出有思想的文章更难。因为人被感动更多的是出于直觉，要达到"被感动"的强度，不仅要对文章内容有理性的认可，更要在情绪上受到感染，而极致的感染会超越理性达到生理上的共鸣，譬如流泪，譬如情不自禁笑出来。这些情不自禁的表现，自然而然发自于心，甚至没有道理可讲。

文章要达到这样的感染强度，作者自己对所写之事没有强烈的情感是不可能的。饱满的文字皆发自饱满的内心，情感自然生成，流于笔端。

孩子的心最纯洁，孩子的爱也最真诚、最深厚，往往孩子随意说出的话，都会让我们感动得热泪盈眶，就因为那些单纯的话里，有孩子最真的情感。如果一个人始终不失去这份本真的情感，何愁写不出感人的文章？

但在现实中，孩子真的会越来越写不出感人的文章。刚学写作文的孩子，虽然文笔简单幼稚，里面却往往有让我们眼睛一亮，或者心中一动的东西，但到了高年级，明明词汇增加了，写作技巧也成熟了，写出来的文章却索然无味。

并不是孩子越长大，文章就必然写得越好。当孩子原本单纯的心被复杂的世界所改造，他写出来的文字也会渐渐失去本味，失去纯真的感染力。这对任何学习写作的人来说，都是需要警惕的。

3 学会好好说话，
就是写作的开始

学习的最好方式是"学以致用"。

鲁鲁两三岁时，一天，我端了碗稀饭（粥）递到他面前："快来，喝点清稀饭。"哪知鲁鲁不干，说："我不喝'轻'稀饭，我要喝'重'稀饭。"满屋的人哄堂大笑。

我们笑是因为他把"清水"之"清"，理解成了"轻重"之"轻"，由此把与眼下这碗清汤寡水的稀饭相反的稠稠饭表述为"重稀饭"。这种突如其来的误会，犹如突发的鞭炮，炸出一片新鲜和欢乐。

细想之下，我们为什么会对一个误用的词反应如此热烈？因为我们的认识已经固化，除了"稠"，就不会再用其他的词来形容稠稀饭了。而儿子打破了这一点，给出了一种新组合，趣味由此而生。

从他本人的角度，虽然这是一次误会，但却体现着思维上的飞跃，以及表达上的突进——他可以造词了！他依据自己的理解，造出了一个反义词，来表达自己的意思。因而我并没有嘲笑他，反而赞扬他说得好，和"轻"相反的就是"重"，只不过这里所说的"qīng"，表示的是"清"而不是"轻"，同一个读音可以表示不同的意思，比如……我相信接下来的解释又给他增加了新的经验，哪怕他似懂非懂。

其实,"重稀饭"的用法未必就不对,只是不符合约定俗成而已。但有时候,写作中某些反约定俗成的用词,恰恰就是高级之所在,尤其是诗歌、小说、散文之类的文学写作,更需要打破常规,创造性地用词。

很多老师和家长都忧虑于孩子的作文千篇一律,没有新意。其实,作文平淡的根源,在幼年就已埋下伏笔。

幼小的鲁鲁在日常生活中有很多"可笑"的表达,譬如,他从厨房跑到客厅向我报警:"妈妈,妈妈,锅里肿了!"我不懂他在说什么,但感觉到事态紧急,跑到厨房一看,原来是正在炖着的肉汤涨起了一层浮沫,马上就要溢出来。"肿了",何其传神!

> 我们是否允许和鼓励孩子自由表达,是否接受和欣赏他的创造性表达,其实就是在浇灌或扼杀他写作的创造性。上学以后作文的平淡与否只是其语言表达能力的一种体现。

某些看似"可笑"的表达,恰恰是纯粹而精准的,如果我们不分青红皂白否定或忽略这种表达,对孩子语言的成长恰是一种损失。

忽然想起鲁鲁两三岁时,有一次我带着他逛超市,他走到饮料柜前就不走了,指着其中一种饮料,笑盈盈地盯着我,说:"我不买贵的,我不买大的。"此话一出,连旁边的售货员都笑起来。还有什么可说的呢,我给他买了他指的那种。

这是对他的表达方式的嘉奖!虽然只有两三岁,他已经会讲理了。他采用的方式不是乞求,不是威逼,而是沟通和说服——针对我可能提出的否定意见,陈述他自己的理由,并提出双方都能接受的建议。

他那短短两句,隐含着很多潜台词,意思就是:我很想要饮料,但我知道你可能不会同意买；你不同意买的理由可能是"太贵，不能买""太大，你喝不完"；我知道你说得对，我同意你的观点，不买"贵的""大的"；眼下这款饮料看起来不贵，也不大，我想要，也符合你的标准；那就买这款吧！

哈哈，怎么样？小孩子的思维力很强大吧？

其实他根本不知道那款饮料的价格，他还不识字，但因为他能够正确表达自己的诉求，再贵我也会给他买！

养成正确的表达方式很重要。有一个能讲道理、善于表达的孩子，大人会很省心，小孩自己将来的人际关系也会很省心。

我们经常看到很多小孩和大人之间的糟糕互动。小孩向大人提要求，先用哭腔乞求，大人一听那哭腔，知道孩子又有名堂了，严厉地望向小孩。小孩一看这眼光，不敢贸然说出，又不甘罢休，便不停地叽叽歪歪；在大人越来越不耐烦的应付下，孩子终于吞吞吐吐说出来了——通常是买个什么东西，吃个什么东西，玩个什么东西——大人往往不允，孩子的哭腔立刻放大，态度也变得蛮横。大人岂能吃你这一套，终于演变成双方较劲，一方撒泼满地打滚，一方镇压软硬兼施。最后结果无非两种，有的小孩赢了，心满意足的同时学到一种要挟的经验；有的小孩终未得逞，失望之余心中难免留下阴影。

为什么会有这么多小孩采用这种模式来达到目的？他们为什么不直接表达自己的感受和愿望？为什么不能好好说话，用协商的方式解决问题？根本原因还是在大人那里，孩子的任何表达方式都是在与大人的互动中培养出来的。

孩提时代形成的表达方式,很多人会沿用一生。现在很多成年人不会好好说话,更不能好好写作。我们的网络空间和公共话语中鲜有理性探讨,反倒是充满逻辑混乱、强词夺理的发泄,这未必不是很多人童年表达方式的延续。

所以,要想孩子成长好,就和孩子好好说话吧!

4 爱和包容，是怎样滋养灵魂、影响表达的

孩子很容易受父母影响，接受父母的思想观念，习得父母的表达方式。

小时候父亲给我讲"空城计"，对坐在城楼上弹琴的诸葛亮之睿智、之从容、之宛如神人渲染备至，听得我也是顶礼膜拜。但坐在一旁的母亲却冷不丁冒出一句："还不是被司马懿打败了。"这原本是事实，也是《三国演义》明明白白交代了的，但在父亲绘声绘色的渲染下我愣是忘了，母亲这么一说，我心里"咯噔"一下，原来诸葛亮也不是神啊！

在我们家，父亲是主讲人，大多数时候是父亲在宣讲。他似乎也更有资格担当这个角色，我从小就知道，他念过私塾，高中是班长，大学是学习委员，用现在的话说，一直都是学霸。毕业后又一直当老师，一直都是位教育工作者。所以他教育我应该是绰绰有余，我一直对他深怀崇敬，母亲也把教育的主导权交给了他。

我小时候主要是由父亲教育的，但却没有养成只听一家之言，只对一人唯唯诺诺的心态，大概这就要归功于母亲的平衡能力。

母亲没有父亲那样光鲜的履历，甚至因为家庭成分不好，她几乎从

不讲自己小时候的事。我是后来读父亲的自传（那时母亲已去世多年），才知道母亲求学之路的曲折艰辛。作为一个农村女孩，她 11 岁才启蒙读书，读了 5 年小学就到了"解放初期"，她退学回家帮着父母料理家务，当时已经 16 岁。又过了 3 年，局势基本稳定后她才又重拾学业，考入县里女子中学初中部，那时她已经 19 岁。然后 22 岁考上县高中，25 岁考入四川师范大学（当时名叫"四川师范学院"）。大学毕业 29 岁时和我的父亲（她的同学）结婚，30 岁生下了我。

读到父亲自传中的这段文字时我已年过不惑，经历了世事沧桑，但母亲的身世仍让我震惊。很难想象，在那样一个兵荒马乱的年代，是什么原因促使一个土生土长的农村女孩 11 岁突然要去上学，从识字开始，走进另一个世界？又是什么原因在她 16 岁被迫辍学时，不是急急忙忙找个人嫁了（和当时万千的女孩们一样），而是又等了 3 年，在 19 岁的"高龄"再次踏入了学校？一个女孩，19 岁了，还要上初中，她有什么底气这么做？一路读下来，22 岁上高中，25 岁上大学，30 岁才生小孩，这在她成长的那个年代，是一个什么样的经历！

我想她是有资格教育我的，但她没有。大多数时候她从不说我什么，我只是不知不觉从她身上感受到一些气息，受到熏染。

她的一生很平凡，短暂地当过一段时间教师，然后从省城省级单位被调往三线建设基地，在商业部门管过档案，做过十多年的收发员。

对，就是和看门大爷差不多的收发员。做收发员工作的这十多年正是她四十来岁的大好光阴，她把它们用来收发报纸。当然，远不止收发报纸。那时候我还是个小学生，我借她的这份工作得到了很多好处。

好处之一是她有大量时间和我在一起,还送了我一个文雅的"游乐园"。

收发室是一个单独房间,不像其他大办公室很多人共用,于是她的办公空间也成了半私人空间:柜子里可以存放私人物品,办公桌也可以分一半给我当课桌。我放学总是先回收发室,做完作业就可以玩了:翻看当天最新的报纸杂志;收集好看的邮票;在废报纸上画画;把废信封装订成草稿本,折成纸鹤、钱包……没有人打扰我,大部分时候妈妈也是在看报纸,偶尔接待一下来取报纸的人。

虽然是一份毫无油水也毫无权威的工作,妈妈却安之若素。这里面的奥妙我也是在多年之后才慢慢感悟到。收发室就是一个自由世界,远离权力便远离争斗,因而也远离控制和操纵。

以她的性情和能力,做好收发工作是毫无困难的。虽然要和单位里上上下下各色人等打交道,她却从未和任何人发生过争执,年年被评上先进。单位有个图书室,管理员是个职工家属,自己并不看书,图书室要订什么报刊,全听我妈妈的,而这些报刊,都在送达收发室的第一时间被我阅读了。

妈妈订杂志的眼光仅从一件事就可以说明。大约是在1978年,我正在上初三。有一天妈妈问我,曾被停刊的《世界文学》复刊了,问我订不订。当时的我,对世界文学的印象只停留在"生命诚可贵,爱情价更高""在乌云和大海之间,海燕像黑色的闪电,高傲地飞翔"的认知阶段。于是我问她,这本《世界文学》好不好看?她说:"也可能你看不懂,但是,还是应该看一看。"我们家自费订了一份。后来听邮递员说,整个邮局也只订出我们这一份。

从此我每两个月就收到一本厚厚的《世界文学》，这本杂志打开了一个我从未见过的世界。那是1978年！正是在这份杂志上，我读到了一篇剧本，名字叫《飞越疯人院》。这部电影已在国外大火，获得第48届奥斯卡金像奖的五项大奖。但当时绝大多数国人家里连黑白电视机都没有，在电影院里能看到几部解禁的老片子就已激动万分了。

而我，读到了《飞越疯人院》！那是1978年！我14岁！

这个剧本给我的震撼之大，几乎不可估量。从那时起，我的阅读兴趣转向了世界文学，并且不再拘泥于现实主义。后来我在大学开始创作寓言，24岁出版了我人生的第一本作品——寓言集《准备发芽的树》（中国广播电视出版社1988年出版，首印3万册），里面有很多故事充斥着荒诞元素；以及20世纪80年代创作的中篇小说《双头女人琪和琰》（《江南》杂志2017年2期刊发）故事背景更是直接放在了疯人院！这些蛛丝马迹，很难不追溯到当年，我14岁时的阅读史。

我有一个这样的妈妈，我很难不成为我现在的样子。我继承了她的与世无争，也继承了她对文学的觉知力，还继承了她从11岁识字开始，一路走到大学毕业的韧性，更继承了她带给家庭的平和与开放。

我的妈妈，她是可以和我父亲平等对话的，我的父母都是善良、平和、有知识的人。我成长的家庭氛围从来没有乌烟瘴气，没有谁颐指气使、暴跳如雷。我们习惯于商量，而不是指使。所以就算父亲用他那一套来教育我时，如果母亲不认同，她会说出来，父亲并不会勃然大怒。而最终接受谁的，由我自己定。

有一件事就很能证明。我高中考上了重点中学，到高二时要分文理科班。我想报文科，父亲不同意，"学好数理化，走遍天下都不怕。学文科路太窄"。当时的父亲已经是我们当地的"名师"，经常有人上门请教。我似乎应该听他的，但我就是不想听。僵持之际，母亲说："还是让娃娃自己决定吧，她要是不喜欢，以后也学不好。"于是最终随了我。

我学了文科，读了中文系，哪怕后来有发展不顺利的时候，父母也再未提过老话，从来没有揶揄过我走错了路，入错了行。我在人生道路上有过无数的选择，大到职业、婚恋、投资，小到吃顿饭、买件衣服，他们都给予我这种无边无际的包容。

写到这里，仿佛有些离题。

6岁前给予孩子足够的爱与包容，好处难以穷尽。具体到与写作的关系，那就是爱与包容的环境让孩子内心更自信、更坚定，敢于表达自己最真实的想法，也更容易为日后真诚而自由地写作打下基础。

> 关于成长，父母所能给予孩子最大的礼物，就是爱和包容。

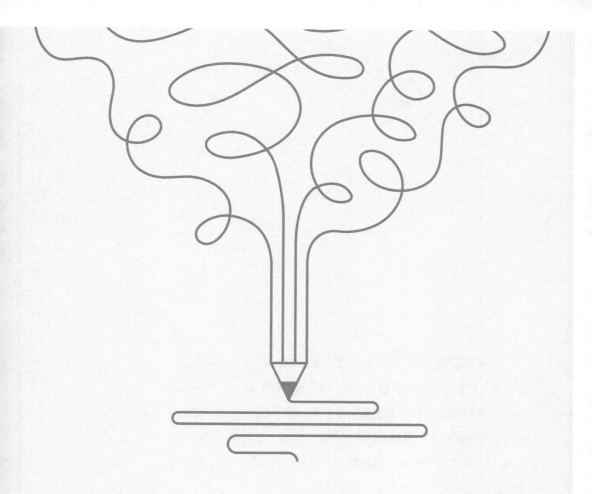

第二章

学写之前，先学会说

大家都知道"听、说、读、写"是语文的基本功。其中"听"和"读"可以看作是信息输入，而"说"和"写"则是信息输出。

在学前阶段，孩子识字量有限，阅读量不足，要用书面表达的方式来输出信息难度很大，因而在这个阶段，重点是在"说"这一项上，把"说"的能力培养好了，也就为将来的"写"打下了基础。

能"说好"就能"写好"。那么，怎样才能让孩子"说好"呢？

从小事说起

孩子不会讲大话，因为他的生活中原本都是小事、小话（在大人眼里），如果我们没有耐心听这些小事、小话，与孩子的交流就无从说起。

鲁鲁小时候比较胖，我们希望他控制体重，吃饭时总在提醒他少吃一点。有一天外公在饭桌上发表高论："营养专家说，早饭要吃好；午饭要吃饱；晚饭要吃少。"鲁鲁盯了他一眼，一本正经评论道："依我看，早饭要吃饱；午饭要吃饱；晚饭要吃饱！"我们一下全笑喷了。

我这才意识到，他对我们限制食量的言论已怀恨久矣。同时也意识到，我们对他食量的限制有多么残酷。

在孩子年幼时，最主要的话题永远只有两个：零食！玩具！

在鲁鲁自创的笑话中，很多是关于吃的。还有很多经典对话，也是关于吃的。

事实上，鲁鲁最早学写作文时是从一年级的"写话"开始的，每次写的全是吃——"今天我吃了汉堡，很好吃。""今天我吃了蛋糕，很好吃。""今天我吃了……"就这些！有意义吗？似乎没有。但一年级的孩子，你如果非要让他写什么"有意义"的话题，那就不是人话了，因为那些"意义"不是这个年龄段的孩子真实具有的所思所感。这就是孩子的天性，如果硬要拔高，追求所谓的意义，那语言中的原始活力就会被扼杀。

面对儿子的"吃文字"我没有打击，反而很欣赏，满怀兴趣地问他："在哪吃的？怎么吃的？好吃到什么程度？"他兴奋地回答我，内容越说越多，对于"很好吃"的形容也从"很香""很甜""很爽"到"甜里面夹着奶油味，滑溜溜的""鸡肉是炸过的，外面很脆，一咬就咔嚓一声……"这些形容如果写到作文里不就是绘声绘色吗？

低年级的孩子完全可以在"说"中练习"写"，说多了，表达力自然而然就提高了，作文难写的问题也就迎刃而解了。

让孩子自己说

我的小侄孙今年 7 岁,上小学一年级。因为他不和我们在同一座城市,我们就只能偶尔视频见。通视频的时候,我很想和他聊聊天,会问他"你在干什么""你在吃什么""你今天出去玩了吗"之类的日常话题。

由于见面少,他难免会有生疏感,刚开始有点交流不畅,嗯嗯啊啊吞吞吐吐。旁边的长辈就着急,教他:"在吃饭。"他便复述:"在吃饭。"我问:"吃的什么呀?"他往桌上看,还没想好怎么说,长辈又在旁边教:"吃的鱼,还有青菜。"他于是又复述:"吃的鱼,还有青菜。"我本来还想和他聊,但一听他的语气僵硬,一看他的眼神呆滞,知道再聊下去也是无聊,还是赶紧收场吧。

下来我就跟他的长辈说,以后孩子接电话、通视频,见了长辈打招呼、聊天儿等,大人都最好不要在旁边递话,再着急都忍一忍,让他自己说。

很多大人意识不到,这种"递话"的方式,看起来是好心,其实是在阻碍孩子表达。不仅打断他说话的连贯性,破坏他的自主表达,还会影响他说话的自信。你提醒他应该怎么说,潜台词就是:"你说得不够好,需要我来教!"这不就是典型的批评、否定、不信任吗?试想,如果你自己在和别人说话时，旁边也有这么一个人，总是在提醒你、纠正你，你不冒火才怪！

孩子一般不会冒火，因为他还分辨不了大人（尤其是亲人）言行的真实含义，在孩子眼里，大人都是万能的、强大的，而且都是可依赖的。大人教导他，那就是大人说得对。他可能会感觉不舒服，但由于不自觉地慑服于大人的权威，就只会把一切都归因于自己的错。孩子受到隐性否定时，往往会自责、自卑、自我否定，很难表现出自信从容，语言表达也不可能轻松流畅，更不可能有幽默感。

孩子的表达在大人眼里可能是幼稚简单的，那是因为大人比孩子多活了几十年，孩子目前所说的这些话，大人已经说了几十年，练了几十年，当然可以脱口而出，但对孩子来说还是新的，他还在学，还在练，要给他机会。

孩子说话时的心理状态也和大人不同。孩子由于年龄尚小，身边人都是长辈，都是权威者，都有资格指教他。除了和小朋友在一起，孩子很多时候是处于被管教的状态，说话很难真正放松。不放松又怎么能自由表达呢？譬如当我问小侄孙"你在吃什么"的时候，他需要看一看桌上的食物，看清楚了再答。但就是这"看一看"，旁边的长辈可能就觉得他反应慢了，于是指点。而这一指点，他自己的"看一看，看清楚"的过程就被打断了。

又或者他原本想先答："吃的青菜……"而长辈的重点是在鱼上面的，生怕孩子没把鱼说出来，赶紧教他"还有鱼"。但这样的教法并不具有建设性，孩子并没有理解你的说话逻辑，也没有从中学到更好的表达技巧。

在大人眼里，鱼是大菜，应该重点展示。但孩子并不明白这个道理。如果大人只是简单递话，而没有在合适的时候让他明白你所递的话比他自己的回答到底好在哪里，他没有明白"先说鱼"背后的逻辑，下次面对另一桌菜，他还是不知道先说哪样好。

我这里所举的打电话、通电话视频只是众多生活场景中的一个。孩子每天在各种场景中进行表达和交流，家长最好克制住急于指导的欲望，先让孩子自己说，按他自己的逻辑、自己的观察、自己的节奏、自己的语言，自由放松地说，至于有说得不好的地方，只要不是必须立刻纠正的重大错误，大可不必插嘴。等他说完了，如果有必要，再去补充和指点，让他能真正有所领悟。

大多数时候，孩子的表达是无须评判，更无须纠正的，只要能达到交流的目的，交流多了，练习多了，表达能力自然会提高。譬如"先说鱼"的问题，如果能适时和孩子交流讨论，让他明白其中的道理，那他收获的又岂止是描述事物的技巧。倘若多一些类似讨论，他的理性乃至洞察力、决断力，都会蓬勃地成长起来。

完整的表达
需要耐心

有一次，我在小区散步，看见一位年轻妈妈带着女儿在路边玩。女儿大约四五岁，被突然飞到路上的一只鸟吸引了，"妈妈，看！"她指着鸟，兴奋又小声地招呼妈妈。妈妈应声看向那只鸟。

"它在啄果果！"女儿小声告诉妈妈。她所说的"果果"是指树上掉下来的果实，大小如花生米，铺了一地。妈妈略带惊奇地问："鸟还会吃这种果果？""会吃的，你看它在啄！"女儿说。

也许是为了验证鸟儿的确在吃果果，女孩轻轻地往鸟那边靠近观察。鸟有些警觉，停下，昂头看她。女孩也停下，屏息看它。双方对视片刻，鸟儿又继续啄食，啄两嘴抬头看一下，随时提防着。小女孩再靠近一点儿，鸟儿没飞走。再靠近一点儿，还是没飞走。小女孩突然回过头，向妈妈喊："饼干！"这一喊，鸟儿受惊，唰地飞走了。小女孩跑过去，指着刚才鸟儿啄食的地方，对妈妈喊："看，饼干！"那里果然有一小块饼干。刚才鸟儿啄的并不是她以为的果果，而是饼干。

"小鸟也喜欢吃饼干。"妈妈说。

"小鸟在树上，看见地上有一块饼干，就飞下来吃饼干。"女孩比画着说。

"是呀,小鸟的眼睛好尖,看得这么远!"妈妈应。

"看,还没吃完。"女孩指了指地上剩下的饼干。

"人家正吃得津津有味,突然来了个小孩,把它吓跑了。"

"饼干还在这儿,它还会不会再飞来吃?"女孩又问。

"不晓得哦,我们不要去动(饼干),说不定它正在树上观察我们,等我们走了又飞下来吃。"

女孩抬头看树,没看见鸟。"那我们躲在那里,看它还来不来吃。"女孩指了指旁边一个废弃的无人岗亭。

"小鸟的眼睛尖得很,肯定会发现我们的。我们还是不要吓到它了,等会儿再来看吧。"妈妈答。

"那(饼干)会不会被其他小鸟吃了?"女孩有点儿不放心。

"没事,小鸟肯定就在树上,等我们一走就飞下来吃了。"

"它正在看我们,嘻嘻。"女孩抬头望了望茂密的树冠,和妈妈一起走了。

我目睹这一过程,感觉很美好。假如把它们完整地写下来,会不会是一篇有趣的作文呢?

这里面有曲折的事件、有趣的细节、合理的推断,情节跌宕起伏,对话生动自然。好作文的要素一样不缺!

你看,写作文就是这么简单,一个四五岁的孩子,就可以依据自己的观察和叙述,完成一篇口头作文。

写作文的能力是和口头表达能力同步成长的。但问题是,很多孩子的口头表达就有问题,直到成年,也有很多人的口头表达不清楚、思维混乱，这种不完善的表达往往从童年就埋下了根子，将来所欠缺的不仅是写作能力，连说话的能力也差劲：许多人在讲台上无法完成公开演讲，在小组讨论中无法展示自己的观点，在商业谈判中无法和对方充分交流，甚至日常都无法和人顺畅聊天……

我想，表达能力的欠缺不会在这个小女孩身上发生，从这一次对话就可以看出，她不只是和妈妈完成了一场对话，更是完成了一次对小鸟啄食的观察和分析，并且完整充分地与妈妈进行了交流和探讨。我想，这类对话也一定发生在她日常生活的每时每刻，她的观察能力、思维能力、语言表达能力，甚至肢体语言的表达能力，都因为充分的交流而得到充足的发育。

也许有家长会想，这些话我也会说呀，太简单了！

你真的会说吗？不一定。看似简单的事情，往往做起来很难。要让孩子说完整，首先就要耐心地听完整。而要耐心地听完整，又需要集中注意力，关注孩子、理解孩子、与之共鸣，还需要控制情绪，克制自己随时冒出来的焦躁——这很简单吗？

以前面这段小女孩与妈妈关于小鸟的对话为例，假如是个一直低头看手机的妈妈，或者心里有事想赶紧结束散步的妈妈，或者对小鸟的行为缺少好奇，对孩子的发现漠然处之的妈妈，都不会与孩子一起饶有兴致地关注小鸟，对话也不可能深入下去。这一次完整的观察和对话，不也让孩子具体体验到了什么是发现真相、尊重事实、理性思考、平等交流吗？而这些恰恰是很多家长欠缺的素质。

鲁鲁三岁多时，有一天傍晚，我正在家收拾屋子，刚才出门玩耍的鲁鲁突然冲进家门，大喘着粗气，脸都胀成了紫红色，半天才憋出一句："我要打死他！"

我吓了一跳，"怎么了？要打死谁？！"

这一问，他的眼泪像决了堤，"哇"地哭出声，半天说不出话。待我把他抱在怀里安抚了半天，他才断断续续边哭边说："我不是坏娃娃……我没撒他沙子……"我好像摸到点儿线索了，大概是有谁冤枉了他。

鲁鲁还在悲愤中，我只好继续安抚，反复告诉他："你不是坏娃娃！谁这么说你？肯定错了！"最后他终于平静下来，完整地说出了事情的经过。原来是他和院子里另一个同龄男孩玩沙，相互往对方鞋子里灌沙，后来觉得不过瘾，又相互往对方衣领里灌。正当他灌对方时，恰好对方的父亲走过来，看见了，当即大骂鲁鲁，把他推开，并且拉起他儿子就走，还撂下一句"不要和坏娃娃耍！"

现在看来，这是何其小的一件事，但在当时，对一个三岁的小孩来说，被别人的爸爸大骂、推开，还被斥为坏娃娃，这是何等的恐惧和耻辱！更关键的是，他根本不知道为什么！

小孩不应该被冤枉，被不明不白地羞辱！我决定找那个爸爸谈一谈。但要解决好这件事，就必须把整个事情弄清楚，包括当时是怎么玩起沙子来的，为什么会往对方衣领里灌沙子，对方被灌时的反应如何，他灌鲁鲁没有，现场还有哪些小朋友目睹，他们的反应如何，对方爸爸说了什么、做了什么，鲁鲁对这些语言和行为的感受怎样，鲁鲁认为撒沙子会不会伤害到彼此，以后玩沙子要注意些什么……

我和已经平静下来的鲁鲁详细讨论了这些问题，最后得出结论：对方爸爸误解了你！他没弄清楚事情的全过程，只看到一个片断就错误地下结论，做出过激行为，伤害了你的自尊心。我们要找他说清楚。同时也要意识到，玩沙子要注意安全，不要弄到眼、鼻、口处，即使是往鞋子里灌，也要看对方是否高兴，是否允许你这么做。

把这一切都捋清楚以后，我带鲁鲁去找对方爸爸。当我敲开他家门，他很诧异。我简单说明来意，让鲁鲁自己说一下当时的情况。鲁鲁因为在家已经和我说过一遍了，知道重点和逻辑，所以尽管只有三岁，也说得清清楚楚。对方爸爸听了也觉得自己处理方式不妥，道了歉。我又讲已经嘱咐过孩子要注意安全玩沙。对方爸爸叫出躲在里屋的自家小孩。两个小孩又成了朋友，约好第二天一起玩。

我带鲁鲁回家，忽听另一栋楼某家窗内传来一个男人的咆哮："哭！你就晓得哭！有本事你去打回来嘛！哭有屁用！"

我只能摇头。很多时候我只能管自己的孩子，别人的事我真管不了。那个正被他爸爸怒吼的男孩，我知道是谁，比鲁鲁大两岁，表达能力应该比鲁鲁更强，但他恐怕没有机会给他爸爸讲清楚发生的事情，更不用说弄明白这件事之所以发生的原因，以及可吸取的教训，再及当下和未来该怎样应对类似的事，寻求最好的解决方案。

> 孩子的世界没有小事，听孩子把话说完，再和他仔细探讨，这并不容易。但只要你做到了，孩子就会受益一生。

4 说清楚的实质是想清楚

小学语文老师常常有一个困惑,就是学生写作文常常局限于眼前所见,没有前因后果,也不会拓展内容,譬如写参观博物馆,就只会写进馆以后看见了哪几件藏品,描写一下,然后匆匆结尾,来一句"我收获很大"。更有甚者,连眼前所见也交代不清,譬如所见的那几件藏品,名字叫什么?摆放在哪里?长什么样?有些什么文字介绍?它们有什么与众不同?你为什么要写它们?……缺了这些干货,一篇写博物馆的作文还能算是好作文?

明明就摆在眼前的东西,为什么孩子还是不知道怎么写?这恐怕在幼年的语言表达习惯上就埋下了伏笔。

鲁鲁小时候,有一次我在厨房做饭,他在客厅大声叫我:"妈妈,我把它剪了哈?!"

"啥东西,要剪?"

"这个,花!"

"不要乱剪!"我警告。

"已经蔫儿了!"他坚持说。

"哪有蔫儿了的花?!不要乱剪!"我再次警告。

"你来看嘛！"他说。

我只好到客厅去看，原来是那棵正在开花的月季，其中有一朵已经完全凋谢，花瓣掉光，只剩空枝。这当然是可以剪的。

问题是，当鲁鲁在客厅里说"把它剪了"时，在厨房里的我并不知道他说的"它"到底指谁，他所描述的"蔫儿了"也不准确，我不知道到底蔫儿到了啥程度，到底该不该剪，只好跑一趟，眼见为实。

很多时候，说者和听者，完全在两个不同的时空，如果说者只顾自己说，那对方根本不知道你在说什么。但很多人意识不到，你所看见的，对方并没有看见；即使你们同时看见，你的感受也不等于对方的感受；你所做出的判断和理解，也可能和对方不同。

写文章也是如此，要意识到读者不是你，要把读者不知道的事情交代清楚，要写出自己的所知所感，也要理解别人可能与你看法不同。有了如此的意识，自然不愁无话可写，也不愁不能进行正常的辩论与交流。批判性思维的根底其实也在于此。

那天，当我去客厅亲自看过并允许鲁鲁剪掉那朵残花后，我对他说："妈妈在厨房，看不见你要剪的是哪朵花，你可以走过来告诉我'有一朵月季已经谢了，花瓣都掉光了，我想把它剪掉'，这样我就清楚了。"这是一段完整的表述，讲清楚了自己看见的情况，想要采取的行动，以及行动的理由。如果在生活中能够养成这种清晰表达的思维习惯，意识到"别人不是我"，那说话和写作的问题就会减少很多。

幼儿时期的思维训练往往就是在日常的点点滴滴中浸润而成的，可以说每时每刻都在进行常识的积累、思维的构建，这些都在为将来的写作文打基础。细想起来，对话是最好的心智开发，每一次对话的微小所得，都会沉淀在人格和素养中，体现在将来的写作上。

> 说话和写作说到底都是思维的体现，而思维习惯是需要从小培养的。

所有动物都有教育后代的本能，这既是基因的作用，也是后天在自身成长过程中的收获。每个父母都会以自己的方式教育孩子，最初的教育是从建立常识开始的，比如认识各种自然以及社会中的事物等。这个认识过程，既包含着信息的摄入，也包含着对所摄入信息的处理，也就是思维。

鲁鲁小时候，我教他和人打招呼，"这是叔叔。""这是阿姨。""这是婆婆。""这是爷爷。"无数次反复后，我发现才两三岁的儿子竟然就能准确地区分"阿姨"和"婆婆"，甚至有时准确到令我尴尬。邻居有位爱打扮的五十来岁的阿姨，按辈分，当时30多岁的我应该叫她阿姨，鲁鲁应该叫她婆婆。但因为她爱打扮，显得年轻，我就称她大姐，她也乐意接受。鲁鲁却并不理解这其中的微妙，每次看见她就直呼"婆婆"。我很难堪，但鲁鲁是正确的。

孩子的思维能力非常惊人，他会形成一套完整的逻辑链，据此去判断周围的世界。当我一次又一次告诉儿子，这是"阿姨"，这是"婆婆"时，虽然我并没有用明确的语言告诉他"阿姨"和"婆婆"的概念是什么，该以何种标准去区分，但小小的儿子已经在他自己的大脑里对一个个"阿姨"和"婆婆"的信息进行了分析和归纳，提炼出她们的特征，找出内在规律，形成自己的判断标准——这就是经验。有了经验，当他再看见一个五十来岁的女性，哪怕对方化着很显年轻的妆容，穿着很显年轻的衣服，小小的儿子还是一口就叫出了准确的称呼"婆婆"。

孩子内在经验的形成，就是一次次思维活动的结果。经验的验证和积累，又形成了常识。缺乏常识的孩子，不仅信息匮乏，道德模糊，思维也有缺陷，这就不仅是将来写不出好作文的问题了，做任何事都难。

> 很多时候，表达上的不流畅、不清晰、不自信，也是思维上的障碍所致。

在孩子的早期阶段，帮助他形成常识非常重要。譬如这个关于"阿姨"和"婆婆"的称呼问题，如果当时我因为碍于面子而制止或纠正儿子，让他改称"阿姨"，以他有限的社会经验，不可能理解我的变通，只能对自己的经验产生困惑，那么当他再遇到五十来岁打扮入时的女性时，就不知道该怎么称呼了。有的孩子不愿意跟人打招呼，并不一定是因为害羞，而有可能是因为概念不清晰，不知道该如何判断对方、称呼对方，因为困惑而犹豫。

可惜我当时太年轻，也没有养育孩子的经验，遇到这种尴尬也只能敷衍了事，没有认真和儿子探讨如何才能正确称呼不辨年龄的女性，也就错过了一次和他探讨，帮助他更深、更真认识世界的机会。

我这里用的是"探讨"一词，有人可能会问，对待一个两三岁的小屁孩，也要用上"探讨"这么严肃的方式吗？

> "探讨"就是一次探索，孩子探索世界的兴趣和勇气都远远超过大人，而他们探索出的结果也未见得不如大人透彻。

对的，小屁孩也值得严肃对待。《皇帝的新衣》里为什么只有小孩喊出了真话？就因为小孩才有探索真相的勇气，小孩一眼就看到了本质，并且一口气把它说了出来。我们成年人只有放下自大，才能看到孩子的可贵，也才能尊重他们，和他们一起探索，共同成长。

> 孩子一旦形成探索的习惯，就很容易看到事物的本质。

相反，很多大人反而糊涂，因为他们复杂的阅历使得经验中掺入了太多杂质，以至观念不清、逻辑混乱。

所以，在孩子早期，增加他的生活经验，帮助他建立正确的常识，形成思维的逻辑性，对他一生来说都至关重要。这个基础性的大工程，往往是在与大人点点滴滴的对话中完成的。

鲁鲁在两岁多时已经能对一些复杂的事物进行联想、对比和思考，其中不乏批判性思维的萌芽。

有一次他感冒吃止咳糖浆，闹着要多吃几勺。我拒绝道："药不能随便吃，吃多了要中毒！"

"要中毒？就像耗子药吗？"他问。

"两码事。这种药是好药，"我指指手上的瓶子，又指指窗外刚投放的耗子药："那种药是坏药。"

儿子睁大了眼睛，药还有"好药""坏药"之分？我只好进入探讨状态："你知不知道人为什么要吃药？"

"人生了病嘛！"

"那为什么给耗子吃药呢？"

"就是耗子生了病嘛。"

哈哈，掉坑里了！

"错！凡是'药'都是要让身体发生改变。比如这个勺子，本来是这样摆着的，吃药就像我的手戳它一下，让它往这边动一点儿，或者往那边动一点儿。"我把勺子放在桌上给他示范,先故意放歪,戳一下,勺柄正过来,"你生了病,就像这个勺子放歪了,吃点儿药让它正过来,病就好了。"

"耗子本来是好的,没病,就像这个勺子本来是放正了的,"我把勺子放正,"但我们要让它生病,要消灭耗子,就给它吃点儿药。"我猛戳一下勺子,原本摆正的勺子猛一转,勺柄偏向一边,"看见没?耗子就病了,就死了!耗子药是毒药,不是为了把病了的耗子治好,而是为了把好的耗子治坏。"说到这里我自己都觉得毛骨悚然。

鲁鲁脖子缩进肩里,一脸惊诧地问:"那我们吃的好药也有毒?"

"有毒,只不过它的毒性不大,刚够把人体里的病菌杀死,把这个放歪了的勺子正过来。如果吃太多,就像这样……"我大力戳了下勺子,勺子猛力一转,差点儿掉下桌。

"是药三分毒,"我说,"药这种东西,最根本的作用就是改变人身体的状态,让身体变好的就是好药,让身体变坏的就是坏药。但就算是好药,如果吃太多,身体受到的冲击太大,也受不了。所以,这个糖浆,它是药,医生说吃一勺就只能吃一勺,刚好把病治好;吃两勺就不行,反而会把身体吃坏。"

鲁鲁不再闹着要多吃糖浆,我自己却陷入了沉思。关于药,这是一个极其深奥的话题,年幼的儿子未必能懂。但只要涉及这个话题,哪怕只是粗浅的讨论,也可以埋下一颗思维的种子,让他稍稍想一下,知道万事万物没有绝对的好与坏,一切皆在分寸。

像"是药三分毒"这种简单的道理,事实上有很多成年人都认识不清，乱吃药的人也不可胜数。而比之生活中的愚昧，思想上的"乱吃药"就更是普遍。大到社会动荡，小到人生悲剧，都能看到"乱吃药"的影子。

那次以后，关于药的话题还在我和儿子的对话中出现过，并且他又有了创造性的发挥。

有一次他吃多了豆腐干，不消化，又拉又吐。我在给他服药的同时辅以节食疗法，让肠胃休息一下。

"你肚子坏了，什么东西都不能吃。"我说。

"糖能不能吃？"

"不能。"

"饭能不能吃？"

"不能。"

"药呢？"

我竟然也掉进了他挖的坑！

能给我挖坑，说明他的心智已相当了得。而那时候，他不过也才两三岁。为什么我随口说出的一句话，这么小的孩子却能感觉到其中的漏洞？由此可见孩童纯真的思维是何等敏锐清晰。

千万不能认为这是特例，其实两三岁的孩子，已经有非常多的精彩语言，只是很多家长没有注意到，更没有从思维的层面去呵护、培育。孩子的智力发展是相当迅猛的，他们也很乐意展示刚刚形成的心智上的能量，如果能获得父母的鼓励，他们会乐此不疲，日益精进。

有一次在北京，当时鲁鲁已经四五岁了，我正在厨房做饭，一抬头看见远处一大片乌云中间裂开一条缝,一道阳光从中穿出,投照在远处的群山之上,那被照亮的一小片群山,仿佛天堂,突兀在阴郁的大地之上。

我被震撼了,喊鲁鲁快来看。他跑进厨房。怕他看不清,我拎来一个小板凳,让他站在板凳上看。他扶着灶台往窗外的远方看了看,说:"好吓人哦!会不会有妖怪跑出来?"

"你怎么会想到妖怪呢?我想到的是天堂,好像玉皇大帝要下凡了。"我用他熟悉的《西游记》场景来对话。

"妖怪出来的时候就是这种黑云,你看嘛,天上都是黑云。"他说。

"对呀。但是你看,黑云中间裂了道缝,太阳照进来了,这束光特别亮,被它照到的地方也特别亮,你仔细看看那道光,还有下面被照亮的群山,是不是金光灿灿,感觉不是人间?"

"嗯,可能玉皇大帝发现妖怪要来了,就撑开一条缝,把太阳照进来,妖怪就不敢来了。"

他的关注点还是妖怪。我就问:"为啥妖怪来的时候都有黑云呢?"

"妖怪就是驾黑云的,妖怪都驾黑云。"他说。

"为啥妖怪都驾黑云?"

我想,他注意到了妖怪和黑云有关联,但不一定明白这两者之间的逻辑链。这是个很复杂的问题,并不容易说清楚。我也只能把我的思考说一说,那就是恐怖的、有害的事物往往和黑暗联系在一起,而阳光大多与美好事物相连。他听完点点头,说:"幸好有玉皇大帝掌管太阳。"画龙点睛啊!对于这次厨房所见黑云和穿透黑云之光,我们的观察和对话就到此为止，也许会在他心里产生些微影响。

如果在幼年时期能够经常观察一些事物，而且意识到这些事物所带给我们的内心感受，就像那片笼罩大地的黑云，带给我们的压抑和恐惧，一旦觉察到内心的感觉，景就不单纯是景了，而是有了情绪或象征，带给人感染或思考。这一点在将来写作文时，对于怎么去描写景物，怎么去叙述事件，以及怎样在描写和叙述中呈现感情和思想，都是相当有用的。

"说清楚"的基础是看清楚，想清楚。这也不仅仅是说和写的基础，还是我们做好其他一切事情的基础。

感染力
是怎么培养出来的

夸张背后，是珍贵的想象力

孩子的表达往往会很夸张，比如他形容飞机之大，"有这么大！"他用手势来表达，手臂展开，从胸前往两边扩，越扩越大，直至极限，双手几乎背到身后，再也动弹不得。那就代表着大！大到极限，大到无法形容。当孩子把这种"大"的感觉传达给别人时，使用了夸张的手势，而听者也理解了——那是一个非常大非常大的事物，那个无以复加的夸张手势足以令人慑服（当对方也是个小孩子时）。

夸张的写法有很强的艺术表现力，大师们也经常使用，"飞流直下三千尺""桃花潭水深千尺"——随便一想，都是李白的，说明诗仙最擅此道，也说明诗心和童心息息相通。夸张这种手法，依赖于人对事物的主观感受，也依赖于强大的想象力。当李白看见飞流直下的庐山瀑布时，不管它实际高度是多少，他的感觉就是，三千尺！就像"白发三千丈"一样，不需要验证，就是这么高，就是这么长！

要论主观感受力和想象力，孩童是远远超过成年人的，因为他的理性还没有经过长期的开发和打磨，造成对直觉和想象的压抑。很多真正的大师，就是童年的感受力和想象力还没有泯灭的人。而孩童，原本就有纯真的语言，往往具有大师的表达效果。

曾在网上看见一个叫姜二嫚的小朋友，她只有七岁，写出了一首诗：

灯把黑夜
烫了一个洞

惊为天人！一首只有九个字的诗，每个字都平常，但组合在一起，却成了一首既现实又魔幻，既简单又深刻，让人惊艳不已的诗。

大人很难写出这样的诗，因为大人的想象力已经萎缩，感受力已经钝化，很难把穿透黑夜的灯光想象成一个洞，更难感觉到那灯光是有温度的，那个洞不是穿出来的，也不是刺出来的，更不是劈出来的（这类形容光的穿透方式有无数人写过，已不新鲜），而是烫出来的！正是这个"烫"字，产生了强烈的冲击力。

感受力和想象力是孩童天生具有的宝贵资源，只不过幼小的孩子语言表达能力还不发达，常常只能用肢体语言来表达。

如何让他们能用口头语言甚至书面语言来表达呢？那就是鼓励孩子充分表达自己的感受，把"无法形容"的东西用语言形容出来。譬如，那架大飞机，到底大到什么程度？大人不妨和孩子玩玩语言游戏，和他一起用语言来表述。

和孩子对话真的很好玩，你永远想不到下句他会"吐"出什么。只要他有着充分放松的心态，可以完全自由表达，精彩的话语就可能随时随地爆发。

有一次，鲁鲁问我："为什么大人要吵架呢？"

"大人和小孩一样，如果有一方做了不好的事，另外一方生气了，就会吵。"我答。

"哦，我知道了。"鲁鲁又是一副大彻大悟的样子："譬如两个小朋友下围棋，一个小朋友输了，就把围棋一下搞乱，另外一个就生气了。"

"嗯，就吵起来了。"

"还有更坏的，他拿针把围棋钻个洞，再吐一个口香糖，塞进去，把洞封死！"

"呵呵呵，真是坏，肯定要骂他了！"

"还有最坏的！"鲁鲁一发不可收，"他吐一口痰在纸上，他，他，他还是吃了一颗大蒜的，吐一口痰在纸上，包好，送给人家……"

"哈哈哈，这种人，吐痰，还是吃了大蒜的痰，该打！"

你看，孩子的想象力就是这么丰富！他对"坏"的形容是不是很精准。

> 其实，引导孩子进行准确生动的表达也不难，当你们谈论一个问题时，不用去做道德评判，就把它当成一个游戏，你只要参与游戏，及时回应，表示出你对他的谈论很感兴趣，孩子的表达欲望就会被激发，不知不觉妙语连珠。

举例和比喻，意味着什么

如果你想引导孩子深入谈论一个问题，只需要轻轻问一句"例如？"或"比如说？"他就需要举例或者打比喻来说明这个问题。而对于一个问题，只要能举出恰当的例子来说明，甚至用恰当的比喻来阐释，就说明他彻底懂了，而且能灵活运用，举一反三。

在我们的日常言谈中，没有比举例和比喻更有说服力的方式了，这是语言表达中的爆款利器。

有一次，我和鲁鲁在去幼儿园的路上，遇到保险公司的业务员向我们推销产品。鲁鲁问："他们是做什么的？"我说是保险公司的。于是有了一段对话：

"保险公司？我们家都有防盗门了，还保什么险！"

"保险公司又不是保安公司，不是负责保护你安全的。它是为了应付严重的事情发生以后的情况，比如让你买健康保险，每年交不多的钱，万一你突然生了大病，他可以加倍给你钱，帮助你支付大笔医药费。"

"那他不亏本了？"

"不会的。他是把很多人的小钱集中起来，集成一大笔钱。生大病的人毕竟是很少，少数生了大病的人就从这一大笔钱里分一点来用，还是分不完。"

"哦，我知道了。"沉默片刻，鲁鲁突然说，"保险就像是把地下的水抽出来，集中在一起，如果哪棵树特别干，快要枯死了，就给它灌水。"

妙！简直可以拿去做保险公司的推广文案了！当他能够做出这番演

绎的时候，我相信他是真的弄懂了保险的原理。以后万一需要他向别人解释"保险"，他一定会说得生动、有趣、准确。将来他如果去当保险推销员，相信业绩一定不错。

鲁鲁能准确地理解一件事，再用比喻的方式演绎出来。他从小就具有这种思维习惯。

电视上广东队和八一队打篮球比赛，广东队输了，比分堪称被"碾压"。他说："广东就像小蚂蚁，不可能敌得过食蚁兽。"我觉得电视里的评论员可以借用这一句！

某次，我说："上课不带学习用具，就像战士上战场不带枪。"他补充一句："就像修电器的人不带螺丝刀。"他比我高！

某次，我问："以前你很喜欢背的那个电视广告，最近怎么没听你背了？是不是没播了？"他答："是，下岗了。"秒杀我。

所以训练孩子多用比喻，不只是一种语言训练，更是一种高级的思维训练。

> 打比喻是一种复杂的思维活动，要打好比喻，首先要理解一个事物，然后转化为另一个之前已经理解的事物，你必须找到两者之间的相同点，才能将它们凑到一块儿，用这一个来描述那一个。

其实，孩子的思维和语言也并不需要我们去刻意训练，只要给他自由的空间，让他自由生长，就可以长得茂盛。"使用"是最好的训练，多和孩子对话，用正常的方式对话，用高级的方式对话，不要把他当成孩子，不要以为他什么都不懂。

丰富精准的词汇是怎样"炼"成的

孩子的词汇量有限,要准确描绘一个事物是有难度的,但当他们经常在日常对话中接触到丰富而准确的词汇时,这些词汇就会逐渐内化为他们自己的语言,在需要用时脱口而出。

有一次,我问鲁鲁:"你怎么那么会吃鱼,从来没被刺卡住过?"

他答:"我控制住了!"

"控制?怎么控制?"

"就是用舌头把刺顶到一边,就控制住了!"

我想了想,这确实就是"控制",要描述这种情况,我也找不出更好的词。

鲁鲁用一个"控制",精准地描述了他吃鱼的状态。还不只是精准,由于"控制"常常针对更大的事件,甚至用于社会现象,是一个分量很重的词,当"控制"的对象突然变成一根细小的鱼刺时,就会产生奇特的效果,我们也可以把它称为"张力"。

一个词既能准确表达原意,又比原意表达的更多,这就是张力。有张力的语言极富暗示性,仿佛一个眼神后面的无穷含义,又仿佛黑暗中游走的蚊子,你只隐约听见它"歌唱",却难以确认它的行踪。当我听到鲁鲁说出"控制"一词时,心里一颤,大约就因为此。

那么,才四五岁的他,为何能使用"控制"这个词呢?无非是因为我在和他的日常交谈中也常常使用这个词,听多了自然会用。

很多时候,大人们会以为孩子还小,什么也不懂,不知不觉会弱化

> 这种矮化自己去将就孩子的对话方式，不仅浪费资源，甚至是种误导。

自己的成熟语言，而用接近孩子的幼稚语言与他对话。

对幼儿，与其使用"喝水水""吃饭饭""睡觉觉"之类叠话表达怜爱，不如正常用词，只是把语气变缓、变柔，辅以肢体动作，在态度上体现温柔和尊重。

日常中我们除了吩咐孩子"站稳""抓住"之外，还可以说得更细一些，"控制住""保持平衡"，他也是能听懂的。当然，这些说法之间并没有优劣之分，合适的表达就是最好的，只不过我们可以放开某些意识上的束缚，尽量表达出我们想表达的内容，不要低估孩子，不要矮化我们自己的语言。

幽默之花只能在自由中开放

在鲁鲁很小的时候，我就已经把他当成大人，使用我惯常的语言，和他谈论各种问题。当然，他毕竟还是孩子，他的孩子气与我的成熟语言之间常常发生碰撞，产生意想不到的效果。

有一次，鲁鲁问我："你看我的感冒是不是好些了？"

"嗯，已经全好了。"我不知道他为什么问这个，装成很感兴趣的样子答。

"就因为我做操特别用劲。"果然，他是来求赞赏的。

"哦，运动对身体有好处。"我顺着竿子爬。

"一运动就流汗，身体里的病毒就从毛孔里流出来，流到地下了。"他进一步炫耀。

"那不是把地污染了？"我对"流到地下"这个描述开启了调侃模式。

"没关系，地不会生病的，地有抵抗力。"他也回以幽默。

"呵呵，地真是好！承受一切，包容一切，宽厚、仁慈。脚下有地，真好！"

"是呀，地真伟大！"他居然冒出一个大词儿。我们由讨论感冒与流汗，变成了对大地的讴歌。此时的愉悦，唯有表情包可以承受！

幽默是语言表达的高级形式，幽默的能力也需要从小养成。

有时，鲁鲁遭受打击陷于伤心无法自拔，我故意用朗诵的语调夸张地宣布："啊！我看见／有液体／从你眼睛里流出。"他一下就破涕为笑。

> 人只有在放松的状态下才能幽默，紧张的人是讲不好笑话的，所以幽默本身就体现着掌控感，体现着从容与自信。

有时，他摔了跤，捧着膝盖龇牙咧嘴，我马上在旁边来一句："真是万紫千红啊！"这也有奇妙的疗愈效果。

有一次，给他买了双新鞋，我问："穿上有没有味儿？"他脱下鞋径直递到我鼻子下面："嗯，你闻闻！原汁原味！"我们俩都大笑，反倒忽略了鞋里那股味儿。

自信和乐观的获得，源于一个善意的环境，正因为我们的戏谑是善意的，他才不以为耻，才会有一种幽默的应对。

幽默要出自善意。有时候一句看似无心的玩笑，却把对方惹恼了，这种让人不舒服的玩笑，常常被解释为"无心"，甚至归罪于对方"开不起玩笑"。其实，每个人都有敏锐的直觉，来自对方的话语到底是出于友善还是恶意，听的人都能感觉到。幽默一旦让人感觉不舒服，就要引起警惕。只有发自善意的幽默，才能掌握好笑点和分寸。

幽默还是智慧的表现，没有智慧的人讲不出真正高级的笑话。很多哲学家、思想家、艺术家、政治家、科学家都是幽默大师。但是也有一些伟人不擅幽默，著作中几乎都是宏大严肃的论述，生活里也鲜有生动有趣的细节。这类人可以获得我们尊敬，但能否获得喜爱，就难说了。不幽默也许不影响成功，但会影响一个人的生活质量与人格魅力。

鲁鲁小时候很胖，外人常说一些难听的话，我们有时也会戏谑他（现在想来绝对不应该），笑他："这么小就有将军肚了！"他不生气，反而把肚子一挺，双手叉腰，豪言道："我是伟人！"那种雄壮气势一下就化解了尴尬，还营造出一片欢乐。

> 幽默感一旦养成，人生就再没有"垮掉"这回事了，因为没有什么伤害是幽默不能化解的。

所谓幽默，其实就是这样一种气质，以乐观的态度对待不如意的东西，让沉重变得轻松，让灰暗变得明亮。写作中如果能传递出幽默，实际上也是传递了智慧和乐观，使人豁达，给人力量。

那么，怎样才能培养出孩子的幽默感呢？其实，你自己幽默了，孩子就已经走在通往幽默的路上。

大人以自己的幽默作为示范，当孩子表现出幽默时，能给予恰当的回应，慢慢孩子就学会了幽默。相声演员如果没办法把观众逗笑，他是会疯掉的。孩子如果不能让父母领悟到他的幽默，也永远学不会幽默。

> 培养幽默感，最重要的是双方都要懂得幽默、欣赏幽默，能够以幽默的方式交流。

有时候，孩子的幽默未必是显而易见、反响强烈的，但如果你能发现他平时言行中有幽默的蛛丝马迹，用幽默的方式加以回应，就会让他意识到这是好的表达，这就是在强化他的幽默意识。然后就有了"下次""下下次""下下下次"……幽默的种子就这样播下了，发芽了。

最重要的
是家长要善于听

现在我发现自己越来越不爱讲话了,人多的时候我最爱坐在角落,不引人注意,只默默地听。其实我现在也很少面临"人多的时候",那种一大堆人热热闹闹的聚会很让我疲惫:人人都抢着说话,又谁都说不完整,一顿饭下来,心烦意乱。

聚会一旦超过三个人,基本上就别想好好聊天儿了。说话要顾此不失彼,难免随时切换话题,结果都是蜻蜓点水。倘若与在座者三观或水准不合,那更是流于应付甚至陷于纷争。

真正的交谈,最好就是两个人。但就算是两个人之间,要聊得酣畅淋漓也难得。真正灵魂相遇碰出火花的交谈,几乎可以算一场人生的盛事。就算普通的聊天儿,要聊得顺畅也并非易事。你会发现,很多时候,并没有人真的在听你说,"听"只是一个样子,只是人为了不孤单而必须待在一起的连接方式。人就是以"听"和"说"的方式待在一起,至于说了些什么,又听到些什么,有时并不重要,重要的只是"在一起"。

不要指望真正有人"听",我对很多时候不得不与人形式上"在一起"深感厌倦。由此,我非常理解有些孩子在表达上的窘境,如果连我这个不算嘴笨的大人,都无法克服缺少知音的苦闷,从而失去表达的动力，更何况表达能力更差、心理建设能力更弱，更需要被倾听、被理解的孩子（这一点也适用于写作，写作和说话一样，本质上都是一种表达）。

要让孩子学会说，最重要的是家长要会听。

那么，家长应该怎样去听？

首先是耐心地听，理解孩子所要表达的意思。然后是给予回应，和孩子形成交流。

> 人天生都有表达欲望，但如果总感觉自己的表达是多余的，这欲望便会渐渐淡化直至消失。

这里就不举例了。道理都是不言而喻的，就看怎样去做。

我们常常会责怪孩子写作文限于流水账，没有思想，写不出深意。可是，我们日常与孩子相处时，注意到他们话语中的"深意"了吗？有没有真正理解他们的话语？有没有真正的对话，让他们更充分、更完整、更深入地想一个问题，然后准确、完整地表达出来？如果我们做不到，我们又有什么理由怪孩子呢？

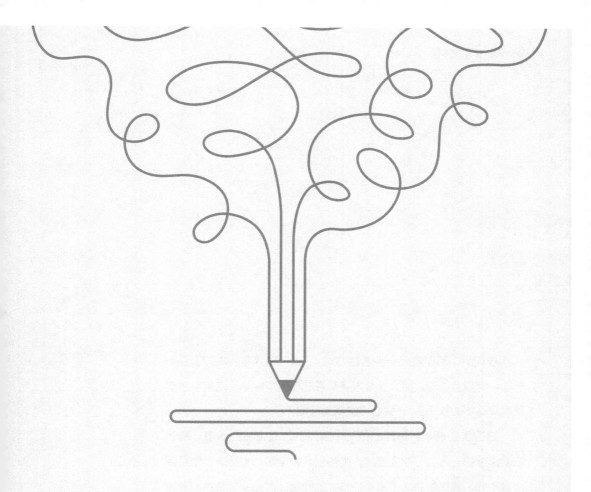

第三章

写作第一关：
从"怕作文"到"爱作文"

按理说，写作就是一种表达方式，"说"和"写"本质上是一样的，能写就能说。但为什么很多能说的孩子不能写（这里特指学龄期会写字的孩子），一提起作文就头疼呢？

怕写作文是学习写作的第一个障碍。凡是害怕的事情，提起它就只想躲，怎么可能去喜欢、去热爱、去学习、去钻研？结果肯定做不好。要想解决孩子写不好作文的问题，首先就要解决怕写作文的心理。

让写作回归表达

作文不复杂，能说就能写

孩子为什么会怕写作文？我设身处地想了想，如果我是孩子，我也会怕。

首先，写作文对孩子来说是一个新技能，也就意味着新挑战。

所有的挑战都可能面临两种结果——成功或失败。所以面对挑战，人总是既感刺激，又有恐惧。至于最终选择逃跑还是迎战，取决于"刺激"和"恐惧"谁占上风。

面对作文这项挑战，为什么很多孩子内心是"恐惧"占上风？

首先是因为这项挑战的难度确实很大。难度大，失败的可能性就大，挫折的概率就高，人就可能心生畏惧。

同样是表达，七岁的孩子学写话，比一岁的孩子学说话难得多。学说话的幼儿，基因中都早已内置了语言软件，这是人类这个物种通过亿万年进化而赋予每个人类个体的先天条件，学会说话只是激活这个软件的过程，任何一个智力正常的孩子，只要是在正常的语言环境中，都能学会说话，这几乎是一件自然而然的事。

但写作却不是一个自然而然的事。文字是文明的产物，文明的产物远比原始交流来得更晚、更复杂。文字信息并没有经过亿万年的进化而内置在人类的基因中，直至今日，世界上还有一些人类群落没有自己的文字，更遑论用自己的文字写作，他们的小孩也当然只能用口语和肢体语言来表达，当然也免去了写作文之苦。

由此可见，今生我们能有机会迎接写作文的挑战，何尝不是一种幸运。当然，生活在一个文明程度较高的环境中，也需要付出相应的代价，就是我们必须刻意去学习更多的东西，而这些需要学习的东西往往是越学越深，越学越难，必然伴随着挫折感，令人望而生畏。

> 要想减轻写作文的压力，就要向原点靠近，让"写作"回归"表达"。

由此可见，要缓解孩子的学习焦虑，首先就要减少挫折感。如果写作文能像说话一样自然，写作的压力便会减轻很多。

我们家由于特殊情况，鲁鲁五岁多就上小学了。这其实是我们的失误，由于年龄小，心智发育不成熟，他在早期的学习中遭遇了极大的困难。小学三年级之前，他一直是班上"拖后腿"的学生，我们全家都被"连坐"，压力山大。但正因为如此，也迫使我在保护他的自尊心，让他在逆境中建立自信方面做出了特别多的努力，也收获了很多经验和教训。

鲁鲁一年级时，老师布置寒假作业，每天写三句话，内容不限。我觉得太简单了，三句太少，鼓动他写五句："不就只多两句嘛！"他答应了。

第一天，他想了半天，憋出三句："今天早上吃的是牛奶。今天中午吃的是面条。今天晚上吃的是排骨。"老师的要求达到了，我提醒他：

"还有两句呢?"他又想了半天,补出两句:"今天没有下雪。我喜欢吃汉堡。"虽然前言不搭后语,但生平第一次写话,能写出来就不错了。我给了他大大的鼓励。

接下来几天的写话,几乎都是每天的菜谱,要不就是流水账,"今天下了棋。今天去公园玩了……"我都一概表扬,因为他的确达到了要求——五句!

写到第五天,我说:"今天还是写五句,但是只能写一件事。"

"写哪件事啊?"

"吃饭也可以,踢球也可以,画画、下棋、逛庙会,都可以,但是不能每件事只写一句,又去写下一件事。只能写一件事,譬如踢球,什么时候踢的,和谁踢的,好不好玩,明天还想不想踢,等等。"我说,"反正五句就行。"

"麻烦!老师又没说。"鲁鲁不情愿。

"老师没说也可以写啊,咱们要准备点秘密武器,别人写三句,咱们写五句,就是要和别人不同。你对妈妈还没信心啊?就这么做!"

鲁鲁只好去写,写的是踢球,果然比前几天写得具体,我用一个夸张的拥抱,给了他大大的奖励。

这样一直写下去,十多天后,已经有精彩表现了。譬如下棋,写他赢了外公,连赢七盘,最后他自己加了一句:"不是耍赖,是凭实力。"

"很好啊!"我说,"就是要把自己的观点,自己的感受加进去。"我知道,这已经是很高的要求了。不管他能不能达到,有意识地努力,总有收获。

《下棋》那篇写到最后，离我提出的五句还差一句，他不知道怎么结尾了。我提醒："你不是说明天要下赢我吗？"

"对了对了，就写'明天我要向妈妈挑战'！"

"好哇！"我的惊喜绝不是夸张，鲁鲁已经知道怎么去写了。

就这样一句一句地写，渐渐文字中有了戏剧性。譬如《开学第一天》，他和一个女生争座位，他说："这个座位是我的。"那个女生也说："这个座位是我的。"后来老师来了，把那个女生调到了另一组。虽然只有几句，但有头有尾，活灵活现，读起来让人忍俊不禁。

看到这里，很多小朋友可能会惊叹，李鲁哥哥也有这样的"黑历史"啊！很多人都知道他 14 岁开始写小说，16 岁出版第一部中文长篇小说《我去 中学》，19 岁出版了一部英文长篇小说《救赎》(*Salvation*)，好像很能写，没想到他最初的写作也是从一句一句开始的。

在我们大人眼里，也许吃饭、下棋、找座位这些琐事太幼稚，表现不了什么"有意义"的主题，不值得写。但那就是孩子的日常，就是他们最真实的表达呀。如果我口头问鲁鲁："今天你想告诉我什么？"他可能就会说"今天我吃了排骨""今天我去公园玩了""今天我和一个女生争座位"……这不就和他写出来的一模一样吗！

我们做一件事常常会忘记做这件事的初心，写作文也常常忘了写作的目的是什么，不就是表达和交流嘛！忘了这一点，无论高级的写作还是初级的写作，都会走进死胡同。

> 写作文最好的状态就是写嘴里说的、心里想的。

我曾经的写作班上有一个四年级男生，老师布置家庭作业，让写一个自己游览过的地方。命题本来很宽泛，很自由，不难写，但他无论如何写不出来，向我求助。

我问他："你家附近有没有什么景点或者好玩的地方？"

他脱口而出："有！有一个××寺，我去过。"

"哦，那个寺出不出名？"

"不太出名，没有多古，里面的和尚我都认得。"

"要不要门票呢？"

"不要门票，随便进。"

"大不大？有几个门？你一般是从哪个门进去的？先到哪，后到哪？里面有没有古树？有没有石碑？有没有池塘？有些啥东西？你怎么会认识和尚？……"

我俩在微信上一问一答，不一会儿就刷了好几大屏，关于这个寺庙的背景、面貌，以及他在寺庙里发生过的趣事，我脑子里已经有了一幕又一幕的画面。最后，我对他说："你怎么说你写不出作文呢？你给我讲了这么多，我都觉得这个寺庙好有意思！下次如果我去你们那里，一定要去看看，就请你当导游！现在我去不了，你就假设正在给我当导游，我们边走边看边说，你把看的、说的都写出来，就是作文了！"

他果然写出了洋洋洒洒一千多字。

其次，孩子写作文时容易卡在"写作要求"和"范文"上，不能专注于自己想表达的内容。

当孩子脑子里一心只想着写作文，想着老师的要求，想着范文的样子，担心写得不像一篇作文时，思绪就很容易卡在这个"要求""范文"

> 对于那些害怕写作文的孩子，我们可以通过"对话"和"讨论"，帮他们把注意力放到所要表达的内容上来。

和"像不像"上，而不能专注于自己所要表达的内容本身。

鲁鲁小时候也经常为写作文犯难，他能搬到的最大救兵就是我。但我并不会直接出手相助。我会问一下情况，为什么写不出来？卡在哪里了？然后我们一起来讨论，应该怎样解决这些问题。你一言我一语说完之后，再让他自己梳理一遍，组织成有条理的、完整的内容。然后再说一遍。说的过程中往往又会发现不妥之处，边说边改。说上几遍，自己感觉满意了，再用文字写出来。这时候要写的内容已经成竹在胸，基本上一次过关，省了纸上修改的麻烦。

"讨论"是我和儿子都习惯了的交流方式。小时候是他先和我口头讨论，再口头复述，再写成文章。到大了以后，就是他自己在心里说，心里改，实际上就是"打腹稿"。

有了"打腹稿"的基本功，动笔就省力多了。

大人走开，让孩子专心写

鲁鲁算不上很用功的孩子，初中读寄宿学校，周五下午回家，书包一扔就去书房玩游戏，玩到吃饭，晚上还要到同学家接着玩，只有在周六和周日上午做作业。但即使学习的时间不多，他也总能完成任务。

究其原因，要归功于专注和高效。

鲁鲁学习的时候，总是关上房门，一个人专心做事，他不自己走出来，我们绝不进去打扰他。他这种关门做事的习惯，在小学三四年级就已经形成。有问题了他会叫我，不叫我就意味着不需要，我就不插手，让他自己搞定。我和他之间从来没有为辅导作业闹得天翻地覆过，我偶尔应邀辅导一次，他也是报以"谢谢"。

这种独立学习的状态，最大程度地减少了情绪干扰，让他得以全身心投入到学习中，而不必分神于旁人。有一次他开始学习了，我却因为看他书架上的一本书而忘了退出房间，他提醒了两次："你就在这里看吗？"我才突然醒悟："哦哦，你要学习了！我出去看，出去看。"

我之所以很早就让鲁鲁独自学习，这大概是出于我自身的感受，我自己就特别讨厌工作时受到干扰。设身处地换位理解，我已经是大人了，心理素质过硬，写作技巧纯熟，但如果我写作的时候，旁边老站着一个人，紧盯着我打字，哪怕他一句都不纠正我，哪怕只是盯着屏幕看，我也一个字都写不出来。

只有精神放松，才能专注做事。最极致的专注是"无我"，而环境中任何可能引起人的感觉和想法的事物，都会阻碍人进入"无我"状态。只要有旁人在，哪怕旁人并不会批评指正，甚至根本不会发出一点杂音，也会造成一种压力，更何况这个"旁人"还是对孩子居高临下、总是忍不住唠叨的家长。总之，家长在场就是一个可怕的存在！所以，我对那种坐在孩子身边，全程辅导作业的做法，真是不认同。

专注、高效的学习来自于内在动力，而内在动力又离不开"独立"。要相信孩子有自主学习的能力，这是人类这个物种经过亿万年进化而形成的能力，每一个人类个体都天生具有学习能力，每一个婴儿都能借助

> 当孩子用自己的能力战胜了学习上的挑战,就会产生发自内心的成就感,而成就感又会带给孩子深层次的愉悦,从而成为更大的学习动力。

这种能力在一定的时间内学会生存的最基本知识。每一次学习都是一次挑战,而拥有好奇心、接受新事物、迎接新挑战,也是人类的本能。

如果孩子总是依赖老师、家长的指导来完成作业,实际上意味着一种自我否定——我自己是不行的!那样即使完成了作业也不能带来成就感,反而是一种挫伤。一次又一次的挫伤,最终就抑制了孩子的自主性,一旦离开老师、家长的指导,离开范文的助力,就无法独立写出作文来!

只有靠自己努力完成的事情,才能带来真正的快乐和自豪。

我从不主动去管鲁鲁的作业,写再久也由他自己写。每次,当鲁鲁经过冥思苦想、奋笔疾书,最终走出房间时,他一脸轻松地说出一句"写完了",然后直奔冰箱找吃的,我们全家也和他一样如沐春风。

除了独立、专注,鲁鲁做作业还很高效。他习惯于深思熟虑,一气呵成,很少改来改去,写作文几乎不打草稿。到现在他写长篇小说也是页面干净,修改不多,很多章节都是一次成型。这种"一次过"的功夫,实际上就是小时候养成的打腹稿的能力。下笔之前已经在心里想好了,一下笔就一气呵成。

"一气呵成"减少了写作过程中的烦琐、卡顿、重复等影响流畅度的问题,也从某种程度上降低了写作文的难度,使写作更具有愉悦感。

不要纠缠枝节，写出来再说

如果我们总是怕写不好，缺乏自信，就会对所写的东西犹豫不定，好不容易产生一个想法，刚一冒头就被掐掉——"好像不能这样写吧？"一犹豫灵感就缩回去了，再也揪不出来。

被"自我怀疑"困住的头脑，就仿佛被堵住的泉眼儿，思绪难以畅快流出。

我曾经的写作班里有一个四年级女生，她之所以来参加这个写作班，就是因为她无法自己写作文。她妈妈告诉我，她每次写作文必须要有妈妈陪伴、指点，甚至口授，不然就无从下笔。有时候妈妈的指点也不能让她放心，总觉得写不好，非得上网去找一篇范文来照着写。譬如，老师要求写一篇"春天"，她就必须到网上找一篇写春天的作文，再改一改，变成自己的。

> 每个人内心都有一座宝库，装满了可写的内容，关键是要把宝库的门打开。打开这个门也并不难，只需要相信自己，最简单的做法就是：想到啥写啥，写出来再说！

这就很成问题了，明明自己每年都经历着春天，却没法写出自己的"春天"！

我问她妈妈："女儿平时爱不爱和你交流？她说话有没有问题？"妈妈说："爱交流啊，说话很好啊，经常是滔滔不绝，很有想法！"我又问："女儿爱不爱看书呢？"妈妈说："她很爱阅读，从小就爱读，家里一屋子书，她读了有时还给我讲！"那我就明白了，她的问题不是在能力上，而是在心理上。

她平时爱交流，说话流畅，说明她表达的欲望和能力都没问题；读了很多书，说明她对书面表达不陌生，不排斥，已经积累了大量词汇，也学到了一定的技巧。之所以写不出作文，只是写作受到了抑制，就像泉眼儿被堵住了一样。

那么，堵住这泉眼儿的究竟是什么？可能是对"作文"的错误认识，被某种固有的模式、固有的标准所桎梏；也可能是家庭和学校的无形压力，抑制了她的文字表达。有时候学得太多反而不知所措，因为写不出"别人那样"的文章；要求太高反而连低标准也达不到，因为高山仰止，反正也爬不上去，不如在山脚歇凉。

她来听我的写作课，意识到了问题所在。写作班快结束时，她准备自己写一篇作文。动笔之前，她对妈妈说："我就按鲁老师说的，丢开作文那些框框，就写我自己，不管写得好不好，就用我自己的话来表达我自己！"结果，她坐在那里，一气呵成，写了一篇上千字的作文，文笔相当生动，是她有史以来第一次没有妈妈指导，也没有参照别人的文章，自己一个人独立完成的！

她妈妈站在门外，看着女儿专心写作文的背影，当即泪下。这么多年了，作文一直是女儿的难题。不只是女儿一个人的难题，也是全家人的难题，哪一天只要老师布置了写作文，全家都会因此而焦虑不安。现在女儿终于能够自己写了，积累多年的情绪一下涌上心头。

她没想到女儿其实是能写的。每个孩子其实都是能写的！要相信孩子，他们天生就有表达的欲望，也有表达的能力，只要用文字大胆表达，自由表达，就能写出好作文！

第三章 写作第一关：从"怕作文"到"爱作文"

在自由的状态下，你才能相信自己的直觉。人的直觉很神奇，你脑子里跳出的第一个念头，就是最真实的感受；你绕来绕去总是绕不开的想法，就是最有价值的想法。你就沿着这些从自己脑子里直接跳出来的、赶也赶不走的想法写，即使写偏也没关系。写作能帮助人思考。

> 思想就像水流，会自己找到方向。有时候模糊不清的想法，写着写着就想明白了。

不用太纠结，不用等到构思成熟了才写，"开始"是最重要的，只要开始写了，就能自动往下走；不写，只能原地踏步。

鲁鲁17岁到美国上大学，大一开始写英文小说，很多人觉得不可思议，非母语，怎么可能写得地道？但他不管，不地道就不地道，写出来再说。结果就真的写出来了。不管影响如何，写出来了，他就多了一部作品。作家的作品就是这样一部一部垒出来的。

我年轻时的作品，也不完美，也很幼稚，但毕竟写出来了。你不写出来，你没有作品，一切都是空谈。

为什么有的人一想到"不成熟、不完美"就会感到沮丧、恐惧呢？大概是对自己没有信心，害怕面对负面评价。要克服这种恐惧感，需要家长、老师和孩子本人共同努力。

> 过分追求完美会损害创造力，甚至让人根本失去创作的欲望。

要鼓励孩子大胆写，管它呢，写出来再说。只要写出来了，它就在了，就有修改的机会，就能让它逐渐完美。不写出来，灵感消失，便永远失去了。

> 重要的是开始写，现在就开始！

只要动了笔，你就进入了写作的状态，这个状态可以帮助你集中精力，祛除杂念，把游移的心思专注到对写作的思考中。

我创作也经常遇到瓶颈，写着写着就写不下去了，有时是因为思路上的困顿，有时是因为时间上的匮乏，或者纯粹就是精神上的涣散，想偷懒了，无法进入创作状态。明明一个上好题材，往往写到一半就难以继续。就像人爬山，爬到一半的时候最累，想坐下来休息，结果一坐下就再也不想站起来，很多半途而废的事都是这样。

那怎么办呢？还是那句话，管它呢，往下面写，写出来再说。不管写作怎么不顺，只要强迫自己坐到桌前，拿起笔来，写！哪怕写的都是废话，也必须写！写着写着脑子就活了，就又有话可写了，作品又开始往下推进。

这就是我的经验。对第一遍初稿，不要求完美，写出来再说。只要有了初稿，最艰难的阶段就熬过去了。之后的修改虽然仍有困难，但已经轻松多了，愉快多了，改着改着，看见前面已经写了这么多，成就感油然而生；看到精彩之处，自己也佩服自己，自己也享受自己的作品。这个感受在改第二遍、第三遍的时候会更强烈，越改越舒服，作品就成了。

从回顾中获得自信，也是一种很有效的自我激励法。李鲁在大学时写英文小说，进展艰难时，就使用了"回顾法"。每写出一万字，他就拍一张照片，存在手机里。经常把这些照片调出来看，"哇，我已经写了三万字了！""我已经写了五万字了！""我已经写了八万字了！"越看越觉得自己了不起,成就感就来了,就又有了写作的动力。

他初中时读英文原著也是如此,最初困难很大,进展缓慢,他就读一段用红笔打一个对勾,每次开读之前,先数一下前面的对勾,"哇,我已经读了这么多了!牛!"自豪感一上来,就有了接着往下读的欲望。

坚持做一件事是需要多种素质才能实现的,如果一个孩子从小就能够专注地投入自己喜爱的事,并且通过长时间的努力,最后达成想要的结果,仅仅是这个经验,对他将来一生都是无价之宝。

最好的练笔是"写以致用"

幼儿学说话之所以容易,是因为每句话都出于表达的需要,他想要妈妈抱,就自然说出"抱"这个词,说出之后愿望得到满足,又强化了学习效果。幼儿的语言表达能力就是在一次又一次真实场景的运用中积累而成的。

但学习写作的孩子,却很难在真实场景中运用写作去解决问题,很难有机会用文字来表达愿望,并最终获得满足。如果写作文的目的只是为了考试得分,而没有现实需要,那写作就是一个负担。我们让孩子花大量精力去应对一个负担,还希望他对此抱有热情和动力,怎么可能?

前段时间我先生和他侄孙视频通话。侄孙刚7岁,上小学一年级。侄儿一家刚搬进新居,7岁的小侄孙终于拥有了自己的房间。我先生(侄孙叫他舅爷爷)就在视频上问侄

> 让写作回归表达,写以致用,是从根本上提高孩子写作动力的最好途径。

孙："你有自己的房间了吗？让我看看！"小侄孙很兴奋，举着手机扫过他自己的房间："这是我的床，这是我的书架，这本书是别人送我的，这是我的书桌，这个台灯也是新的，有两个开关……"镜头挨着拍摄下去，他边拍摄边讲解，很符合"以空间顺序为线索"的叙述技巧，而且还符合"详写和略写相结合"的原则。

当他的镜头移动到窗户时，舅爷爷忽然惊叹："嚯，你这窗外好像风景很好耶！"于是，小侄孙也注意到窗外的美景，自动补充了一段类似于作文中的插叙："是呀，以前我们（家）窗外就是一条大马路，乱糟糟的，很吵。现在的窗外是一个小花园，有树，有花……"我在一旁听着爷孙俩的对话，心中暗喜，谁说孩子不会写作文？当他们获得了一种角色感，以主动的姿态向人介绍他眼中的世界时，他是完全不会词穷的。

生活中这样的机会很多，我们完全可以利用起来。有时候，给孩子一种角色，或者给他一个工具，譬如手机、自媒体等，让他有一个自主表达的机会，他自己就能调动起内在潜力，做出令家长意外的表现。

几年前到美国，去朋友家玩。朋友的儿子在美国上 6 年级，因为要在学校做关于哺乳动物的演讲，正自己在家查资料，写讲稿。

我着实被他惊着了。一个十二三岁的小男生，就那样稳稳地坐在电脑前，从中午一直写到下午，写了三千多字。我上楼去瞄了一眼，满屏的英文，我看不懂，闭着眼睛表扬了一通。没想到，这一表扬，他更来劲了，还要再写。写得忘乎所以，吃晚饭都叫了几次才下楼，匆匆扒几口饭又跑上楼接着写。一直写到夜里 11 点多，终于写完了，五千多字！

这就是写以致用的典型。用，才有意义，才有动力！如果不是因为要演讲,一个正当贪玩年龄的小男生,恐怕也不会用功到这个地步。

去年这个男孩回国过暑假,我又见到他。几年过去,他已经不是当年那个"小男生",而成了一米八几的壮小伙,正在上高中,英气勃勃。他见到当年相识的李鲁哥哥,很高兴,要求离开大人们的饭局包房,出去单聊。他俩出去很久,快开饭了还没回来,我出去叫他们。看见两个年轻人,坐在大厅角落的沙发上,全神贯注地交流着什么。悄悄走近一听,似乎在谈论某本书,中英文夹杂,说得认真,听得也认真。我不忍打扰他们,两个年轻人认真讨论问题的模样,真的很美。

> 读以致用,写以致用,"用"使得所读、所写的东西真正活起来,进入到我们的生命中。

展示的机会要自己争取

鲁鲁五年级时,生平第一次在正规杂志上发表作品,那是一本在全国影响很大的科普杂志《小爱迪生》,刊发了他的一篇短文《献血》。

> 发表是实现写作价值的最好方式,也是对孩子最好的鼓励和促进。

当天他放学回家,我把杂志拿给他看,他的兴奋程度出乎我意料。他把杂志翻来覆去看了半天,拿去向他爸炫耀。他爸逗他:"就这么篇豆腐块儿(意指篇幅短小),有啥了不起!"他脱口而出:"豆腐块儿也是我自己写的!"下午他到同学家玩,出门的时候,低头穿鞋,抬头突然冒出一句:"我载入史册了!"

"呵呵，就这么个豆腐块儿，还载入史册！"

"豆腐块儿也是史册啊！"

我看他那陶醉的样子，感到好笑，"你也别太自我膨胀了！"

"呵呵，膨胀也没事！"

这还没完。晚上他睡在床上，突然问我"人生自古谁无死，留取丹心照汗青"是什么意思。当我解释到"汗青"二字时，他似乎等的就是这个，我话一出口，他哈哈大笑："我也青史留名了！"你看，发表一篇小小的短文，在他心里就发酵到这种程度，可见这事的冲击力之大。

从某种意义上讲，自我膨胀也是一种自我觉醒，一个人的某些超常意愿总要通过特殊事件的发酵，才能突破庸常生活的局限而成为梦想。

写文章是有用的、有价值的，这个用处和价值一定要让孩子自己感觉到。"发表"就是感觉到写作价值并且使之成为梦想的一种方式。

虽然大多数孩子并没有机会在正规刊物上发表作品，但"发表"的形式可以灵活多样，很多机会就在我们身边。

譬如，作文被老师在班上发表。

我小时候喜欢写作文，每周都盼着作文课，特别是作文评讲课，因为一评讲作文，我必然就能露脸。我当时几乎每篇作文都会被老师拿上台念，绝对是"写霸"一枚！所以我每次一看到作文题就有种亢奋感，写起来也格外投入，连走路都在想要怎么写才配得上被老师念。写完之后，自己幻想着老师念这篇作文时的表情和语气，又幻想着下面同学听的心情，我这样写是不是合适？这句经不经得住推敲？要是觉得某个地方有不妥，就算作文已经交了，也要去老师那里要回来改，免得被念的时候出丑。所以，我实际上每次都是以"被老师念"的标准在完成作文，我是在用范文的标准要求自己，不断完善，精益求精，那还能写不好？

只有练习而不发表，是很容易令人厌倦的，就像学琴的人只练不演，从来没有登过台，没有享受过被人聆听、被人欣赏、被人赞叹的感觉，练琴就很难有持续的专注和激情。写作也是一样，要真正写好，就要把作文当成作品来写，知道自己的文字是会发表的，是会被人阅读、产生影响的。

发表并没有想象中那么难，作文在班上被老师念，就是一次发表——在班级范围内，被最高权威者以口头方式发布和评论。这会对孩子产生强烈的激励作用。

除了借助老师在班上发表，孩子们自己也可以找机会和同学交流，相互传阅和讨论各自的作品。每次被阅读、被讨论，都等于一次发表。

家长也可以帮助孩子建立作品交流的渠道。我有一个朋友，她儿子性格比较内向，不喜欢当众发言。她觉得这是个问题，但并没有批评儿子，而是想出了具体的解决办法——联合几个合得来的家长，为孩子们组织读书俱乐部。

俱乐部制定了活动办法和纪律，由孩子们轮流担任领读者，大家要共读一本书，然后定期讨论和写书评。这个过程其实就锻炼了孩子的阅读能力、写作能力、思考能力、表达能力，还有领导力……可谓一举多得。

生活中有很多"发表"的机会，譬如学校里的墙报、校报、广播、社团等交流平台，只不过这类公共平台在内容上限制比较多，往往不能自由表达，而且版面有限，能参与的只是少数学生，大多数同学没有机会在这种校园媒体上表达自己。

好在现在是网络时代，人人都可以拥有自媒体。我曾经的作文班上好多小同学都开起了公众号，发表自己的作文，转发到朋友圈里，大家相互点赞、评论，对孩子也是很好的鼓励。

除了这些特殊机会，日常交流也可以有意识地通过文字来实现。

我认识一位家长，经常和孩子笔谈，一些现实中难以说出口、难以深谈的话题，用文字交流就容易多了。现在手机已经很普及，我们也习惯了用手机来交流，但交流的时候真的可以不局限于语音，也不局限于口语和表情包。如果我们和孩子可以在手机上多打字，认真地谈点什么，对用词和逻辑都更讲究一点，也就相当于在练习写作了。

> 要给孩子机会，让他展示写作的力量。

我曾经的作文班上有一位刘同学，他写过一篇论述玩电子游戏的合理性的文章，非常精彩。文章有故事，有观点，还查阅了大量资料，夯实了理论依据。他为什么要花这么大力气去写这篇文章呢？就是因为要给自己争取权利！他爸爸不准他玩游戏，他又很想玩游戏。他爸爸有智慧，不硬来，让他写一篇文章证明玩游戏有好处，如果能说服他，就准许玩。刘同学想玩游戏，为了说服爸爸就拼命下功夫，通宵达旦写文章。结果是，他爸爸还真被文章镇住了，真就同意他玩游戏了，只不过又和儿子进行了充分沟通，协商出了玩游戏的时间表。

我想，通过这件事，刘同学对"写作"一定有了更深的体会。写作是有用的，孩子们一旦体会到这种"有用性"，写作的动力会大增。

第三章 写作第一关:从"怕作文"到"爱作文"

对于比较小的孩子,可以在日常交流中引入书面交流,让孩子习惯用文字表达自己的见闻和感想。我曾在电视上看到,北京一位小学班主任,长年坚持与学生在小本子上交流,其话题无所不包,孩子的表达也顺畅有趣。每天在小本子上写一点,我相信,她班上的学生不仅作文写得好,心理也会更健康。

鲁鲁二年级开始学习架子鼓,四年级第一次登台表演,这次表演成了他成长史上的标志性事件——之前他默默无闻,灰头土脸;之后,他走上舞台,开始绽放光芒。表演给了他自信,自信给了他力量。

> 机会往往是自己争取的,甚至是自己创造的。

那是一次"六一儿童节"庆祝活动,全校安排了文艺演出。那时鲁鲁学习架子鼓两年,已经具备了熟练演奏完整曲目的能力,我觉得他应该上台表演了。但他们学校有几十个班,上千名师生,哪怕每个班只上一个节目都会耗费很长时间,何况还有校级的管乐队、舞蹈队、武术队等必演节目,所以他要争取到上台的机会非常难。

他先去找班主任报名,但当时架子鼓还不太普及,很多孩子根本没见过真实的架子鼓,更别说在短时间内排练一出有架子鼓参与的集体节目,班主任拒绝了。我又提议独奏,班主任让我去找德育主任说。主任通情达理,亲自到家里来试听鲁鲁演奏(因鼓太大,不便搬运到校)。

我们选的曲目是《相信自己》,配上零点乐队的原唱音频,高亢的旋律中,鼓点一响,屋顶都在震颤,主任顿时热血沸腾,当场拍板,鲁鲁终于获得一次宝贵的演出机会。

演出那天,他一鸣惊人,全场掌声雷动。从此他就成了学校的名人,并且由于架子鼓特殊的震撼效果,以后学校每次大型文娱活动都自然有他出演,甚至他已经毕业了还被学校请回去助演。

孩子还小的时候,关键时刻需要家长推一把,帮他创造机会。在这个过程中孩子也懂得了如何去把握机会。

对写作来说也是一样,鲁鲁的第一部作品应该是他的作文集。那是在三年级时,老师让同学们把作文整理成册,先在班上展示,然后选出一部分参加学校的作文展。其实这就是一次发表的机会,对全班同学来说,机会是均等的。但大多数同学和他们的家长并没有重视这件事。

我很认真地对待了这件事。并非有什么先见之明,初衷只是想借此机会整理和收藏儿子的作文,也让他自己看到进步。我把他从二年级开始的作文全部整理、配图,彩色打印出来,装订成册,再配以正式的封面、封底,认真起了"书名"——《我会越来越好》,还写了导语。

这本像模像样的作文集,展览时大受好评,不仅被选入学校的作文展,还入选区里的作文展,被外校师生看见。我想这不仅让鲁鲁自己感受到喜悦和自豪,也学到了一种做事的态度。

有些事情你认真去做了,你就抓住了机会。不能怕麻烦,音乐需要听众,写作需要读者,但如果没有展示和推广,读者是不会自动找上门来的。

> 写作的根本目的是为了表达,为了交流,只有当孩子从"为完成作业而写作"转变到"为交流而写作",写作的动力才能从根本上得到激发。

2 写作中的障碍不可避免，关键是怎么办

孩子们害怕写作文，是因为这项挑战本身有难度，但更大的原因，是挑战的氛围太严峻，结果太可怕。对孩子们来说，更难的不是挑战本身，而是大人们对待这项挑战的态度。

当一个婴儿不会说话的时候，所有成年人都会包容他，都会意识到孩子不是天生就会说话的，需要一个学习过程，即使孩子暂时学不会、学不好，也不去苛责他。对于偶尔出现的两三岁还不会开口说话，或者始终发音不清、表达混乱的孩子，父母会着急，但一般是找客观原因，带孩子去看医生或请教专业人士，而不会归咎于孩子主观"不努力""不好好学"。

一般的父母都能理解幼儿的弱小无知，愿意担当成年人的责任，帮助孩子成长，这使得即便有问题的幼儿，也能获得最基本的同情和帮助。譬如聋哑儿童，一般也会得到矫治和特殊教育，实现一定程度的表达和沟通。

但是，如果成年人没有最基本的包容和帮助，给了孩子过大的压力和打击，那么，即使一些原本正常的儿童，也可能发生表达障碍。

历史上就有过一个心理学实验，证实了这种可能性。

1939 年，美国爱荷华大学的知名研究者、语言病理学家温德尔·约翰逊（Wendell Johnson）在爱荷华州一所孤儿院做了一项实验。他找了 22 个孤儿，其中有 10 个口吃的孩子和 12 个正常孩子。

10 个口吃儿童被随机分成两组，一组被告知："你不口吃，你说话很好，你以后会比现在说得更好。不要在意别人怎么说你，他们不知道这只是人发展的一个阶段而已。"另一组则被告知真相："你说话口吃。"

结果 5 个月后，被告知了真相的那一组，5 个孩子里有 3 个说话更结巴了。而被隐瞒真相、施与鼓励的那一组，5 个孩子中只有 1 个孩子的口吃情况变严重了。

最悲惨的是 12 名正常孩子中的 6 人，他们被随机分配到"接受语言打击"组，然后在 5 个月内不断被工作人员告之："你说话很有问题，你表现出了口吃儿童的许多症状。你现在必须马上停止说话，在你能好好说话之前，你就别开口了！"被打击的 6 人里，最小的只有 5 岁，最大的 15 岁。他们全部出现了强烈反应，都变得寡言少语，语速明显变慢，句子变短。性格变得害羞，都承认自己说话有问题，上课不敢诵读，不敢回答问题。人际关系也变差了，不愿与人交流，甚至后来有 1 个孩子从这个孤儿院逃跑了，被另一家条件更差的孤儿院收留。并且，这 6 个原本说话正常的儿童，有 5 人开始出现口吃的现象！

这个实验由于过于残酷很快就被终止了，得出的研究结果也因为不能通过伦理审查而未能发表。但短短 5 个月实验的阴影，却对那些无辜的孩子造成了很大的伤害，甚至影响了他们一生。2001 年，由于偶然的原因这项实验被媒体披露，孤儿们才得知当年的实验真相，此时一些曾经参与过实验的已经是七八十岁的老人对爱荷华州和爱荷华大学提起了诉讼，爱荷华大学公开道歉。

可见，精神上的打击会造成表达障碍。口语表达如此，书面表达更是如此。

作文是个"坑"，但不要怕

大多数孩子在学说话的幼儿阶段是幸运的，能获得大人的包容和帮助，但在学写作文阶段就没那么幸运了，许多孩子所经历的就是如爱荷华大学心理实验中所实施的精神打击，结果就是很多孩子落下终身的"写作残疾"。

学写作文对孩子来说是一件新事物，一项新挑战，就好比成长路上突然出现一个坑，有人迈过去，有人绕道走，有人干脆跳进坑里玩……是什么决定了孩子对待这个坑的态度呢？

首先，取决于这是一个怎样的"坑"。

如果只是一个小坑，一迈脚就过去了，或者最多助跑几步，一跃而过，那又何须怕它呢？只要是有把握可以解决的事，都不是事，不仅不会恐惧，甚至还会因为它不同于普通路的常态，给行走带来新鲜感，而释放出好奇心和征服欲，使得"有坑"这件事不仅不可怕，反而令人兴奋。

鲁鲁小时候很喜欢踩雨后路上的小水洼，哪怕我因为担心他把鞋弄湿而一再阻止，他还是兴趣盎然地踩过去又踩过来，丝毫不理会老母亲的抓狂。这其实就是孩子对没有危险的小坑的反应。

即使是个大坑，也不一定有多可怕。只要旁边有空地可以走，跳不过可以绕过，无非是多走几步。说不定绕行的时候出于好奇往坑里多看了几眼，就找到了不绕行而直接跨越的办法。又或者在绕行的时候，看见别人用什么办法直接跨越了，自己也就效仿别人跟着跨越。

可怕的不是坑的大小，而是它的危险性。如果亲眼看见坑里满布着尖锐的石头，甚至有狰狞的铁器，一失足必将头破血流，而身后还有人硬逼着你快跳——那么即使是个小坑，也不敢轻易去跳。

孩子对"坑"的感受，除了"坑"本身的状况，还取决于"坑边人"的态度。

面对"写作文"这个坑，有的孩子会像在雨后的小水洼里踩来踩去一样，满怀欣喜地尝试和戏耍，有的却像看见一个恐怖狰狞的无底洞，避之犹恐不及。

> 安全感是影响学习兴趣的重要因素，令人恐惧的学习只会扼杀孩子的内驱力，让他在被动学习中陷入泥潭。

那么，怎样让作文这个"坑"不那么可怕？

第一，不要太把作文当回事，轻松自然地对待它。

作文的确重要，我们有万千理由强调孩子必须把作文写好。但过分强调往往适得其反，有心栽花花不发。心理学中有个"白熊效应"，对此有科学解释。

1987年，哈佛大学社会心理学家丹尼尔·韦格纳（Daniel Wegner）做了一个简单的"游戏"：他把参与者分成2组。要求第一组在5分钟内不能去想白熊，第二组可以想任何东西，包括白熊；然后要求两组人每次出现白熊的念头时都要按一次铃，以此来测量他们想起白熊的次数。

结果，被告知不让想白熊的人，按铃的次数最多，这就是著名的"白熊实验"。它说明，越是强调"不能怎么样"，人就越是偏要那样！人的大脑一旦被刻上了某种念头，往往就是挥之不去，越抹越黑。

有则寓言可以看成是"白熊效应"的翻版。寓言讲村子里来了个高人，称能点石成金。村民大喜，请他帮忙点金。高人满口答应，但提了个条件，就是村民绝对不能想到"金"，只要有任何一个人脑子里出现了"金"，石头就变不成金子。结果可想而知，村民没能得到金子，因为没有任何一个村民能做到脑子里不想"金"。

人的心理就是这样，越想压抑的，反而会蓬勃生长。这一点移植到我们对待孩子的心态上，简直可以无缝连接。

很多时候，家长过于强调作文的重要性，过多关注和鼓励孩子，过分投入学习资源，实质上都是在暗示孩子：这是一个难以跨越的障碍！孩子从你的过度重视中读出了"凶险"，难免会心生畏惧。你越让他不要怕，他越是会怕。

其实，作文就是一种表达，和我们平时说话一样，是一件自然而然的事，这样想就对了。

第二，根据孩子的能力来调整学习难度。

可以设置合适的作文题目和练习方式，让孩子在每一个阶段都能感受到成功和进步。成年人要为孩子提供实际的帮助，让他能够战胜一个又一个"坑"，获得经验和信心。

在现实中，我们一方面希望孩子顺利地写好作文，一方面又不断地设置难以跨越的障碍，让孩子想起作文就头疼，宁可绕行，绕不开就闭着眼睛跳，跳得过是运气，跳不过自认倒霉。这种消极防御的心态，彻底吞噬了孩子的写作热情。

现在的学校都是班级教学，作文都是全班统一题目。而写作是非常个性化的事，同一个题目，对有的同学来说是小菜一碟，对其他同学来说却是拦路虎。这不仅是指词汇量多少、表达水平高低的问题，还有个人气质的差异。有的同学更擅长逻辑思维，有的同学想象力更强，有的同学擅长说理，有的同学擅长抒情，这会导致他们在写不同文体时表现出不一样的能力。如果总是写全班统一的命题作文，孩子难以发现自己的长处，也难以从写作中获得乐趣和成就感。

因此，除了统一的命题作文，孩子还应该有机会写自己喜欢的、擅长的作文，把写作的热情与才华激发出来。这个工作也许学校老师没有精力来做，就需要在家庭中来弥补。

第三，最最重要的——不要对孩子太严苛。

孩子的安全感很大程度来自于父母的态度。就拿"跳坑"这件事来说，很多家长对孩子抱着过于严苛的态度，如果孩子轻松地一跃而过，他们便觉得这个坑太小、太容易，这怎么能锻炼出孩子跳大坑的能力呢？下次和别人家的孩子一起跳，怎么跳得过别人？所以，如果不设置更大的障碍，不让孩子跳得焦头烂额，绝不罢休。

这样一来，在作文这个"坑"面前，孩子永远是遍体鳞伤，他怎么可能有信心、有兴趣？

任何时候，给予孩子充分的鼓励都是极其重要的。写作文本来就是

第三章 写作第一关：从"怕作文"到"爱作文"

一件有难度的事，不仅要在没有表达欲望的时候用笔去表达，还要满足特定的要求和标准。作家也不一定能写好所有题材、所有文体，而学生却要学习写所有题材、所有文体，不管自己是否喜欢，是否擅长，都一定要写好。

而且这个"好"的标准还弹性颇大，学生自己难以掌握。每个老师的好恶不同，家长与老师的标准也不同，孩子写作文很多时候就变成了琢磨老师和家长的好恶，而不是自己所要表达的内容本身。

> 要让孩子不怕作文这个"坑"，家长和老师都首先要接纳孩子的稚嫩，包容他的不成熟、不完美。

对于孩子写作文的痛苦我是深感同情的，所以也尽量不给儿子添麻烦。鲁鲁小时候写作文，我一般不指导，觉得有老师指导就够了，一个小孩儿实在承受不起双重指导。但儿子有时候自己会来找我"求救"，我会给他出主意。他偶尔有得意之作，也会拿给我看，明显是在求赞赏。我当然也会成全他，假装全神贯注读一遍（或几遍），然后中气十足地蹦出一个字："好！"他便喜滋滋地问我好在哪里。其实我有时候原本是在敷衍，但既然他要寻根究底，我就得说出个名堂，只好去作文里找亮点。

一篇作文再怎么烂也总会有亮点，我使劲儿一找就找出来了。待我把这刻意找出的亮点一夸，他一看还果真如此，优点比他自己想象的还要多。顿时大喜，很有成就感。而我所表扬的这个亮点，也许会让他反复回味，结果就真的学到手了。

而且，当我在专注阅读他的作品时，他自己也会紧张、期待，想象着我读到他文字时的感受，他自己的注意力也跟着我的眼光在走，等于他自己也用审视的眼光重读了一遍，结果很可能就读出了问题——这个字没写对，那个描写不恰当……如果我是在出声地朗读，有问题的地方会更明显，他自己也听得出来。当然，我读到幽默的地方笑出声，对精彩的观点拍案叫绝，那也不啻为一种高山流水般的畅快！

> 写作文不只是于"写"那一刻在进步，更大的成长还来自于写作完成之后的审视和反思。

遗憾的是，很多孩子写作文是从来不审视和反思的，因为他们从没有得到过这种被阅读、被赞美、被共鸣的机会，倒是常常被批得体无完肤。如果写作文就是为了完成一项作业，还要面临无尽的责罚，谁又会爱上它呢？

如果写作文单纯就是为了达到老师的要求，这是一件很可悲的事。一方面，写作的成就感完全依赖于老师的评判标准；另一方面，老师的标准又永远不可能达到：二年级时老师让你一篇写够500字，你恼火；到了三年级，你终于能一口气写满500字了，老师的要求又变成了800字！等你能一口气写满800字了，这800字里又必须包含美词美句、名人名言、深刻含义……你永远都在追赶，永远做不好。对于一件自觉永远做不好的事，谁会不沮丧？就像古希腊神话中那倒霉的西西弗斯，"学习"成了一块永远推不到山顶的巨石。

我发现鲁鲁写作文，考试的时候比平时写得好，为什么呢？可能是因为平时的紧张度不够，太敷衍。尽管发现了这一点，我还是保持着平常心，无意去严格要求他。因为我自己就曾经以写稿为职业（记者），必须完成布置的"命题作文"，我深受其苦，并最终选择了逃离。

回顾我自己的写作经历，也许正因为当年我没有自始至终认真完成

第三章　写作第一关：从"怕作文"到"爱作文"

"写作任务",才使得我今天还保持着对写作的兴趣和激情。一个人对自己并不喜欢的事情倾注太多精力,实际上是在浪费生命。

所以,在写作文的问题上,我并不逼儿子,不对他严格要求,不对他精雕细琢,只有当他自己感兴趣并且打算认真写一篇作文时,我才指点一二,平时则放任自流,他愿意怎么写就怎么写,他若不想给我看,我压根儿就不看。

写作是一件自由的事,作家的儿子不一定非要成为作家。当然,如果他写得好,愿意继承我的衣钵,我也很高兴传给他。

强迫的写作使人生厌,在被强迫的状态下也写不出有灵性的文章。写作文不仅仅是"写"。

> 只有自由地做人,才可能自由地作文。

作文不仅是一项技术,也是一种世界观。

自己试错,自己成长

对于指导儿子写作文这件事,我向来比较宽松,他不主动请教我,我就不给他长篇大论地讲;即使我有话要说,也是先试探性地提起话题,如果他不回应,就说明他没有兴趣,我也不会再讲。

大人的心态往往是这样的,总觉得自己的意见很好,不讲给孩子听太可惜。

要让孩子自己去发现,去思考,去表达,要相信他可以自己成长。我们的意见不重要,

> 写作是一件高度自主性的事,没有自主的发现就没有兴奋感,没有表达欲,根本不可能有灵感和激情。

他愿意听，就听一点，能吸收多少算多少。他不愿意听，说明他有自己的想法，要按自己的来，这难道不是好事吗？我们就最好闭嘴。

那万一他错了怎么办？其实无妨，即使错了，天也塌不下来。成长无捷径，任何真正的成功都只能从亲身实践中练就。

鲁鲁五年级时，我带他去登黄山。他回来就开始写关于黄山的作文。

我好心给他说，最好不要一个景点一个景点挨着写，因为黄山太大，景点太多，写起来太啰唆。可他不听。也许是因为他回来给他爸讲游黄山的经历时，拿着黄山地图，按照登山路线，一个景点接一个景点，讲得唾沫横飞，受到他爸高度赞扬，他就来劲了，以为找到了介绍黄山的最佳写法。写作文时他如法炮制，把地图摊在书桌上，对照着登山线路，一个景点接一个景点写。

在指导儿子写作方面，我应该是有发言权的。但他不听，为了逃避我的唠叨，把作文本藏起来，压根儿不让我看。

不让我看，我也有办法施加影响力！吃饭的时候，我就旁敲侧击："你那种方法也是可以的，也有优点，就是清楚、详细，一般人都会那么写。不过，要是我写黄山，我就分成几篇来写，一篇专门写黄山三绝，一篇专门写西海大峡谷，一篇写其他景点，这样一下就完成了三篇作文，划算！老师还会表扬我写得好。"

鲁鲁一眼看破我的诡计，斩钉截铁道："不，我就要按我的想法写！"

"哦，随你便吧！家里守着个这么好的作文老师，不听，太浪费资源了！"

既然他要坚持，我也不再较劲。很多时候，孩子的固执只是因为面子，表面上嘴硬，心里其实也在掂量。即使他最终没有采纳你的意见，你说的道理也会在他心里潜滋暗长，终归是有收获的。以后机会还多，有的是时间来让他思考和比较。听与不听都是他自己的选择，而选择的后果要自己承担。

结果他就按自己的思路写黄山，写了几大页，连一天的行程都没写完，而我们游黄山是整整三天！终于，他自己崩溃了，跑来找我，说："我想还是写黄山三绝吧。但是已经写了这么多，怎么办，浪费了啊？"

"当然也不能浪费，都是心血啊！"我帮他想了个结尾的办法，这篇就算结束了，勉强可以充个数。我想让他明白的是，要舍得放弃，不要纠缠。

然后，他高高兴兴另外写了篇《登黄山之黄山三绝》（不知道他从哪儿学来的这种句式），一气呵成，还蛮有味道。

生活中的很多事都是这样，答案不是唯一的，不是非此即彼。黄山可以这样写，也可以那样写，他最初的写法虽然不是最好，却也是他自己所爱，是他自己的选择，如果你不给他证明这个选择正确与否的机会，他可能永远不会真正认识到自己的主意有什么不好，也不会真正体会到你的经验好在哪里。

附：李鲁五年级的作文

登黄山之黄山三绝

我来登黄山之前就知道了"黄山三绝"，那就是松树、奇石、云海。

说到黄山的松树，最有名的要数迎客松。迎客松长在悬崖边上，它的树干有十米之高，在挺拔的树干上，有两个平伸出去的分枝，远看像一个身材魁梧的人正在对游客招手，欢迎他们的到来。

　　黄山的松树大多长在悬崖绝壁上，树顶平削，树枝横着伸出去，看上去一层一层的。名字也很有趣，黑虎松、竖琴松、孔雀松、龙爪松，等等，从名字都可以想象出松树的形状。

　　黄山的奇石很多，有"天狗望月""仙人探路""猴子观海"等，其中，我最喜欢"猴子观海"。其实就是在一座陡峭的山峰上，有一块石头，这块石头远看像一只猴子，当山峰下面有云涌起的时候，就像一只猴子在观望云海，栩栩如生。

　　最后就来说说黄山的云海吧。黄山的云海那可是相当的有名，说来就来，说走就走。我们在穿越西海大峡谷的时候就碰上了一次云海。当时，我和妈妈正坐在石头上休息，突然，我感觉身边有一阵风吹过，接着发现山脚下有一片雾正在往上升，过了一会儿，30米外的东西就看不清了，最后，发展到10米外的东西都看不见，我们完全笼罩在浓雾中，身边是一丝一丝的白云飘过，仿佛一伸手都能抓一把。过了半小时，云开雾散，视线又清晰了。

　　"黄山三绝"真是太神奇了，有了这三绝，黄山不出名才怪呢！

第三章 写作第一关：从"怕作文"到"爱作文"

很多时候，我们要察觉到自己在孩子面前有着天然的优越感、权威感，常常不自觉地居高临下、过多干预，很难把握好指导的分寸。即使我们确确实实是正确的，也要有合宜的方式，在态度上委婉一些，多一些技巧，让孩子更容易接受。

有段时间我和鲁鲁下象棋，下到僵持时，他爸过来给他支招。他爸支一步，我应一步，他爸再支一步，我再应一步，支着支着，鲁鲁就被他爸边缘化了，继而完完全全被代表了——本来是我和鲁鲁的棋局，变成了我和他爸的对弈。他爸水平比我高，没走几步就把我将死了。看我已回天乏力，他招呼鲁鲁："来，你下！"

鲁鲁却变得畏畏缩缩的，每走一步都要望向他爸："这样走？"得到肯定才敢落子。一旦他爸说不行，他马上变得不知所措。这就是过度指导的后遗症——走不出精彩的棋路，连平庸的也不会走了！这是因为他爸一插手，棋路就按他爸的逻辑发展，儿子的逻辑链就断了，等他再重回棋局，逻辑根本接不上，你让他怎么走？

这次下棋，鲁鲁最终赢了，但他一点没显出兴奋的样子，推开棋盘就去干别的了。这也好理解，不是他自己亲自赢的，有什么好骄傲！所谓的胜出，不过是满足了大人自己的成就感。或许反而还证明了儿子的无能——如果没有老爸指点，你根本赢不了！

古人常说"观棋不语真君子"，观棋就观棋，你在旁边多嘴，迫不及待想要代劳，这哪是在帮人，活脱脱就是蔑视！

> 还是让孩子自己来吧，输赢都是他自己的。任何人都不能代替孩子自己成长，该走的弯路一步也省不了。

让作文变得好玩

写作原本是一场游戏

前面提到"作文是个坑",当孩子不害怕它的时候,就可以以"坑"为乐,在"坑"边玩耍,在嘻嘻哈哈中就把作文完成了。

小时候鲁鲁很黏人,有一次我在做饭,他老来烦我,我就哄他:"你到外面去写字,我看像不像。"当时他还不会写字,但正处于对写字感兴趣的时期。

他欢欢喜喜地跑出去了。不一会儿,手里舞着一张纸跑进来,兴奋地喊:"妈妈,看我写的字,你看不懂!"

"看不懂的字有什么用?!"

"有用,就是要让你看不懂!"

"哦,我还真看不懂呢。"我装模作样认真地看了看,"你晓得我看不懂,还非要让我看?"又假装嗔怪说。

"看不懂我还是要让你看!我又去写了。"儿子得意地跑出去。嘿嘿,和妈妈斗,还是嫩了点,我终于可以专心做饭了。

后来一想,他说得对,不管我看不看得懂,只要我看了就好,他的目的就是要我看!他画出来的那些字,严格说来不是字,仿佛是他自己编制的密码,只要我去解读了,我就加入了游戏,他要的就是我和他一起玩。

鲁鲁四年级的时候,某天,他正在背单词,我坐在一边。他突然对我说:"我今天写了一首诗,给你看!"

"你写的?诗?"

"对!"他一脸坏笑地在记单词的草稿纸上写起来,还用手蒙着防我偷看。写完了,伸到我面前:"看!"

果真是一首诗,还正儿八经署了名。

> 写者和读者,往往也是这种"一起玩"的关系。有人一起玩,写作就有趣了。

无名诗

李鲁

我有一首无名诗,
世上很少有人知。
只有我和笨蛋知,
笨蛋正在读此诗。

哈哈哈,我上当了!看着他得意忘形的脸,我啪地一巴掌——拍在了桌面上,"好诗!"声音之大,吓了他一跳。随即笑得更欢了。

"真是你写的?"我还是有点不敢相信,又细读两遍,真还像首诗:工整、押韵、构思巧妙,还会抖包袱,骂人骂得有水平!这不太像他平时的文风,更何况,他怎么想起写诗了?

"真是你写的？就没受一丁点儿别人的启发？"

"受了点儿启发。就是课间的时候，同学在那儿说'笨蛋'什么的，一个说：'世界上只有一个笨蛋。'另一个说：'说世界上只有一个笨蛋的，就是笨蛋。'我就想写点谁是最笨的笨蛋之类的，就写了这首诗。"

哦，还真是他写的。一个九岁的娃娃，不知不觉地写了一首诗。目的就是为了和同学斗智，开玩笑。创作的过程也不过就是课间几分钟。

看来写诗还真不是什么难事。有时候我们也没必要把写作这件事看得太严肃，非得符合某种标准、规范，为了想出一个精彩句子而揪掉几撮头发。倘若作文也能像玩笑，像游戏，在轻松愉悦的过程中完成，我相信，每个孩子都是天才，写作将像他们说话一样自然。

玩使人放松，放松又可以让思维灵活。有时在娱乐的状态下，孩子可以轻松领悟到平时难以理解的写作技巧。

一年级的时候，有一次老师布置写话作业，鲁鲁完成得很好，受到我的高度赞扬。他有了极强的成就感，以至于在第二天上学路上还在自我陶醉："真没想到啊，我还能写出那么多！"

"嗯，看来你脑袋里装的还真不是豆腐渣！"

"我是用分解的办法，把踢足球的事分成几小块，一块一块地写，就能写出很多内容了。所以写得这么好！"他一点也不谦虚，竟然总结出一套写作方法。

"确实，记叙文的要素就是时间、地点、人物和事件，再加上当时的环境、自己的心情和想法等，不是就有很多话写了嘛！"

鲁鲁更高兴了："对，用我的'吃蛋糕作文法'，就可以写好了！"

何谓"吃蛋糕作文法"?

"就像一块大蛋糕,譬如说是生日蛋糕,你要把它切成一块一块的,用叉子叉到盘子里慢慢吃!"鲁鲁解释道。

精彩!大蛋糕要切成小块,一块一块慢慢吃,这样才有地方下嘴,才能吃得有滋有味,写作文也是这个道理。

附:李鲁三年级的作文

操场上真热闹

下课了,操场上立刻变得热闹起来。有的同学在散步,他们说说笑笑非常开心;有的同学在跳绳,他们有的单独跳,一边跳一边数数,像一只只活泼的兔子,有的集体跳,两边的同学使劲地甩绳,中间跳的同学排成了一条长龙,一个接一个地跳过去,非常有趣;有的同学在扔沙包,扔的同学瞄准中间的同学,把沙包朝他们身上扔,中间的同学四处躲闪,非常活跃;有的同学在踢毽子,三三两两围在一起,有的左右脚踢,有的脚后跟踢,有的身后勾脚踢,看得人眼花缭乱;还有的同学在打篮球,一会儿投篮,一会儿抢球,打得热火朝天……此时,操场成了欢乐的海洋。上课了,操场又变得安静起来。

2005/3/3

(三年级)

这篇作文就是"吃蛋糕作文法"的实操成果。

我们可以把整个操场上的人看成一块"大蛋糕",将其切成几小块:散步的、跳绳的、扔沙包的、踢毽子的、打篮球的……每一块又可以切细了一嘴一嘴地吃,譬如"跳绳的",分成了单独跳、集体跳,跳绳的、甩绳的;"扔沙包的",分成有的扔,有的躲;"踢毽子的",有的这样踢,有的那样踢,等等。

因为每一小块蛋糕都是这个大蛋糕的组成部分,所以味道是统一的,都充满着欢声笑语,最后,自然而然得出结论"操场成了欢乐的海洋",至此,大蛋糕完完整整吃下去了!

鲁鲁用他生活中吃蛋糕的经验,解决了低年级作文中常常遇到的大问题。

> 只要打破"作文是一项作业"的束缚,随心所欲地写,写作文也可以是一件很好玩的事。

鲁鲁五年级的时候,有一次作文题目是《我的朋友》,老师说最好写自己熟悉的小朋友。写谁呢?他把身边的小朋友挨个数了一遍,一个都不想写,觉得没意思。

我说,那你编一个人来写吧。他怕通不过,说老师要求写身边的人。我说老师又不知道你身边到底有没有这个人,写得好就会受表扬,写不好,就算写的是身边人,照样通不过。

"嗯!"他一下兴奋起来,也许想到居然能在老师眼皮底下蒙混过关,就忍不住血脉偾张:"好!编一个!他眼睛大大的,像张飞一样;他的脸很黑,像张飞一样;他一急就'呀呀呀呀~~~'头上都在冒火——"

我们俩同时说出："像张飞一样！"哈哈大笑。

他刚读了《三国演义》，对张飞印象太深。我说，就写这个人吧，多生动。

"那叫什么名字？叫张无？"他问。

"好，就叫张无。"

"什么'无'？"

"'有无'的'无'吧。"

"那不行，老师一看就知道没有这个人！'无'嘛！"

"那就'吾'吧！吾乃燕人张翼德也！'吾'！"

"不好！还不如叫张顺明！"

"哈哈哈，别搞成《贫嘴张大民》（当时正在热播的一部电视剧）！"

嘻嘻哈哈中，他敲定了人物姓名，又接着编故事。这几个故事都是发生在他同学身上的真实事情，但把它们安排在这个虚构的张顺明身上，倒也有鼻子有眼。真正进入写作阶段，他把门关了，不让我看。一个人闭门创作一小时，作品出来了，题目就叫《我的好友张顺明》。

第二天早上，趁他吃饭的当口，我悄悄潜入他房间，打开书包，找到那篇作文。一口气读完，虽然幼稚，但感觉很棒。有趣，不管是外貌、性格，还是他所写的那几件事，都让我联想到他身边的小朋友，真实但有夸张。我出来告诉他，把这个张顺明一直写下去，一定是很有意思的文章，甚至可以称为小说，那创作便开始了！

放松的感觉有多好

说到写作好玩,我还想起一件事。

大约是 2008 年,我和先生在北京一个小山村住过几个月。我们在村里办了一个小小的图书室,每天都有村里的孩子来看书、玩耍。偶尔也有家长来聊天。

村里有个姓关的小学生,是出了名的淘气大王,学习成绩也很差,数学每次只能考二三十分。当其他小孩告诉我他的极差成绩时,根本不避讳他就在旁边,他自己也乐呵呵地承认:"不会做(题),就是学不会。"他这口气,仿佛"学不会"对他来说是一件自然而乐呵的事。

我问他语文成绩怎么样。当然也不好,写作文是最头疼的,连半页纸都填不满。"我就是脑子不开窍,写不出。"他说,仿佛"不开窍、写不出"对他来说也是一件自然而乐呵的事。

我决定要破掉他这种"自然"的想法。

我说:"其实你挺聪明!我看你刚才一口气说了那么多事,连个磕巴都没打,你能不能说出来一篇作文?不写,就说,让小冯给你记,半小时内肯定能记满一页纸!"他一听,眼睛亮了,"好啊!我说啥?"

我向屋外一望,天高云淡,"就说这个天空吧。你先观察一下,待会儿要说出这个天空是什么样子的,最好还能说说你的心情,还有和天气有关的事情。赶紧想,十分钟后开始。"然后我故意看了看钟,把时间记下来,以示慎重。又找了个作文本,递给坐在一旁的另一位小学生小冯,"等会儿你帮他记,他说什么你记什么,要快!你能行吗?"我动用了激将法。"行!"小冯果然中计,一副摩拳擦掌的样子。"好!那我们就准备好了哈……开始!"

随着我一声令下,两个小学生就像两匹赛马冲出闸口,全神贯注地奔跑起来。小关生怕喘气耽误时间,一开口就吐出大段大段内容;而小冯生怕写慢了跟不上节奏,趴在桌上头也不抬,脸上的肌肉都跟着手的书写抖动。我心里暗暗好笑,不时催一句:"还有五分钟……还有三分钟……还有一分钟……停!"时间到,写了整整两页!

小关央求我再多给半分钟,还没说完。我岂能答应,规则就是规则,半分钟都不行!他带着遗憾看我从小冯手里接过那两页纸。小冯已是满头大汗。

"哇!这么多呀!半个小时就写了两页!明天拿去交给你们语文老师,看谁还敢说小关不会写作文?!班上还有吗?还有谁半小时能写两页的?"他摇摇头,眼里放光。

其实,他在说的时候我就已经暗暗吃惊,《天空》这个题目并不好写,说虚不虚,说实不实,要在短时间内写出一篇相关的内容并不容易。但这个素来被大家认为根本不会写作文的小关,一口气就说出了丰富的内容,从天空的颜色、云彩的形状、对天空的幻想,还有走在天空下的感觉,说起来头头是道,用词也不差。而做记录的小冯,不仅字写得好,还写得快,等于是半小时听写,居然很少出现错别字,基本上都记下来了。你看,这就是两个农村娃的表现,孩子的潜力真是无穷!

我拿着那两页纸,狠狠地表扬了两位同学,也指出了一些不足,让小关回去改,改好了再拿来给我看。他神采奕奕,满口答应,一点没有厌恶作文的样子。

正在这时,出了个插曲,小关的父亲恰巧经过图书室。他原本不打算驻足,纯粹路过,纯粹碰巧。但小冯看见了他,对小关说:"你爸来了!"小关顿时一脸紧张,手足无措。我见了,索性走出门大声招呼老关,请他进来坐坐。老关有些犹豫,站在门口,恭敬又略有些紧张地推辞,却一眼看见小关在屋里,立马大声呵斥:"你怎么在这儿?!不许添乱哦!"

我说:"没有添乱,他在这儿写作文。你儿子很棒,半小时就写了一篇作文,你看!"我把作文递给老关,他却不接,"你还能写作文?"他眼光不看我,径直瞪向儿子,脸上竟没有喜色,语气凶巴巴的。

我心里打了个寒战。既然老关不接作文,我就转身把作文递给小关,"来,读给你爸爸听一下,写得多好!"不想老关马上又怼了一句:"你还会读作文?话都说不利索!"虽然老关的火力一直是朝着小关,没有招惹我,但我还是怒了,不动声色对小关说:"小关,我知道你读得好!大声点,朗读!"

小关终于挺起背,用普通话大声朗读起自己的作文。在抑扬顿挫的朗读声中,老关的脸色现出诧异,终于有了惊喜,听完以后冒出一句:"这小子,平时从来不读,让他读也不读!"他似乎对儿子能"读作文"比能"写作文"更惊奇。

我说:"你这不是亲耳听到了嘛,读得这么好!这作文是他自己写的!你儿子很聪明!"没想到,老关回了句:"聪明?就是不用在正地儿!"我终究没能从他嘴里听到半句好话。我不想当着小关的面说他父亲的不是，只是泛泛地交谈几句，希望他有空过来好好聊聊。但说这话时我心里就已经知道，他是不会再来的。后来我们果然没再见过面。

没想到的是，不仅是老关，连小关我也没再见过了。之后不久，由于种种原因，我们离开了山村，图书室也移交给村里。有一次偶然回村，遇到附近的村民，说小关来找过我好几次，要给我看作文。

难以想象，每次他拿着精心修改后的作文来找我，看到人去屋空的图书室会是怎样的心情。这辈子恐怕再没有第二个人会像我一样，抱着那么大的赞许去看他的作文了，大约也再没有第二个孩子会像他那样，抱着那么大的期待来找我看作文。我后来才知道，他的妈妈"跑了"，他一直跟父亲过。我想，我是曾经给过他妈妈般温暖与希望的人。但我竟与他不辞而别，这也成了我心里永远的愧疚。

回想起来，我当时不过是和两名小学生玩了一场写作游戏，故意营造出了一种紧张的氛围，让两个小学生相互配合，在规定时间内完成了一项写作任务。这就让从来不喜欢写作文的小关，当场完成了一篇口头作文，之后还让他有动力多次带着修改后的书面作文来找我。他从这次写作游戏中尝到的甜头难以想象，说不定对语文甚至其他科的学习，也会产生积极影响。只是这一切都无法验证了。

评判的艺术

写作需要"被看见"

写作可以说是一个"输出"的过程，即把内心的东西用文字表达出来。在这个过程中，有一个最重要的因素，就是"被看见"。

首先，人的内心有很多东西，为什么你要表达这个，而不表达那个？就是因为你看见了自己的内心，看见了那些需要被表达的东西。如果你内心的东西不被你自己看见，即使你写出了一堆文字，那也不是你自己的，只能叫鹦鹉学舌，不能感动别人，也很难愉悦自己。这样的写作就是遭罪。

心理学上对"被看见"的重要性有很多论述，每个人都天生具有"被看见"的强烈需求。我小时候班上有个同学牛气哄哄，有一次公然叫嚣："我这辈子即使不能流芳百世，也要遗臭万年！"就因为这个叫嚣，我对他刮目相看。无论"流芳"还是"遗臭"，都是非同寻常的存在，实现起来难度都如同登天。我之所以对他刮目相看，大约就是被这个"异常"和"难度"所震慑吧，因而把他列入"有抱负"之流。

> 你所表达出的东西，即使是发自内心的、充满力量的，也要被人看见，引起共鸣，才能实现你写这个东西的价值。

现在看来,"流芳"和"遗臭"看上去如同云泥,但其实性质相仿。所谓的"流芳百世",不过是要让自己"美得耀眼",被后人看见和牢记;而"遗臭万年"则是靠"臭得出奇"体现存在感!所谓存在感,就是被看见。

写作在古人那里是"经国之盛事,不朽之文章",其"被看见"的广度、深度、持久度都是无可比拟的。所以写作对古代文人来说,堪称第一要事。

现在,作为一般人的写作表达,"被看见"的意义仍然重大。譬如有人闲来写写网文,写写朋友圈,如果根本没有人评论、点赞,甚至根本没有人点开看,那他写不了多久就懒得写了。至于想靠内容创业的人,哪怕已经跻身"写手"级别,如果阅读量始终上不去,也坚持不了多久。

有人可能要说,我写作就是为了写作本身,就是写给我自己看的,就当写日记,这与"被看见"有啥关系呢?当然有关系了,它仍是一种"看见",只不过是对"自我"的看见。通过写日记,看见自己。

日记的主角是"我",写出来的是"我"之所见、所遇、所感、所思,当写完一段日记时,就等于把一段经历呈现给自己,让自己更清楚地看见发生了什么,以及我对发生的这些事情有何感受,如果还有更进一步的思考,通过这件事看见了"我是这样一个人""我和他人、和世界是这样一种关系",这其实就是一个自我看见、自我认识的过程。

日记哪怕写的是一件痛苦的事,当你写完也会有一种快感,似乎痛苦被释放、自己被解脱。为什么?因为你的痛苦被看见了,这"看见"本身就是抚慰。

所以，只有那种不被束缚，不需伪装，赤裸裸呈现出来的写作，才可以是人生一大乐事。而乐中之极是"写过瘾了"，也就是全部挖出来了，完完全全暴露了，那是最彻底的发现和展示！

年轻的时候我常常通宵写作，感觉不到夜的深沉，当无数次犹如溺亡的冥思苦想之后，灵感终于爆发，文字喷涌而出，我的钢笔在纸上飞，一直飞到尽头，落下最后一个句号（也或许是省略号），文章到此结束！我把笔一扔，摊手摊脚躺在床上（我可能就是坐在床上写的，有段时间没有椅子），那种痛快无与伦比。

当然，我并没写出什么伟大作品，但人生能有如此极乐瞬间，也是值了。

孩子写作文也是如此。写作是一种表达，表达就需要对象，需要被倾听、被看见。很多时候我们并不一定要去指导孩子，甚至不需要鼓励和理解，只要看见他的表达，就已经是一种很好的支持了。

> 现实中我们可能永远等不来一个人对我们的内心有真正的看见和理解，但写作可以。写作是我们一生的朋友，只有它能安住在我们心中，不离不弃，同甘共苦，和我们分享生命中的一切。

把评判变成交流

"看见"就是力量。那么，如何让孩子的写作被"看见"呢？最简单的办法，就是把评判变成交流。

我们都知道"高山流水"的典故，我也常常感叹先秦古人的率真，一个名满天下的琴师，仅仅因为失去知音，就把琴摔了，从此绝弹！可见琴为心声，被人听懂是何等重要。

写作和弹琴一样，都是一种表达，都需要被人听懂。但现在的孩子写作文，有多少时候是为了表达？又有多少时候能被人读懂？他们写作文的状态恐怕连"对牛弹琴"都不如。牛虽然听不懂琴音，但至少还能安静地听着，不会对弹琴者指手画脚，更不会"兴师问罪"。而孩子们写作文，似乎写出来就是为了被人批的——批改、批评、批判——这里划个圈，那里勾条线，这里删一句，那里批一段。学生拿到批改后的作文，生怕看见"重写"二字。

在这样的氛围中，写作的表达功能哪里去了？孩子辛辛苦苦写半天，有谁会在意他们表达了什么？长此以往他还会写、会发吗？

只有当文字能真正有效地实现表达和交流，孩子才能建立起对写作的兴趣和信心。

王彦春老师是在鲁鲁六年级才开始教他们语文的。我看鲁鲁的作文本，王老师给他的评语总是这样开头：

"宝贝，你写得真棒……"

"宝贝，你的作文让我看到了……"

"宝贝，你的暑假过得真有意义……"

"宝贝，你写出了秋天的美……"

读到这样的评语，我心里暖洋洋的。我的感受尚且如此，孩子的感受可想而知。一声"宝贝"，师生间的距离拉近了许多，孩子对老师的恐惧少了，对作文的亲近感增加了。上六年级以后，鲁鲁的作文又进步了很多，不仅是在写作技巧上有长进，更重要的是他对作文的态度变了，

> 对孩子作文的评价并不简单地只是"对"与"错",分数可以衡量一个孩子的知识水平,却不能概括他的精神世界。

常常一口气就能写出好几页,再也不抱怨无话可写了。

孩子的内心是非常丰富的,也是非常敏感的,他并不只需要老师的教导,还需要老师的理解和关怀,老师对他的态度哪怕只是一些细微的变化,也会在他心里产生深远的影响。

一声"宝贝",看起来简单,却是一种观念的革命。它将作文教学由"评价"变成了"交流"。它体现了老师对自身角色的再认识,也是师生关系的一种重塑。由高高在上的训诫到平等、和蔼的交流,从苍白呆板的套话到真实感受的流露,老师不再是机械的作业批改者,而成了一名倾听者、欣赏者、交流者,学生写作文时也就有了更多自由表达的喜悦,因为他不再是单纯为了完成作业而写,而是清楚地知道,他写出来的东西是能被人看见、被人理解的。

我刚上高中时,语文老师布置了一篇命题作文《我的老师》,我写了初中的一位语文老师。当时不知道为什么,忽然写得动了情,写了十几页,远远超出作文的字数要求,而且写出了一些深藏心底的感受,完全不像一篇作文,倒像是一篇加长版的私人日记。

我忐忑不安地交上去,等到作文本发回来,又忐忑不安地翻到最后,想看看老师评语怎么说。然而,一个字都没有,只有日期,表示已阅。

我的忐忑并没有因此打消,反而变成了更深的不安。我明明写了那么多,老师没看见?为什么只字不提?他到底怎么看?

我是个不善于与老师交流的学生,所有不安都只有深藏心底。

第三章 写作第一关：从"怕作文"到"爱作文"

直到有一天，路上偶遇语文老师，我们聊起来，他忽然提到这篇作文，问我作文里写的那位初中老师情况怎样。他并没有教导我什么，也没有评价这篇作文的好坏，只是问到了我写的人物。我们没聊多久，涉及这篇作文的可能就只有几句话。但就是这几句话，让我一下确认了：他是仔细看了这篇作文的！我心里所有的忐忑顿时落地，而且生出莫名的兴奋：我的作文被他读了，被他记住了！

老师的态度，决定着孩子对作文的看法。那种故作高深的套话，品头论足式的评语，固然能体现老师的高明，也能让孩子看到自己的不足，但它不会变成让孩子真正爱上写作的动力。

作文不应该只是一项任务，而应该包含着交流！作为交流的作文，才是有意义的。

在交流的过程中，自然就会涉及双方对这篇作文的看法，哪里写得好，哪里有意思，为什么要这样写，还可以怎样写……对一篇作文的评判不应该是单向的：老师输出评价，学生被动接受，符合老师要求和喜好就是好作文，否则通通不合格——这样是培养不出真正有理性、有情感、有力量的写作者的。

我经常觉得，语文老师最好自己也写写日记，写写文章，经常发表点自己的东西（不一定是在公开刊物上，网络也是很好的平台）。这样经常用文字来表达，用文章与读者进行实际的交流，自己才能真正理解"写作"这件事，也更能体会学生写作文的感受。

鲁鲁六年级遇到王彦春老师，写作文的热情提升了一大截。有一天放学，我和他走着回家，路上他滔滔不绝向我夸耀他的作文《游阿尔山》

得了五星，是班上写得最好的，另外一篇《秋天的树》也被老师在班上念了。

他的作文终于进步到可以在班上被老师念了！这是多么大的荣耀，由此产生的动力，是无法估量的。我小学时就因为作文总被老师念，就无比热爱作文课，天天盼着写作文。我后来走上写作之路，终身与写作为伴，这与当年老师的器重未必无关。

假如有个老师告诉一个学生，下次将要在班上念他的作文，希望他好好改一改，你看看，学生会把作文改成什么样子！这个改作文的过程，难道不是一次最好的学习？一定要给孩子机会。

老师要怀着善意去看待孩子的作文（父母也一样），一篇作文再不完美，只要你怀着善意去发掘，总能够看到闪光点。哪怕仅仅只有一句话写得好，就这一句话被老师肯定了，对孩子来说也是一件大好事，说不定从此爱上作文，盼着作文——盼着那个被发现、被肯定的时刻！

即使学生的作文中确有需要指出的不足，也要怀着善意去指出。有了善意，自然会尊重孩子，伤害就不容易发生。

鲁鲁小时候偶尔请我给他看作文，我会充分肯定他写得好的地方，并且给他说清楚好在哪里。不好的地方当然也要指出，但一定是有充分理由的，而且他也可以反驳。大的问题我们通常是口头交流，我从不用红笔在他本子上划，实在需要勾画的，也只是用铅笔轻轻划一下。即使发现硬伤，譬如错别字，我也并不立刻指出，而是在讨论完大问题以后，把错别字写在小纸条上，让他自己看一下。我不会罚他抄写，更不会检查他是否改了。如果下次再错，我再在小纸条上写一遍。如果还会错，当我把小纸条递给他时,他自己都会笑起来,下次……也就没有下次了。

"尊重"是人际关系中最重要的原则,无论师生之间还是亲子之间,有了真正的尊重,具体的教育方法都不是什么大事儿。

尊重孩子的表达

说起"尊重",似乎每个人都赞同,每个人都理解,但真正能做到的人并不多。

曾经有一个家长,带着他的女儿,来找我咨询作文的问题。他女儿上四年级,语文成绩还不错,但就是怕写作文。这个爸爸带来了几本女儿的作文,让我给"把把脉"。我翻了一下,其实她写得还真不错,至少每篇都有好几百字。四年级的孩子,每篇都能写出好几百字,说明表达的欲望还是很强的,表达的能力也不低,写作文应该不成问题。但她为什么那么害怕写作文?

我和女孩聊起来,先夸她作文写得好。一听我夸,她眼睛一下就亮了,佝偻着的身子也一下挺起来。然后我问她平时写作文的情况,譬如是不是经常写呀,老师怎么评价你呀,班上谁写得好呀,等等,貌似闲聊。闲聊中她就告诉我,他们语文老师特别凶,班上有个同学仅仅因为作文的字数没写够,老师抓起本子一把就给撕了。她算是乖学生,还没被撕过本子,但一想到写不够字数会被撕本子,她每次都战战兢兢,每次都要花很长时间把字数写够。写够了还是会担心,害怕又犯了其他错,老师不满意,又被打回来重写。

作文成了压在她头上的一座山，随时想起随时头疼，这种状态下怎么可能喜欢作文呢？不喜欢又怎么能写好？

　　既然她爸是来求助的，我也得帮他解决问题才行。于是我又仔细地看了她的作文，我发现，就是我"仔细看"这个动作，也让她眼睛发亮，眼神充满紧张与期待，一直目不转睛地盯着我。这其实就是一种高强度的能量，代表了她对自己作文的关注和投入。

　　我把这个"仔细看"的动作延续了一段时间之后，在她的作文里找出了几个亮点，狠狠地表扬了一通。她专心听着，表情美滋滋的。最后分手的时候，我送她一句话："你能力很强，你能写好！"

　　第二天，她爸爸告诉我，女儿很激动，在回去的路上，一直在说"鲁老师说的什么什么，鲁老师说的什么什么……"，她没想到自己的作文会得到鲁老师这么高的评价，恨不能马上再写一篇拿给鲁老师看。其实，我也就是认真地读了读她的作文，认真地夸了夸她写得好的地方，她的写作热情就一下子爆发出来了。

　　这就是尊重的力量！你尊重孩子，看到孩子的努力，肯定孩子的长处，他就得到了鼓励，就有了信心和动力。如果孩子一想到写作文这件事就害怕，生怕写错什么，生怕给老师看了就会有不好的事情发生，写作文这件事就像一团火炭落到手上，想扔还扔不掉，那是何等的煎熬，哪还谈得上什么写作的欲望和激情，更谈不上什么灵性了。

　　孩子小的时候，还需要依据老师和家长的态度来认识自己，形成自我认识。心理学上有个"镜像理论"，认为就像一个人只能通过镜子才能看到自己的容貌一样，每个人对自身的认识也是通过与别人接触中听到的评论和反馈形成的。因此，社会环境（特别是家庭、学校、朋友圈、媒体宣传中的形象）就像一面镜子，个人在镜子中认识自己，形成"自我认同"。

如果一个孩子在别人（尤其是对他来说重要的人，譬如家长和老师，还有同伴）对自己的评价里看到的总是一个负面形象，他就有可能对自己形成负面认识，把自己看成是一个负面的人。那我们还怎么指望他怀着积极乐观的态度，充满热情、百折不挠去对待生活和学习呢？

那种"抓起本子一把撕了"的粗暴行为，毁掉的可不仅仅是孩子对写作的热情和信心，更有他对自己、对世界的热情和信心。

不要盯着小错不放

鲁鲁大约三年级时写了篇《夕阳》，写夕阳照在远山、照在水面、照在云彩上的美景，字数不多，却写得层次分明。我赞不绝口，"真好！观察的角度很好！用词也很好！"鲁鲁听得美滋滋的。其实，这篇小练笔并不是像我说的那么好，它写得比较粗糙，每一种景色都没有深入细致地写下去，都是浮光掠影，还有不少错别字。但我并没有给他指出来，就像没看见，只是一味地赞扬。

> 不要对孩子要求过严，要帮孩子跨越障碍，而不是设置障碍，以免他在一次又一次的挫折中失去信心。

为什么？因为他已经不容易了，如果我再吹毛求疵，很可能损害他的积极性。而且，有些问题是成长中必然遇到的问题，没必要立刻解决，就算想立刻解决也解决不了。譬如，我告诉他这篇描写不够细腻，词汇不够丰富，他自己也承认的确如此，那又怎样呢？他就能从此写得细腻、丰富了？不可能。他现在的观察能力、词汇积累只有这个程度，他写出来的作文就只能是现在这个样子，要想写好还有漫长的路，说多了反而让他垂头丧气没动力往下走了。

相反，我看到他在现有的水平上，能够从不同的角度去写一个景物，说明他已经学到了一种认识事物的方法，这是最重要的。至于语言表达上的不完美，是他这个阶段的孩子不可避免的，随着他的成长，阅读量增加，词汇量丰富，写作经验不断积累，将来自然会提高。

错别字的问题是困扰小学生的大问题，几乎每个学生每天都在为正确写字而努力。已经有太多的相关练习在专门纠正错别字，如果在作文练习中还不能放松一点，那就真的成了一部写字机器。

有的家长可能会问，不纠正错别字是否会贻误孩子呢？我看没那么严重。现在写错的字，随着学习的深入，将来多半会被自然纠正。但如果现在就去抠这些细节，就很容易让孩子的眼光局限在写作的细枝末节中，反而对大格局忽略了。

特别是在写作的过程中，如果家长老在一边提醒孩子这里写漏了一句，那里错了一个字，标点符号也不正确，孩子的思路不断被打断，对整篇文章的感觉不断被削弱，最后简直就没法写下去了。

写字的目的是什么？是为了表达。一篇文章，最重要的是思想、情感，如果内容糟糕，就算满篇都是正确的字，又有何意义？当然，正确写字有助于正确表达，但如果错别字没有严重到影响表达，也大可不必深究。

我自己写作也常常会有错别字，在写得特别顺的时候，遇到卡壳的字，我不会去想，更不会去查，而是直接用错别字或者拼音代替，等全部写完后再去修改。我这样做，是不是对待语言文字的态度不够严谨呢？肯定不是，因为写完之后还要修改，精雕细琢的工作是在修改这个阶段完成的。况且，在平时不需要沉浸式阅读和书写时，我经常会认真地查阅工具书，在我的电脑里，有一个专门的文档，就是记录一些特殊字词的。我书桌上放置着一些小纸片，上面也有很多随手记下的疑难字词，等待空闲时解决。事实上，经过这样长年的积累，我运用文字的能力也在提高，创作中写不出字的尴尬也很少发生。

不急于纠正孩子的错别字，并不等于放任自流，而是要讲究态度和方法。宽容不等于纵容，而是彼此的接纳、认同、交流、赏识。我们对任何观点都不可拘泥，对错字问题，我所强调的并非"不纠正"，而是"不急于纠正"，是讲究以什么态度和方法纠正。

如果全社会所有人都不重视写字了，家长就有必要将纠正错别字放在重要位置。但现在的情况相反，学校过分重视写字问题，家长就不要再雪上加霜，不妨把更多的注意力放在写作内容上，教育的根本目的还是要解放孩子的创造力！

> 家庭教育是整个教育的平衡器。

鲁鲁从初中一年级开始，有了写日记的习惯，我认为这是非常好的事，千方百计保护他写日记的热情。他初中读的是寄宿学校，每周回家他允许我们看他的日记，从日记中我们了解了很多学校生活，也感受到他的心路历程，日记成了我们之间重要的沟通桥梁。

日记中必然有很多错别字，但我都不会当场指出，只就日记的内容和他交流——不是家长式的，而是朋友式的——事后再把错别字集中写在一张小纸条上，夹在他的日记本里。这样，他的日记本上不会留下我的任何一点痕迹，而他在下次写日记的时候，翻开本子自然会看到我写的错字纸条，至于改不改，那是他的事，他不负有修改日记的责任，也不需要让我满意，我觉得这是最基本的尊重。也许正因为如此，他愿意把日记给我们看，因为不会扫兴，不会受到指责，不会在一些细节上纠缠不清，他还会从我们的赞许中受到鼓励，从交流中感到愉悦，写日记这件事就自然而然坚持下来了。

其实，很多错别字只是笔误，这次错了，下次又对了。而之所以有笔误，一是注意力不集中，二是对字不熟悉。注意力不集中又是各种原因造成的，这次不集中写错了，下次集中就写对了。不熟的字，多写几次就熟了。只要多写，哪怕不纠正，错别字也自然会越来越少。有些反复出现的错别字，说明他确实在意识上就错了，是需要指出来的，只是大可不必着急上火，指出来就是了。

错别字问题也分阶段性。初时为保护写作热情，可以不纠正，待兴趣已建立，指正错别字已不会令孩子反感，则可纠正。关键在"不急于"。

曾经，我和鲁鲁讨论错别字问题时，他调侃我："老师不也有写错的时候？你小时候也写过错字吧？是几岁的时候？"

"岂止小时候，我现在都还写错字呢！不过我现在写了错字别人不会批评我，因为我已经是作家了，有专门的编辑改我的错字，别人主要看我的思想，不看我的字！在不同的写作阶段有不同的要求。现在我写错字，别人只是觉得小事一桩。但如果你写错字，就觉得不行——因为你是学生，还在学写字阶段，就要认真，不能出错。"

鲁鲁频频点头。我突然觉得很有趣，作家可以写错字，而小学生不能，为什么？一个人的价值，并不在于他本身具有的能量，而在于他处在什么样的坐标系中。有时候，与其改变一个人，不如改变他所处的坐标系。

没必要把每一件事都看得那么严重。家长要多一些宽容，孩子有不足是正常的。有时候我去翻看鲁鲁的旧作文，常常会感动于他的进步，譬如《春》《秋》《我的妈妈》等题材，年年写，但每年写出来的感觉都不一样，一年比一年丰富，一年比一年成熟。

孩子的幼稚是必然的，孩子的不足是暂时的，我们不妨睁只眼闭只眼，"装聋作哑"，孩子才有更多的底气、更大的空间、更强劲的动力。有些东西可以事后再去抠，有的甚至可以不抠，写多了，长大了，自然会好起来。

> 孩子写作文，先让他自由地写，写错了不要紧，写得不好不要紧，关键是让他有写作文的兴趣和信心，找到写作的感觉。

永远给他"100分"

在我的日记里，有这样一段记录：

鲁鲁上学前班了，老师夸他很聪明。我问鲁鲁："你说你为什么那么聪明呢？"

"因为我会动脑筋。"

"别人也会动脑筋，为什么想不到那么多问题呢？"

"因为他们乖。"

"什么？乖就想不出问题呀？！"我很惊讶他有这样的逻辑。

"因为他乖，别人来喊他玩，他就去玩了，喊他做事，他就去做事了，就没有时间想问题了。"呵，这可是我听到的最聪明的回答。

"那这么说来你不是乖娃娃喽？"我又问。

"我有时候乖，我要想问题的时候就不怎么乖，我就自己慢慢想，走路也在想，想完了才告诉老师。"这话倒不假，所有教过他的老师都觉得他并不是特别机灵的孩子，也并是不特别乖，但确实很爱想问题。

"等你想完了，老师已经让做别的事了，也不会表扬你。"我提醒他。

"会的，那天我做作业，最后一个做完，老师也表扬了我。"

"你们老师真好！不过以后上学了，考试都有时间限制，超过时间还没做完，就得不到 100 分了。"

"那怎么办？"鲁鲁问。

"没关系，只要你把问题都想清楚了，回家慢慢做完，妈妈给你打 100 分，还是用红笔，和老师的一样！"

"耶！"鲁鲁高兴地跑开了，我心里却真的多了一层担忧，儿子并不是特别机灵、特别乖的孩子,现在幼儿园老师能宽容他,以后呢?

无论将来怎样,只要有我在,我永远会给他100分!

这段文字写于鲁鲁5岁时,都快二十年了,今天我偶然读到还是感动不已。想起当时小小的儿子,胖乎乎的,有点笨拙,大人们夸他最多的是性格好,谁都看不出他聪明。就算是我日记里写的那个夸他聪明的幼儿园老师,估计也只是顺嘴夸夸——做题都能落到全班最后一个做完,还能算聪明?

但他实在是聪明,如果人们都能听到他和我的对话,听到他对"聪明"的见解——那是一个5岁小孩对于"思考"的真知灼见——谁又能否认他的聪明呢?

可惜,他并没有太多机会向大人们展示自己有别于大多数同龄人的思考方式,他这种"慢慢想、想清楚"的习惯,原本是非常可贵的思维品质,但在一律要求快节奏的学校环境中,却成了致命的劣势。

我的担忧很快应验,鲁鲁一上小学就沦为了"差生",在三年级之前一直是班上后十名,一度垫底。现在想来,我该是有颗多么强悍的心,才能够忍受亲儿子整整三年被碾压,"屁滚尿流"地跟在别人后边,低微如尘埃,我却还要强打起精神来告诉他:"你行!你就是我心中最好的!"

这仅仅只是因为了解他吗?只是因为我知道他原本就是金子,迟早会闪光?不是,我没有那样的预见性,我其实也很焦虑,也巴不得他是人中龙凤,让我脸上有光。如果说那些外界的压力,连我这个成年人都

> 我之所以有如此大的承受力，更多的是出于爱，出于母亲的天性，出于心疼和理解，知道他比我更需要呵护。

难以承受，小小的儿子不是比我更脆弱吗？我必须为他分担。

这就是我给他100分的意义！

当一个孩子还太小，分不清外界的评价是否公允、是否善意，他很容易被蒙蔽，对自己产生错误的认知，从而选择错误的方向。在当时的情况下，如果我不能给儿子100分，他就有可能因为渴求老师的100分而改变自己的节奏，不再坚持慢慢想，也就想不清。渐成习惯，思维的深度也就固定在了只适合五分钟解决问题的水平上。

一个孩子的成长需要漫长的时间，一路上无论是众多的岔路还是烂漫的风景，外人都很难给予真正的指引，也难有深度共鸣。只有父母，是孩子唯一可以依傍的人。

现在想来，我对儿子的童年仍有很多疼惜，他那么小就上学，像《阿甘正传》里的童年阿甘，独自一人踏上校车，从此步入他自己的世界。那校车上有恶意的眼光，幸好也有友善的女孩。每每想起这个画面，就不禁为幼小的孩子们心酸——每个孩子都终将迎来这一天。

作为妈妈，我代替不了儿子的成长，但我可以为他遮挡一些伤害，更重要的是，我自己不要成为伤害他的人。

> 别人看不到孩子的光芒，我要看到；别人包容不了孩子的弱点，我要包容；别人给孩子重负，我要帮他分担。

其实，他并非需要那个纸面上的100分，而是需要我的态度。我承诺永远给他100分，就是我对他的绝对信任与支持。这种态度，是孩子的底气——只要有妈妈在，他就不用怕什么，只管向前。

第三章　写作第一关：从"怕作文"到"爱作文"

指导孩子写作的几个要点

我们要尊重孩子的表达，不去纠缠小错，但也不能放任不管。

既要指出不足，又不伤害孩子的写作热情，分寸在哪里呢？家长该怎样做？要点可能在于这几个字：平和、平等、建设性、不和老师较劲。

> 首先，要平和。不指责、不发火，就作文论作文。

鲁鲁小时候，有一天，他吃完西瓜，把装西瓜皮的碗放在茶几上，上面还有光碟、图片乱七八糟的东西一大堆，他却任其乱着，自己在那里忘情地看电视。这种情况原本经常有，大部分时候是我默默地帮他收拾了，或者提醒一句，让他自己收拾好。那天我却突然暴发，冲他大吼："你一天到晚什么事都不干，桌子这么乱也不收拾一下！"

鲁鲁从电视里醒来，笑嘻嘻地看看我，平静地说："别吼嘛，是我不对，你提醒一声，我不就收拾了嘛！"边说边端起西瓜皮碗往厨房走。

我突然一下就惭愧了。一点小事，我这是发的哪门子火？不对的不是儿子，是我。我自己心情不好，发泄到儿子身上！

其实，孩子的一些所谓错误，并非有意为之，往往都是出于疏忽，他需要的不是责怪，而是提醒，轻轻一声提醒就能解决问题，大发雷霆反而把小事搞大。鲁鲁的平和让我意识到自己的失态，也让我感动于他的宽容，阴霾顿时散去，分寸重回手中。

我们辅导孩子写作文也要尽量保持平和，不然我们为辅导付出的大量精力很可能被情绪的不当发泄所抵销，孩子不领情不说，甚至因为辅导的不愉快而迁怒于作文，最后完全丧失写作兴趣。

家长辅导作文的状态，也反映着一个家庭的亲子关系。有个朋友曾请我一同郊游，顺便帮他十岁的女儿看看作文。上山以后，我和他女儿坐在亭子里讨论她的文章。聊得正欢时，朋友好奇地凑过来听。没想到他刚一靠近，女儿就跳起来推他，不许他听。他不走，女儿就不听我讲，也不开口说，一脸烦躁地瞪着他。朋友只好悻悻地离开。事后他说，女儿不许他靠近让他很受刺激，正在思考自己平时对待女儿的态度。

如果孩子事先就预设自己的作文不会得到家长认可，就不可能放心地让家长看作文，充分地与家长讨论作文中的问题。孩子接受家长辅导需要有安全感，"信任"是我们交流的基础。不要指责，就事论事，有问题平和地指出就行了。

其次，养成讨论的习惯，学会平等、理性地交流。

鲁鲁有和我讨论的习惯，这让很多家长羡慕，因为很多孩子是不会和家长平等讨论的，要么俯首帖耳，要么叛逆抵抗，都很难做到理性交流。

记得高一的某一天，鲁鲁写了一下午《阿甘正传》影评，五易其稿也没写出满意的内容。夜里12点都过了，他来阳台找我，说："老妈，我想和你讨论一下阿甘。"他那种认真又大方的神态让我心里一热。

儿子来找我讨论阿甘，他的态度大大方方，坦坦荡荡，不羞于表达，不掩饰困惑，不固执己见，也不盲从于我——就只是讨论！他说他的想法，我说我的想法，彼此补充和修正。我很骄傲于我有这样的儿子，也很欣慰于我们有这样的交流方式。

第三章　写作第一关：从"怕作文"到"爱作文"

讨论，作为一种交流方式，不仅是孩子，也不仅是父母，而是每一个人都需要具备的基本能力，是我们迈向平等、自由的基本途径，也是个人成长最重要的能量之源。

讨论的能力要从小培养，但也不是什么刻意的事，大多数讨论都发生在日常生活中。就譬如我和鲁鲁在吃饭时讨论怎样和同学交朋友，在洗脸时讨论宇宙是怎样形成的。但有时候，当某个讨论进入到深层次时，也需要有专门的时间严肃探讨。

那次讨论完阿甘之后，儿子幽默地说了句："谢谢名家指导！"从他笑盈盈的眼神和亲昵地拍拍我后背的动作，可以真切感受到他发自内心的愉快。

其实那天我并没有一味赞赏他，而是指出了他思考中的很多不足，但这并没有引起他的不快，其中的要点就在于，我不仅指出了他什么地方不对，更告诉了他正确的思路何在，这就是讨论的建设性。

很多时候我们对孩子作文的评判都过于空洞，要么是"好""优"这种概括性的断论，要么是"语言贫乏""结尾不够有力"之类的说教，都近于废话。因为孩子并不知道自己优

> 第三个要点，辅导要具体，要有建设性，要让孩子学会审视和修改。

在何处，也不可能看了"语言贫乏"这几个字就变得不贫乏了。积累词汇需要时间，与其指出这种无可奈何的不足，不如具体讨论一下作文中的用词，哪一句可以换成怎样的表达，怎样写就不贫乏了。

"建设性"的体现就在于我们要学会审视和修改，这是写作渐趋佳境的必由之路。

几乎每个作家都有亲身体验，好文章是改出来的。我的第一部作品寓言集《准备发芽的树》，在我24岁时由中国广播电视出版社出版。二十多岁正式出书，在很多人看来已经是相当顺利了，只有我自己知道它历经的磨难。书里收录的寓言，最早始于我大学二年级18岁时创作的作品。当时没有地方发表，也没有意识到可以发表，纯粹自娱自乐，每写出一篇皆欣喜若狂，无数次在无人的操场或树林里吟诵、修改、誊抄，总能发现瑕疵，每一次的发现都使之更完美。大学毕业以后才逐渐有了发表的机会，每一次发表又相当于一次检阅，促使我去反复琢磨，精益求精。到我24岁结集出版时，薄薄一本小册子，凝结了难以估量的心血。

我的另一个作品，中篇小说《双头女人琪和琰》更是奇异。它发表于2017年2月的《江南》杂志。但追溯其创作过程，初稿是在1989年3月完成的，距最终的发表时间整整28年！28年间，这篇小说经历了5次推倒重来式的大改，小改则不计其数。一篇小说要经历如此深重的折腾，也许说明了我的才华有限，但同时也说明了我有长久的热情来对待写作，我不怕写作是场马拉松。

我大学读的是中文系，班上有很多热爱写作的同学，后来也有人在大刊物上发了作品。我那时算不上同学中的佼佼者，但现在他们大多已经不写了，拥挤的跑道已变得空旷，我自信我可以跑到最后。

这就又回到前面我们提到过的，保持写作兴趣有多么重要！写作是一辈子的事，不在乎一文一书的得失，有心去写，持之以恒，就是最好的。我们的孩子若能有如此信念，他收获的又岂止是作文。

第三章 写作第一关：从"怕作文"到"爱作文"

在孩子心目中，老师有无上权威。人是社会动物，服从权威是社会性的表现之一。我们平常提倡的独立思考并非就是排斥权威，如果一个孩子对任何人都不服、不听，那也非常麻烦。权威也是一个人的精神支柱，有时候一个权威的倒掉对孩子来说意味着某种价值体系的崩塌和创伤，其影响是灾难性的。

> 最后一点，家长指导孩子最好不要和老师较劲。

鲁鲁二年级暑假曾在少年宫学打乒乓球，教练姓金，训练场地在二楼。金教练对孩子们很好，经常训练完后自己掏钱给孩子们一人买根冰棍，让他们一边美滋滋地吃着，一边等家长来接。鲁鲁非常喜欢这个教练，训练也很认真，技术噌噌地长进。他半猫着腰死死盯着对方来球的眼神，被教练赞为"有王涛（世界冠军）的风范"，鲁鲁很得意，我们自然也高兴，暑假结束又续费报了下一期。

但不久发生的一件事，彻底扭转了鲁鲁的乒乓球之路。

某天，鲁鲁训练结束后，我和乒乓球班的另一个家长站在楼梯口聊天，一个男人从楼上下来，问我们是不是二楼乒乓球班的家长。聊下去才知道，他是三楼另一个乒乓球班的教练。接下来他就讲了很多我们这个班金教练的黑幕，原来他竟是一个外行，根本没有资质，技术很差，人品很差……我惊呆了。

等他一走，我和聊天的家长还没来得及商量怎么办，站在我们身边的鲁鲁脱口而出："金教练是骗子啊！？"我完全没有意识到鲁鲁一直在旁边听，当他听到他所敬爱的金教练竟然有那么多劣迹，他的内心会是怎样的崩溃？

到了周末，鲁鲁拒绝去练球，说他不想看到金教练。我也觉得无法再去面对金教练。三楼那个教练说的事情背景过于复杂，涉及的人我一个都不认识，我不可能去调查事情的真伪，也就无法判断金教练这个人，对他的怀疑将永久存在。而一旦对教练失去信任，再想回到原来那种充满热情、敞开身心专注于训练的状态就不可能了。

我找了个理由把金教练的班退了，而三楼那个说金教练坏话的人，鲁鲁也讨厌他，甚至连对打乒乓球都失去兴趣，从此再没有报过任何乒乓球班。

一项原本单纯美好的运动，因为掺杂了运动以外的是是非非，而变得让人生惧、生厌，甚至连累到觉得这项运动本身都变得面目可憎。

我们辅导孩子写作文，难免涉及对老师的评判，如果由评判作文而演变成评判老师，原本单纯的写作活动就会因牵连太多是非而变味，孩子也很可能因为无所适从而痛苦、而逃避。

作文原本就没有标准答案，不同的读者有不同的感受，写作文的方法也没有定法，老师的指导和评判不一定与家长一致。如果老师评价在先，而家长的评价与老师相左，家长也不必把注意力放在老师的评价上。不必把老师当成靶子，以批驳老师为目的。不要攻击老师，不妨提出你自己的看法，让孩子去思考和判断。

老师是孩子生活中的重要人物，既要让孩子对老师有尊敬之心，又要保持自己的独立思考，这是非常难把握的，需要有极大的智慧和情商才能兼得。但这也是一种重要能力，分寸感一旦养成，孩子将受益终身。

第三章 写作第一关：从"怕作文"到"爱作文"

5 把作文当成作品

很多时候，我们都把作文当作一项作业而不是作品来完成。

"作业"和"作品"有何区别呢？作业是被动接受的一项任务，作品则是主动投入的创造性写作。就激发潜力的程度来说，主动的创作肯定远高于被动的完成任务。其结果就是，一个产生废品，写完就扔；一个产生作品，有传播和保存价值。

很多学生都会对学习内容产生疑问，我学数学有什么用？学英语有什么用？如果得不到确切的答案，学习动力就会严重不足。人总是很难去做没有意义的事，至少不可能长久、热情地做。

那么，作文的意义在哪里呢？

首先是迫在眉睫的考试之用。如果不把作文写好，语文考试就得不了高分。假如我们对作文"用处"的理解停留在这个层面上，我们写作文必然会迎合考试要求，注重应试技巧，以期待写出能得高分的作文。

那按这个路子去写作文能写出好文章吗？难！

写作和说话一样，本质上是一种表达，如果我们说话时总想着"我说这句话对方喜不喜欢""这个问题对方希望我怎么回答""我万一说错了对方会不会生气"，总是抱着这样的心态说话，且不说我们能不能说得情绪饱满、妙语连珠，恐怕就连正常表达都成问题。

写作也是如此，揣摩他人标准，压抑自身表达，要么言不由衷、虚情假意，要么畏首畏尾、不知所措，写出来的文字很难感人。

应试作文对学生的影响就在于此，让孩子失去了真诚表达自己的欲望和能力。很多学生时代作文成绩不错的孩子，毕业后却远离写作，再也没有拿得出手的文章。而一些在学生时代作文成绩平平的孩子，毕业后却意外成为写作高手，这也能从反面说明问题。

我一个朋友的女儿，初中是班上差生，几乎辍学，成了公认的不可雕之材。幸好她高三突然觉醒，不愿成为废人，发奋努力，最终考上一所美术学院。但她考美院原本是无奈之选，美术也不是她的真爱，美院毕业后她并没有从事美术工作，而是写起了诗。

她从小喜欢读书，喜欢写点自己的东西，但在应试体制下，自由放纵的写作不仅没有给她的语文成绩增辉，反而让她被视为另类。直到大学毕业，她才终于有了自由写作的空间，这一写就一发不可收，在网络平台、知名期刊发表了大量作品，还在一家知名媒体的网络平台找到了一份工作——诗歌编辑。

她没有就此止步，又申请国外艺术学院的研究项目，被英国一所全球排名前十的大学录取，现在正在英国读研。更让她自己都感到意外的是，英国大学的导师非常欣赏她，说她"有想法"，潜力无限。

> 从某种意义上来说，写作是灵魂的庇护所，真正发自于心的写作，可以安顿我们的生命。

文学是一个人精神气质的母液，在其中浸润过的孩子，整个身心都会焕发出不一样的气息。她喜欢读书、写诗，都不是白读、白写的。

虽然孩子们在学生时代必须写应试作文，把作文当作一项作业来完成，但出于更长远的生命成长之计，一定要有应试以外的阅读和写作，把写作当成表达，当成创作，写出自己，写出价值。

鲁鲁从初三开始创作小说，高二出版了长篇小说《我去 中学》，此时他对写作已经有了自己的理解。有一次我们聊到文学，他说他理解的伟大作品是能反映一个时代、成为一个时代标记的作品。譬如马尔克斯的《百年孤独》，对时代的概括性让他感到震惊，他说，"并非所有诺贝尔奖作家都有这样的力量。"他的梦想就是要写出这样的小说。

你也许会说他狂妄，但我欣赏他，他能将文学放在时间的维度中考量，他对自己有期待、有信心，我为他骄傲。

有时候我不禁想，鲁鲁小时候一直是班上拖后腿的，他的自信又是从何而来的呢？也许和我的无条件呵护、无条件欣赏、无条件推动有关。回想儿子成长的道路，很多事情还是意味深长的。

儿子小学的作文本我几乎都保留下来了，唯独缺了一年级的那本。这是他人生的第一本作文，有他学习写作的最原始的记录，是非常宝贵的人生档案，为何偏偏就缺了它呢？

因为那时候我也还年轻，还没有意识到保存儿子作文的重要性。

一年级的第一学期，语文课主要是学习拼音和识字，还没正式开始写作文。到寒假时，要为下学期写作文做准备了，老师在寒假作业里布置了"写话"。正是在那个寒假，儿子开始了正式的写作学习。到寒假结束，他已经能够自己写出一小段完整的文字。而从"一句话"到"一段话",这个进步的过程也清晰地记载到了寒假的作文本上。

开学时,这个作文本只写了一小半,自然就接着使用。到期末,作文本交到老师那里,接下来是复习考试,再没有用上作文本,我也忘了这件事。等到想起要保存时已经放假了。到开学时,再去找老师要回上学期的旧作文本,却已经找不到了。

老师很抱歉,我也理解,谁会把一堆已经作废的作业本当回事呢?但我内心却留下了永久的自责和痛惜。因为那是儿子的第一本作文,有他最原始的"足迹"。

这件事可能只对我产生了影响,连儿子自己都没觉得可惜,他那时只有六岁,并不喜欢写作文。在一般人看来,丢失一个作文本没什么可大惊小怪的,作文就只是个练手的东西,练完就扔,很正常。在这种思维下,学生自己都不看重自己的创作成果,难以从作文中获得成就感,也就不足为奇了。

我对儿子的作文格外珍惜,每一本、每一篇(包括考试卷上的)都珍藏起来。这才有了三年级的那本作文集,在当时的作文展上一鸣惊人。

鲁鲁上学比较早(五岁半),入学前没上过"幼小衔接班",我们也没有刻意教他识字、英语、算术等,再加上他天生慢性子,偏内向,在一群机灵活跃的同龄孩子里,总是显得木讷甚至愚钝。上学以后他的表现自然堪忧,老师经常提醒我们要"抓紧",但我又总是心慈手软,始终抓不紧。这种种因素累积起来,就使得他在小学最初的几年里,一直是班上"拖后腿"的。

直到三年级,才有了转机,出现了一种声音——"李鲁作文写得好。"在此之前,他几乎一无是处,直到这个声音出现,他才终于成为一个"也有长处"的人!

以前,没有家长会来向我取经,现在终于有家长问我:"你们李鲁作文写得真好,咋教的?"老师们也说:"没看出来呀,李鲁作文写得这么好!"同学们也议论:"李鲁作文写得好,因为他妈妈是作家!"这一切造成了一种态势——李鲁作文写得好!

在这种态势下,鲁鲁自己也重新定义了自己,在班上似乎腰杆也硬了,不知不觉对作文更有了兴趣和信心。

其实,他真的写得有那么好吗?不一定。比他写得好的同学大有人在,但没几个人得到了比他更多的赞赏。之所以形成这种积极的态势,和那本自制作文集分不开。

鲁鲁三年级时,学校要搞作文展览,班上十几个同学被选中,鲁鲁也在其中。

这对很少有机会露脸的鲁鲁,是件大事。我把他所有的作文都录入电脑,配上他自己的照片(和作文内容有关的),精心排版,再去复印店彩色打印,装订成册,做成了一本厚重的作文集。说它"厚重",是因为在照片的映衬下,整个集子显得妙趣横生,文字也好像有分量了。

我郑重其事给这本作文集设计了封面,取了一个"书"名——《我会越来越好》。我对鲁鲁说:"这是你的第一部作品,相信你会越来越好！"从此以后,"越来越好"就成了我们的信念,直到今天。

那本作文集展出后一鸣惊人,先在班上展,后在学校展,最后还被拿到区里去展。从此,身边的老师、同学和家长都默认了,李鲁同学作文写得好!他自己也默认了"我作文写得好!"——这个自我默认很重要,把他从那个总是处于下风、总是默默无闻的自我认知中拉出来,让他从心底里有了精气神。

这次作文展是他人生早期一个重要的节点,之后他就摆脱了长期的低迷状态,开始收获属于自己的掌声。

四年级,他的作文开始在班上被老师念;五年级,他在《小爱迪生》杂志正式发表第一篇短文,之后越来越多的杂志发表他的文章;与此同时,他仿佛开了窍,其他科的成绩也越来越好,顺利考上城里的重点中学。他初三开始写小说,高一出版第一部中文长篇小说《我去 中学》。大学被美国顶尖名校加州大学伯克利分校录取。大二出版英文长篇小说 Salvation(《救赎》)。本科四年从伯克利顺利毕业,拿到经济学和应用数学双学士学位。在美国工作一年后进入乔治·华盛顿大学攻读 MBA,两年后获得 MBA 及商业数据分析双硕士学位。之后他进入美国知名企业工作。同时,他的第三部长篇小说也在创作中了。

后来他一直走在"越来越好"的路上。这个"越来越好"是他童年时获得的重要信念,也是我给他的终身祝福。

即使是不成熟的作文,也有它独特的价值。如果我们意识不到这一点,就不会把孩子的作文当成作品,就不可能真正尊重孩子的创作,也就发现不了独属于孩子的闪光之处。久而久之,训练出来的就只是一个写作文的人，而不是写作品的人。

作文的价值还不仅仅在于培养写作能力，它对成长的意义更大。对于个人来说，孩童时期的作文比大作家的作品还要宝贵。因为它是孩子自己所独有的，而且是不可逆的，记录了生命早期每一个阶段的所思、所想、所感，是一个人生命历史的最宝贵的记录。

我迄今出版的书已有几十本，我的书和书稿都好好保存着，再难遗失。即使书稿丢了，样书丢了，也关系不大，我还可以去买，可以在网上、在图书馆查阅。只要出版了，我的文字就固定成型，由社会来保存它，决定它的存亡。

但是，在我写出来的文字还没有成为社会财富之前，是极易消逝、极其脆弱的，也因此尤为珍贵。我早期的一些散文和诗歌，由于没有出版，又保存不善，现在已经了无踪迹，仿佛从来就没在世界上存在过。我早期的日记，由于种种原因也全部散失，以至于我现在回忆三十岁前的人生，常常觉得面目可疑，无从查考。更别说我小时候的作文，现在连一篇都找不到了，回望来路，无迹可寻。我在那些时期遇过些什么，想过些什么，写过些什么，都没有备份，也无法找回，随着年龄渐增，记忆衰退，它们终将完全归零。也好，白茫茫一片大地真干净。

每个人都有属于自己的历史，而"收藏"正是构建个人历史的重要方法。史书之所以重要，因为它是历史的记录；而考古则是寻找历史的物证，物证有更强的证明力。每一件文

> 小时候的作文在当时可能谁都不认为它是个宝贝，我们常常会呵护一本名著，珍藏一幅名画，觉得那才是有价值的，但实际上，我们自己所创造的东西，才是真正的无价之宝，因为它不可复制，不可逆转。

物都是值得珍藏的，孩子也有需要珍藏的文物，帮助他构建自己的历史，获得自我认识的依据。

正因为我自己有这段痛心的经历，我对儿子的作文才格外珍惜，每一本、每一篇都珍藏起来。这才有了他三年级的那本作文集，在当时的作文展上一鸣惊人。

我这种态度，可能也让儿子感觉到了他的写作是有价值的，他因而也认真地、怀有激情地对待写作文这件事了。

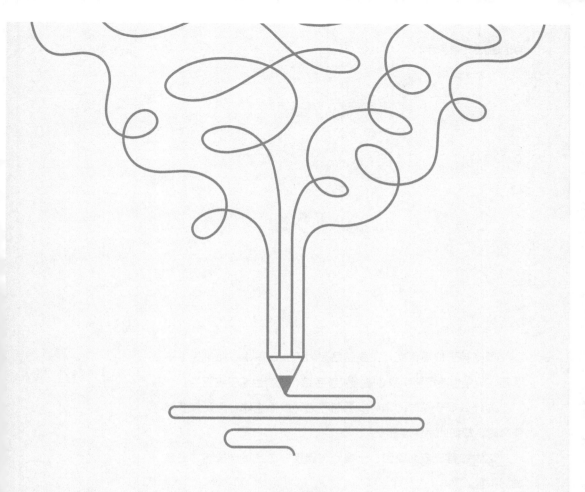

第四章

写作第二关：
解决"不知道写啥"的难题

很多孩子怕写作文,主要就是因为不知道写啥,憋半天下不了笔,下笔也凑不够字数,勉强凑够字数,内容也是干巴巴的。

为什么孩子平时闲聊可以滔滔不绝,妙语连珠,但正经要写作文时,却如此茅塞难开?

这大约有三方面原因:一是心理因素,二是写作技巧,三是生活积累。

第四章 写作第二关：解决"不知道写啥"的难题

有分数"作妖"，
很难写出自己的真情实感

我一直提倡作文要表达自己，写出真实的感受和想法。每个人每天都在经历自己的生活，都有自己的感受和想法，如果就按真实的所见所感写，还愁写不出作文吗？

但是很多同学会说，我也想写出真实的自己，但我是学生，必须完成作业，接受考试。作业和考试都有题目、有要求，达不到要求会被扣分的！

我说，你这么害怕扣分，一切从分数出发，一心想写出满足分数要求的"好"作文，而不是满足自己表达需要的真实作文，你又怎么可能随心所欲地写呢？你表达的泉眼就被堵死了！

而且，你越是想得到高分，可能越是得不到。最近几年的高考（甚至中考）语文试卷中，对于作文的要求都出现了"不要套作，不得抄袭"的明文规定。所谓"抄袭"就是原文照搬，或者虽有小改动但内容高度相似；而"套作"则是套用范本的结构或立意，只在内容上重新填充。

你以为阅卷老师看不出哪些文字是真情实感，哪些文字是鹦鹉学舌？严格说来，"抄袭"和"套作"的根源都是缺乏原创力，不能表达自己，只好借用别人的东西来骗分。这样的写作严格说来不叫写作，只能叫"应付",甚至叫"作弊"。现在这种写法连高考、中考这种指挥棒性质的考试都在摒弃了,如果还执迷不悟,还继续在这条路上"拼搏",会有什么好结果吗?

可能有的同学对写作文还是很迷茫,脱离范本,自由表达,那就乱写一气?!

"自由表达"并不等于乱写,每个孩子,只要上过学,读过课文,对"文章"都有基本概念,甚至已经有了固定认识,让你乱写你都不一定写得出来。所谓"乱写",无非是在主题上稍有偏离,或者表达上不太规范,大多属于内容方面的问题。而内容本来就是很灵活的,对于生活中的万事万物,每个人都有不同的感受和看法,难以论断对错,只要不伤害到别人,都可以写出来。

但现实中往往有许多固有的价值评判标准,体现在对作文的评判上,一旦不符合标准,分数就会降低。学生如果过于看重分数,势必就会自我审查,只表达符合标准的想法,或者把不符合标准的想法改造成符合标准的。这个自我审查、自我改造的过程,就对自己内心真实的声音形成了抑制。一个原本天真的孩子,如果经常面临如此的窘境,自然就会变得犹犹豫豫、缩手缩脚,不知道怎么下笔了。

> 要想"下笔如有神",除了"读书破万卷"以外,还要把分数看淡一点,不然读书越多越不知道怎么写,因为越读得多,与标准的冲突越大。

当然,这并不等于说你可以完全无视分数,而是给自己一点儿勇气,先把堵住泉眼的淤泥挖开一点儿,让水能涌出一些。先是一小股,慢慢越来越大,等涌出来了你再考虑挖沟开河,让它流得更像样子。一句话,当你什么都写不出来时,最重要的就是先写出来再说,写出来是第一步,至于写得好,那是以后的事。要有下笔的勇气。当然,这需要老师和家长的包容。

鲁鲁小学时,有一次语文单元测验只得了很低的分,我一看卷子,是作文出了大问题,被扣掉9分,老师在旁边写了两个大大的红字:"跑题!"

怎么就跑题了呢?原来他没读懂题目背后的深意,没按规则出牌。作文题是这样的:

一个_____的人(40分)

在你的同学或小伙伴中,有热心助人的,有关心集体的……请你从他们当中选择一个人,通过一两件事表现他(她)某一方面的品质特点,注意描写人物的语言、动作或神态。把题目补充完整,然后作文。

鲁鲁完成的作文是这样的:

一个精通电子游戏的人

我的好朋友蔡文劼是一个精通电子游戏的人,他不仅玩过的游戏比我多,就算是我们俩都玩过的,我也比不过他。在这方面,我总是没他强。

有一次,我去他家玩,我们玩了一款非常好玩的游戏——魔兽争霸。这款游戏先要选好自己的种族,我们选的是各种能力都不错的"不死族"。然后要挑选自己的"哥们儿"和地图。第一次是我先上。我一上来就忙手忙脚的，几下就被敌人打得落花流水。过了一会儿，蔡文劼要求换他上，我当然要同意了，不然这次就输定了。他先用剩下的兵和敌人打游击战，把敌人引走，再重建家园，加强防备，增加兵力，到了最后，他集合所有军队，向着敌人的老巢冲过去。当然硬打是不行的，他还是用了声东击西的老方法，用一小部分军队作牺牲，把敌人的大军引开，再用剩下的大军，向敌人进攻，这样，几下就把敌人消灭了。

蔡文劼智勇双全，真是个电子游戏高手呀。

从审题的角度看，跑题倒是未必，他根据题意，选择了一个小伙伴，通过玩电子游戏这件事，写出了小伙伴智勇双全的品质特点，文中也不乏语言、动作、神态描写。

那么，老师为什么说他跑题了呢？我揣测是因为他没有理解题目中"品质特点"的真正含义。其实题目已经做了暗示，"在你的同学或小伙伴中，有热心助人的，有关心集体的……请你从他们当中选择一个人"，这也就意味着，题目希望学生写的是"热心助人、关心集体"之类的好人好事，提炼出值得歌颂的正能量。鲁鲁却去写什么"精通电子游戏的人"。电子游戏难道不是老师和家长都深恶痛绝的吗？一个精通电子游戏的人，能有什么正能量？！所以跑题了！

但如果我们站在鲁鲁的角度看，一个精通电子游戏的小伙伴，在他心目中不是很酷很帅很有用吗？孩子们玩的时候，谁愿意和"猪队友"

在一起？他由衷佩服这个玩游戏智勇双全的小伙伴，难道不是再自然不过的事？

但考试有考试的标准，我也理解老师。所以我告诉儿子，这次的作文不算失败，我很欣赏，但不太适合在考场上写，考试的时候还是尽量写符合题目要求的正能量。课余你可以自己随便写，那才是真正的写作，体现你的实力。

怎么处理好自由作文和命题作文的关系，作为一个小孩并不容易掌握好，所以鲁鲁一直到初中，作文都经常会"跑题"。

初一时，鲁鲁成绩不好，有一次期末考试语文考砸了，全校倒数第二！我很诧异，他不至于差到这个程度呀？！

鲁鲁说他作文写偏题了，记叙文写成了议论文，而且全校写偏了的唯有他一个，作文分数全校最低！能考全校最低，我也是服了。其实这次的作文题并不难，还是平时练过的，只需把练过的重新搬上试卷就行了，谁能想到他会现场新写一篇，还写砸了！

大家都惊叹，他自己却不当回事，"没事儿！初一是写记叙文，初二才开始写议论文，我议论文写得好，到初二就出头了！"他这样开脱。

"那你为什么会把题审错呢？"我问。

"我也不知道，写着写着就议论多了。我就是喜欢写议论文！"他忘了，这是在考试，考试哪管你喜欢不喜欢！

不过，我也没责备他，因为内心里并不认为这就是多致命的缺点。"写作"的标准和"写作文"的标准是不同的。这两者，有人能统一，有人却不能统一。如果非要在这两者中二选一，我宁愿儿子不统一，我宁

> "写作"最重要的标准是忠实自己；"写作文"最重要的标准是符合要求。

愿他是一个"写作者"，而不是"写作文者"，因此我容忍了他在重要考试中临场写作的失误。

写作文不按要求写，这对鲁鲁来说并不是新问题。有一次写作文，老师要求写一件事，他却写了两件事，老师没给高分，说他没按要求写。他很不服气，写得多反而还不行？！我也不以为然，他用两件事，从正反两方面来证明一个道理，从写作的角度看，不是更有说服力吗？如果连这样的超水平发挥也成了违规，那就无话可说了。

但我也只是表达了对鲁鲁作文的肯定，而没有攻击老师，因为老师也有他的合理性，从某种角度来说，老师也是为了学生好。每一次大考都是统一考试，统一阅卷，你不符合要求，单单就是这一点，你就会成为 loser。这一次期末考试，鲁鲁的语文成绩如此之差，就是他为藐视"要求"而付出的代价。

曾经有一位一年级孩子的妈妈在网上给我留言，说孩子的语文老师打电话来告状，她儿子语文考了全班最后一名，原因就是"看图写话"没写完。她说："我强压着怒火跟孩子问了半天，才知道原因：老师要求看图写话写明季节，而他搞不清楚是什么季节，只知道图上有花。我又告诉他，只要是有花，就是春天。他又跟我说，秋天也有花。我又说，因为现在是春天，所以考试的内容跟春天也有关。可他在这个细节上纠缠了好半天，结果，题目未做完。"

我对她说，你根本用不着强压怒火，你应该为儿子骄傲，应该表扬他的诚实，还有他思维的灵活性。学习不是仅仅为了考试，如果一切都是为了与标准答案吻合,反而是对孩子创造力的扼杀。就这一次考试而言,题目本来就出得不严谨,错的不是孩子,而是大人。要说孩子有什么失误,就只在于他还少了些应试技巧。

孩子毕竟生活在一个应试教育的系统中,所以,在肯定他批判性思维的同时,也要教会他怎样按考试要求去做。我们的孩子要学会以两种方式思考。

鲁鲁的整个中学时代,作文成绩都是忽上忽下,成绩好的时候是因为考试的标准恰恰与他的个人爱好相吻合,成绩不好的时候则相反。他始终没有学会彻底的委曲求全,但慢慢也磨炼出了考试技巧,在高中阶段逐渐成了一个"好学生"。

而他之所以能在高中阶段的考试成绩上脱颖而出,其实也离不开初中的叛逆。因为他实际上是会写的,写作实力是有的,创作欲望和能力都没有被标准化的作文所消耗、所扭曲。当他从初三开始完全放下作文的要求,完全自主、自由地写作,最终完成了一部长篇小说,这何尝不是一次最大的"跑题",但对于他来说也是最重要的一次写作实践,而小说的正式出版给了他一个最高分!

当他具有了能写出一本书的能力,再回去完成一篇作文,难道不是一件更容易的事吗?

我从鲁鲁身上得出的经验就是,写作的根本目的是为了表达和交流,围绕这个根本目的进行的写作学习才是最有效的。还是要放手写,写自己想写的东西,在写中学会写。分数很重要,但不是最重要的,能力上去了,分数自然也会上去。

内心的感受需要
细细体会

孩子更多的是关注他人，很少关注自己的内心，这也是往往到了青春期才会自我觉醒，才会写出好文章的原因。低年级的孩子很难思考关于自我的问题，通常只关注外部现象。但是，一篇文章如果只描述现象，而没有对现象的思考，就很容易成为一篇"流水账"，哪怕辞藻精美，也难逃内涵肤浅。

我曾经对照过鲁鲁写的《春天》，他从一年级到三年级，年年都在写春天，但除了多用几个形容词，三年级的《春天》和二年级的《春天》几乎没什么两样。很多同题材的作文，写了几年，却发现根本没有质的提高。

问题出在哪里？就在于没有思考，只有对现象的描述。而很多现象就是一种现象，它呈现出来的事实就是那么简单，就如春天或秋天，每年都是一样，如果你只看到它的五颜六色、五彩斑斓，只能认识到它象征着生命的萌发，或收获的喜悦，那你每年写出来的《春天》和《秋天》都一样，不只是和去年的你写出的一样，还与其他人每年写的一样。

> 要突破"没有新意"这个困局，就要脱离对范文的崇拜，不要管别人怎么写，要意识到自己的感受和想法。

在北方，年年都会下雪，所以鲁鲁也每年都写关于下雪的作文。对于雪的描写，不外乎"洁白""晶莹"，等等。鲁鲁也描写过雪后洁白的世界：远山、树顶、车上、路上……哪哪都是雪，一片洁白。但这些都不曾触动过我。

直到五年级写了篇《终于下雪了》，我才看到了他自己的感受。

终于下雪了

今年一直没有下雪，直到年末的最后两天，才下了一场雪。

早上，我往窗外一看，房顶上、树上、地上都铺满了雪，眼前白茫茫的一片。雪花落在窗台上，开始还是晶莹透亮的雪花，马上就变成了水珠。

上学的路上，我们没有骑车，而是步行。路上的车很少，开得也非常慢。下了雪，空气很清新，没有一点灰尘。路边的雪有的已经被踩过了，留下一串脚印，有的还没有被踩，茸茸的、软软的，干干净净，让人舍不得去踩。我捧起一些雪揉成雪球，往树上扔，树枝上的雪便哗哗往下落，好像树也下雪了。

路边的一些小朋友一边走一边打雪仗，我也盘算着放学的时候和同学们打雪仗，玩个痛快。

这篇作文他依然描写了雪的洁白、晶莹，但有了他自己观察到的细节："雪花落在窗台上，开始还是晶莹透亮的雪花，马上就变成了水珠。"更有他对雪的独特感受，当我读到他描写的那些还没被人踩过的雪"茸草的、软软的，干干净净，让人舍不得去踩。"我一下就被感动了，仿佛有种柔软的、纯净的、充满喜悦和珍爱的情感，从他的文字里直接流入我的心中。

他能写出对新鲜的雪"舍不得去踩"的喜悦珍爱之情，写得如此淳朴、准确，说明了他写作上的进步。当他终于可以用他自己的眼睛观察到事物的细节，并且越来越清晰地意识到自己对这个事物的感受时，他的作文就能越写越丰满，越写越有个性。

到初一的时候，鲁鲁写了篇《秋》，这时候他不仅是在写"秋"的外在表现，也对秋景有了更细致的观察和感受，更在思考后感悟到秋的内涵。

秋

秋来了，它不同于之前的夏，也不同于之后的冬，它是四个季节中最有特色和内涵的。

夏天不是暴风雨，就是持续的酷热；冬天不是刮大风下大雪，就是凛冽的寒冷。但是秋天不像它们那样轰轰烈烈，秋只喜欢安静地、祥和地去展现它特有的美。

人们都认为秋是一个衰败的季节，因为树木开始掉叶子，草变得枯黄，确实有一点衰败的感觉。但是，我却觉得秋天充满活力。

从"秋"这个字上来看，"火"代表兴旺，也代表着暖色调，因为所有的果实，无论粮食还是水果，都是红色、黄色的，让人感到充实而温馨。秋的活力还体现在树叶上，你看那金黄的银杏，火红的黄栌，深红的枫叶，是那样的震撼人心，这是因为树把这一年从萌发到兴旺的过程里所积累的所有能量，都在秋天释放出来，展现出如此饱满、华美的色彩。

秋的蓝天也是其他三季所不及的。在我的记忆里，秋的天空几乎都是蓝色的，天空很高很高，像蔚蓝的海洋，看不到尽头。有的时候天上会有几朵云彩，零零散散的，被风一吹，散了，像轻纱一样透明。

秋就是这样安静、饱满而又明朗。

这篇作文不只是简单描绘了秋天的景色，更是写出了这些景色带给自己的感受，并且循着这些感受去思索——我为何会产生这些感受？我怎么去理解这些感受？

此文最让我惊讶的是他谈到秋的内涵，谈到它的活力：是树将自己从萌发到兴旺的过程中所积累的所有能量，都在这个季节里释放出来。这种认识让我感动。这是一种对生命的感悟，无论他的文字是否优美，这个感悟本身已经足以打动我，让我感到生命之美。

这就不纯粹只是写景了，你能感到他的心被"秋"所打动，他被"秋"身上由岁月积淀的能量所震慑。他的心跳传染了你，让你也为自然之美、为生命之丰沛而心动。

> 文章让人感动是最难的，因为你必须自己有真正的感动，才能让别人也感动。而你要把自己的感动写出来，首先就要意识到自己的感动，细细地体会它，表达它。

有时候我们对于自己心里面的想法都不太清楚，需要静下心来认真去感受与分辨。

有一次鲁鲁要写一篇作文——《我的小学生活》。这看上去是一个简单的作文题目，他却想了半天不知道怎么下笔。这也可以理解，"小学"是很长的一个阶段，"生活"是一个内涵复杂、外延宽泛的词，有太多内容可以装到"生活"这个筐里。写啥呢？

我们便来讨论。

我说，这种题目就像《我的朋友某某某》一样，它不是单纯地记这个朋友的一件事或几件事，而是要通过记这一件事或几件事，概括出这个人的性格和品质，让不认识他的人对他有一个鲜明的印象。

写《我的小学生活》也一样，你肯定要写一些具体的人和事，然后总结出小学生活的某些特点。我问他："小学生活你感触最深的是什么？"

"学到了很多知识，交了很多朋友。"

"嗯，学知识方面，哪些事对你影响最大？交朋友方面，你交到了哪些最好的朋友？怎么交的？"

顺着这个思路，他梳理出了一堆故事，从中挑选了几个重要的作为写作素材。现在内容是丰满了，但难道就这么罗列一堆事实就完了？从这些事实里还能提炼出什么认识呢？

"学知识意味着什么呢？"我又问。

"懂得了很多东西。"

"不懂这些东西的时候是怎么样的？譬如一年级时。"

"很幼稚。"

"嗯，一年级很幼稚。后来学了很多知识，从无知到有知，越来越成熟，这意味着什么呢？"

"成长。"

"对呀，成长！这是小学生活中最重要的内容。但是'成长'是一个很丰富的词，体现'成长'的还不仅是学知识，还有做人的道理，在精神上、心灵上的充实和丰富，如果你要表现成长这个主题，是不是还要增加些内容呢？"

这一来，他似乎发现了新大陆，立马又想起了几件事，补充了一些写作素材。

"另外，你刚才说到的'交朋友'，那又意味着什么呢？"我又问。

"快乐。"

"嗯，这两方面还真有联系呢，成长的过程是快乐的，包括交朋友、玩，等等。你看，你的小学生活是不是就有条理了？你要表达的主题是不是清晰起来了。"

"对。"

"我在想啊，你小学的这两个主题，成长和快乐，其实不仅是对于你，就我而言也是一样的。我四十多岁了，还在学习，外公七十多岁了，还在写书，这是一个延续一生的主题……"

"我知道了，人生就像一辆车，要经过一个一个的车站，小学毕业就像到了一个站，又要开往下一站。人一直要不断往前走。"

"太好了！"我忍不住在他脸上揪了两把。

人永远在路上。当他把这一点想清楚时，就出现了一篇好文章的预兆,因为他有所发现,有所思想。

即使对于作文这种技术性很强的事情来说,你只要认真去想,也是会有所发现的。人是有智慧的动物,在人这个种群中,区别就在于思想了。永远不要吝惜使用自己的头脑,那是一座真正的宝库,取之不尽,用之不竭。

3 没有生活经验，哪来写作素材

任何表达都分为两个部分——内容和形式。内容就是你想要表达的东西，相当于煮饭要有米；形式就是用什么方式表达出来，相当于你用什么方法把生米煮成熟饭。俗话说"巧媳妇难为无米之炊"，没有米，再好的厨艺也煮不出饭。要写出好作文，也需要有材料的积累。

> 作文的本质就是表达，用文字来表达。

写作的材料来自哪里？

来自生活经验。

不要做圈养的天使

想起来，现在的孩子很可怜，虽然物质条件越来越好，却没有自己的生活，也缺乏乐趣。

记得有一天早上，鲁鲁还在床上，一睁眼就对我说："今天好高兴哦！今天星期四！"

"星期四有什么好高兴的？"我很迷惑。

"星期四就轮上我们班在过道玩了！"

心里一阵悲哀。

不久前开家长会时，校长专门解释了课间不准学生下楼玩的事，因为有家长告到教委了。确实，从家长一方来看，学校的规定太残酷。小学的孩子，正在长身体，活泼好动是孩子的天性，也是健康成长的需要。可是这些孩子们一天要坐在教室里上六七节课，课间好不容易有十分钟休息时间，却不能下楼。即使在楼道活动也有限制，教室门前的楼道是供学生们上厕所、去饮水间的通道，只能走不能跑，每天有高年级的值日生守着，谁在楼道里嬉戏、跑跳，都会被记下扣分。楼道两端的尽头倒是有个稍大一点的活动空间，也就半个教室大，一层楼有十几个班，两端空地只能各班轮流用，鲁鲁他们班被排在星期四。所以他一睁眼就想起今天是星期四，终于可以在课间跑一跑、闹一闹了。

孩子真可怜！

然而，学校也有学校的道理。校长解释说，全校有一千多名学生，只有一个操场，连做课间操都只能轮流做。每周一次的升旗仪式，全体学生要到操场集合，光是已经在楼道里排好队的学生，一队一队走出来，就要走十分钟。现在全国出了好几起学校踩踏事件，安全第一，如果下课一窝蜂全都到操场活动，或者一窝蜂都在走廊里打闹，且不说有没有那么大的活动空间，就是这个安全问题也不能解决。

确实，出了事谁也担待不起。所以孩子们只能在教室里窝着。

鲁鲁胃口一直很好，上学以后越长越胖，减肥的问题一直很让人伤脑筋。让小孩子控制食欲几乎是不可能的，所有健康方面的专家都强调要多运动。他不是不喜欢运动，可是，他有机会运动吗？学校就是一块如此狭小的天地，孩子们就像一群圈养的天使。

第四章　写作第二关：解决"不知道写啥"的难题

那天鲁鲁回来说老师布置了作文，写课间十分钟，他写不出来。我启发他，就写课间的丰富活动啊，什么跳绳啊，踢毽儿啊，扔沙包啊，还有我们小时候男生常玩的斗鸡（一只脚着地，一只脚盘起，用手扳住，相互对撞）、攻城（画地为城，有人攻，有人守，相互推挤拉扯）、跳拱（一人躬背做木马，其他人从其背上跃过）……他通通摇头，"哪有人玩这些啊，根本不准你跑。"

"那玩什么呢？"

"我哪知道！"

"总要做一些事啊，总不可能全在座位上发呆吧？"在我的不断启发下，他终于写出了比较丰富的课间活动——有的在玩拍手游戏，有的在聊天，有的在擦黑板，还有的在看后墙上的作文展……

由于用了一大串排比句，作文被评为优秀作品，还被拿去给那些实在写不出来的同学做示范。鲁鲁很高兴，我却感到悲哀。

要想写好作文，光有书本知识是不够的。

鲁鲁小时候，有一次我给他讲书，书上画了许多蘑菇，红红绿绿，异常美丽。

> 匮乏的生活，不仅无助于孩子写作文，对他们的身心，也是一种束缚。

"这些蘑菇可以吃吗？"鲁鲁问。

"有的可以吃，有的不可以吃，有毒。"

"市场上卖的蘑菇有没有毒呢？"

"没有。"

"哪些有毒呢？"

我想给他解释，但突然不知从何说起，因为他从来没有见过大自然中真实的蘑菇，他脑子里没有一个实体可以来理解这个问题。我突然感到一丝惆怅，儿子这辈人到目前为止都不知道什么是美丽的毒蘑菇。而我小时候对此却有切肤之感。

我小时候生活在"三线建设基地"攀枝花，那时候这个地方刚被开发，到处是荒野。每到雨后，就有农民在路边卖刚采来的野生菌，牛肝菌、鸡枞菌、芝麻菌、喇叭菌、红落伞、白落伞……现在看来这些都是山珍了，当时却卖得极便宜，不是论斤，而是论堆。

花个几毛一块的买一堆回去，品种五花八门，放点油盐，最重要的是还要放几瓣大蒜，烧出来鲜得咋舌。之所以要放蒜，除了提味，据说还可以防止食物中毒，如果蒜的颜色变黑，就说明是毒菌，不能吃。

某种东西遇毒而色变，从而起到预警作用，这很神奇。而这类东西里最灵验的不是蒜，而是一种珍贵的物件——银器。据说以前的皇帝或者达官贵人都有一双银筷子，凭着它，这些大人物躲过了多次暗杀。银筷子的故事使我着迷，但我们只是小人物，没有银筷子，只能靠蒜。

其实蒜有时也是靠不住的。每年夏秋季节，总会听说几起因吃菌而中毒的事，有人抢救不及，还死了。大多数死掉的人，可能都在烧菌时放了蒜，可还是死了。尽管如此，我对蒜的敬畏仍然存在，每次会特意观察一下蘑菇汤里的蒜是否变色。还好，每次都是白的。但还是吃得提心吊胆，吃过以后，要到第二天，没出现恶心呕吐肚子痛，才算放了心，又盼着再下一场雨，再买一堆蘑菇来吃。

这种美味与死亡同在的刺激感是很独特的，因而让我对"蘑菇"这种东西有不同一般的感受。当我和鲁鲁说到"蘑菇"这个话题时，我的脑海里会出现具体的蘑菇样子，以及我和它们之间发生过的故事，我的感受和感悟也都由此而生。但对鲁鲁来说，他吃过蘑菇，那只是已经做好的食物；他见过蘑菇，那也只是超市里有限的几种，都长得一样，不存在有毒无毒之惑。他对书上那些美丽蘑菇的观感，以及童话故事里经常出现的蘑菇角色，还有生活中常见的各种蘑菇造型的雕塑及设施的感受都很肤浅空洞。

直到有一次，我们在公园的草地上偶然发现一朵蘑菇，他激动地尖叫："蘑菇！快来看！蘑菇！"

那是一朵很小的蘑菇，小得你根本不敢把它与儿童乐园里那些硕大的蘑菇房子联系在一起。与卡通画中常见的肥硕鲜艳的蘑菇形象不同，眼前的蘑菇纤细朴素，就像钻出草丛的一颗小石头，毫不起眼，却又牢牢地吸引着你。它是如此纤细精致，干净得仿佛在发光。我们蹲下来，细细地看着这朵蘑菇。鲁鲁伸出手指小心地碰了一下，生怕把它碰断的样子。

"想不到草地里还会有蘑菇。"鲁鲁感叹。

"蘑菇本来就是长在草地里的呀，好像还爱长在树下。"我动用我的知识储备，但其实我也没储备多少，我并没有亲自采过蘑菇。

"这可不可以吃？"鲁鲁又问。

"不知道，但最好不要吃。"

"万一有野兔吃了会不会中毒？"

"万一有毒，野兔一般不会吃，野兔有经验。"

"那蚂蚁也不会吃吧？蚂蚁也有经验。"鲁鲁补充道。他把蘑菇拔起来，仔细观察根部，大概是在看有没有被蚂蚁吃过的迹象。我一下想起书上说的，蘑菇靠孢子繁殖，而一株蘑菇会在自己附近散落下很多孢子，所以蘑菇总是成群出现。我把这个知识告诉鲁鲁，我们向周围的草丛扫视，果然发现了第二朵、第三朵……草地里到处都是这种蘑菇，星星点点，我们居然没注意到！那一刻，仿佛是抬头望见了银河，惊讶于自己每天置身其下的天穹，居然有如此多的星辰，而我们居然从来没有发现过！

我们离开那片草地时，鲁鲁举着那朵蘑菇，小心翼翼地，像举着一把小小的伞，走在湿润的公园小路上。

后来，他把这次遇见蘑菇的经历写进了作文里，他称这些蘑菇是"雨后的草地里冒出的精灵"。

如果没有与蘑菇相遇，他的作文就不可能写蘑菇，更不可能写得细致精彩。当然，可以写别的，但别的事物之所以能进入作文，之所以能写得丰满，不也是需要某种形式的相遇吗？可以说，生活的经历越丰富，相遇的事物越多，孩子对世界的感知就越宽阔、越深厚。这一点，不仅对写作文很重要，对孩子身心成长的作用同样不可小觑。

曾有家长问我一个问题，说她孩子小时候写作文还蛮生动有趣的，越长大反倒越不会写了，干巴巴的，这是为什么呢？我想了想，可能是因为低年级作文主要写日常生活，日常生活无论怎样总有些内容可写，孩子天然的好奇心尚未消失，对一切事物皆觉新鲜，自然就能从具体的生活小事中感受到乐趣，也就能写出有趣的作文来。

但到了高年级，学习任务加重，生活更单调，可写的东西反而更少。孩子自己也成长了，对简单的事物已经麻木，复杂的事情又没有机会接触，生活体验跟不上思想的成长，导致精神上营养不足。

说到阅历对成长的作用，突然想起一件小事。鲁鲁 17 岁到美国上大学，寒假回家，我给他做饭，每天都大鱼大肉的，巴不得把他半年没有吃上的"妈妈的味道"全部补回来。他却并没有想象中的那么开心。有一天，他突然说："中国菜是最不健康的，太油了。"我心头一震，有种特别的感觉。

中国菜？我们天天吃中国菜，但从来不会说"中国菜"；他从小吃中国菜，也从来不说"中国菜"；现在他去美国上学了，回来就说"中国菜"了。因为在他的日常中，"中国"已经只是众多元素之一，而不是唯一。

走出去，视野就不同了。参照系不同，认识也不同，连他从小吃惯了的菜，也能意识到不健康。这是他超越我们这一代的地方。

世界之大，你要走出去才能知道。当我们仅仅局限于习惯的事物而很少尝试其他时，我们就很难意识到这种习惯的事物有什么特别之处。而走出习惯的世界，接触新事物，站在远处来看你熟稔的东西，或许又有不同的认识。

"井蛙不可语于海，夏虫不可语于冰"，没见过的，你就不能说自己理解。不走出去，一切都不会发生。而且你意识不到它们没有发生，一天一天，时光流过，你不会觉察自己失去了什么，因为你根本未曾拥有过。

走出去，与丰富的素材相遇

其实，现在的家长也很重视开阔孩子的眼界，注重孩子的全面发展。一到寒暑假，旅游、参观、夏令营等，已经是很多城市孩子的假期标配了。

但真正的风景并非只在名山大川，年龄小的孩子很难理解名山大川的意义，特别是在节假日，名山大川往往只能让孩子体验到人挤人的嘈杂，体验到行程仓促的焦虑，体验到一大堆的不悦和辛苦。

记得我们刚到北京时，带儿子游八达岭长城。那次是国庆节陪友人游长城，长城上游人如织，密不透风，用摩肩接踵都不足以形容。儿子还小，才四五岁，被裹挟着走在长城的石阶上，只看得见前面人的脚。去时遇到宰客的司机，回来则是一身疲惫，长城之行留下的是失望和厌烦。后来我们长居北京，也有了自己的车，却很少再去爬八达岭长城，反而是野山野水、农家小院，这些平常之地带来了更多美好的享受。

这一切都反映在儿子的作文里，我是后来才意识到的，儿子在北京待了十几年，从小到大，写过无数次北京生活，但竟然没有一篇是写长城的！他笔下写得最多的是水库，就是离我们家不远的十三陵水库，那是我们最爱去玩的地方，春天到水库爬山，夏天到水库玩水，秋天到水库看红叶，冬天到水库砸冰，水库给我们带来无穷的乐趣，也给他带来很多写作的素材和灵感。可以说，那些在水库度过的不经意的

> 带孩子出门游玩是让孩子体验生活的重要途径，但是如果在游玩的过程中不注意观察细节，不注意自己的感受，玩完以后还是写不出作文。

时光,才是他生命中的深刻印记。

下面就是鲁鲁从草原游玩回来写的一篇作文。

附:李鲁三年级的作文

去锡林浩特的路上

走进锡林浩特的地盘,一眼就能看见一望无际的草原。草原上开满了野花,绿色、白色、红色、黄色和紫色交织在一起,像一张彩色的地毯,铺满了大地。

草原上的路有一个特点,就是没有红绿灯,只要你知道要去的地方,一直走,一直走,就能走到。草原上的路很直,最直的可以达到十几公里没有弯道,仿佛能一直通到天边。

我第一次去草原的时候,以为草原上什么建筑都没有,去了以后才知道,草原上也有城市,蒙古语的"锡林浩特"翻译成汉语就是"草原上的城"的意思。

在路上,我还看见有很多的鸟,有鹰、麻雀、喜鹊……草原真是一个生机勃勃的世界。

这篇作文虽然文笔还很幼稚,但不乏神来之笔,一句"草原的路上没有红绿灯,只要你知道要去的地方,一直走,一直走,就能走到",体现多么博大的意境,多么质朴的胸怀。在他童年的时候,能写出这样的句子,以后长大了,未必还能写出。孩子的心是最真诚、最朴实的,能够直达事物的核心。

带孩子旅游不一定要走很多地方,博览固然好,深度体验也不可忽视,有时候走马观花跑很多地方,不如停下来好好感受一处。这不仅能让孩子的感受有一定的深度,还能让他有时间静下来,细细地品味和写作。

儿子五年级暑假,我带他参加千岛湖夏令营,顺便在江浙地区旅游一圈。事前想得很好,让他每到一地写一篇日记,就像三年级寒假在成都、暑假在厦门时一样,但最后却没有办到。因为行程安排得太满,二十多天时间里,千岛湖、黄山、杭州、苏州、上海,每天都是新地方,每天都疲于奔命,根本不可能静下来盘点,也就只是走马观花而已。现在再问他当年的体验,他连走过哪些地方都想不起了。

> 生命是时间的玫瑰,需要漫长的等待和浇灌。人要获得丰富的内心体验,需要花时间细细品味。

而三年级暑假的鼓浪屿之行,儿子年龄虽然小,反而记忆更深,收获更大。就在那个小岛上,我们一住就是十天,每天去海滩游泳,在海边漫步,不仅看完了必看景点,而且对岛上的树木、建筑、美食、风情,都留下了难以磨灭的印象。现在我和儿子还会偶尔回忆起岛上的时光,提到我们住的那幢民居后面,那棵挂满了芒果的大树,以及我们每天必吃的那家"扁食"小店。每每忆及,我们的眼光都会变得温柔,嘴角漾起笑意。美好的体验是人生永远的营养,但很多美好体验的获得,需要有充足的时间、从容的心境。

平常去过的地方,看过的事物,也不妨反复地去,反复地看。这也有助于培养孩子专注的精神,以及细腻的感受能力。

旅游如此，其他事情上也是如此。

附：李鲁三年级的作文

游胡里山炮台

前几天，我和妈妈来到了福建省厦门市。

第一天，我和妈妈去胡里山炮台玩。我们先往大门的左边走，看见了一些城墙，我想那是用来防敌人子弹的。然后，我们来到了奇石馆。馆内有很多奇石。动物类的有鸟、狗、猪、马、鼠、蛇、龙……人物类的有庙会、郊游、青梅竹马……最好玩的是物品类，其中最醒目的是一块腊肉，旁边一个人说："太像了，实在太像了！有皮，有肥肉、瘦肉，还有一根骨头！"

最后我们来到了炮台。炮台最上方有两台大炮。炮台的前面有一台很小的炮。炮台的右边有好多大炮，排成两排，我想当时那里的敌人一定很多。

炮台的中央有一门主炮，这台大炮是德国造的，叫克虏伯大炮。它高2米，炮筒底部直径1米，顶端直径有半米。因为它太高了，所以还在炮的顶部架了一个梯子。

胡里山炮台给我留下了深刻的印象，让我感觉到战争的激烈。

游南普陀寺

第二天，我们来到了南普陀寺。

南普陀寺位于五老峰下，建于明代永乐年间，因寺院是供奉观音菩萨为主，又在我国四大佛教道场浙江舟山普陀山之南，故称南普陀寺。

我们走进南普陀寺，看见寺庙依傍山势，层层托高，庄严肃穆。每个殿前都有人在烧香。南普陀寺里有十几座塔，高的有十几米，矮的只有几米。塔的旁边是一个放生池，有人把买来的鱼往这里扔。往上走可以看见一个水池，这个水池不是用来放生的，而是用来投钱的。旁边有一个大石，上面刻着字，有人把钱往里面扔。

后来我们还去爬了五老峰。五老峰高一千多米，所以爬起来有点吃力。

在大海游泳

第三天，我们去厦门的海里游泳。

第一次去，浪很大，有一米多高，我和妈妈都没敢下海。过了一会，一位爷爷扶着我下水，一下水，一个大浪就过来，洒了我一脸水，我再也不敢游了。

第二次去，风平浪静，很多人没带游泳衣，就在岸边戏水。我和妈妈拿着游泳圈，走进海里。海水很冰，一下去我有点不适应。我先试着自己浮起来，刚开始有点害怕，后来就好了。

在海里，我看见远处有一条条船，其中有一条远洋巨轮，有几层楼高。船的后面有一些若隐若现的小岛。在我前面有一些小船，它们到处巡视，看有没有呛水的人。在岸上有一个小木屋，它是用来救人的，一些医生在里面等待着病人的出现。

我喜欢游泳，在大海里游泳真刺激！

鼓浪屿的钢琴博物馆

第四天，我们去钢琴博物馆参观。

钢琴博物馆在菽庄花园里。博物馆分两部分。一馆里除了有钢琴外，还有一些钢琴家的照片，其中殷承宗是闻名世界的钢琴家，他就是鼓浪屿的人。鼓浪屿只有三万多人，就有600多架钢琴，密度占全国首位，走在街上，随处可以听到钢琴声。

二馆有很多钢琴。有三角的，有四角的，有现代的，也有古代的。其中有一架很名贵的钢琴，上面画着很多中国的花鸟画。

参观快结束时，一位解说员弹了一首《鼓浪屿之歌》，优美的琴声令人回味无穷。

鼓浪屿不愧为音乐之岛。

鼓浪屿的树

鼓浪屿有很多树，都是热带树，千姿百态。

我们的宾馆后面就有一棵芒果树，树叶遮掉了大半幢房子。那棵芒果树绿油油的叶子间嵌着许多芒果，有金黄的、嫩绿的、青绿的，非常漂亮。

走在鼓浪屿的路上，偶尔会看见一棵棵古树，那些树就是榕树，大的有517年，小的也有140年。它们的树干有粗有细，粗的三四个人才抱得过来，细的一两个人就抱得过来。榕树的枝上长着很多须，听妈妈说它们叫气根，有的一直在树枝上挂着，有的长到树下变成了一个树干，支撑着树枝。

还有一种在海边最常见的树——棕榈树。为什么它是海边常见的树呢？因为它的树干很粗，也没什么树枝，它的叶子可以过风，台风来了，这种树不容易被吹倒，所以海边这种树多。

我喜欢鼓浪屿，更喜欢鼓浪屿的树。

让孩子参与大人的事

现在的孩子学业压力重，要在他们本已捉襟见肘的时间里再抽出一块来体验生活，确实很难，那该怎么办呢？其实，通过家长作为桥梁来让孩子了解世界，就是一种很好的途径，不仅可以开阔视野，提高生存能力，同时也是一种亲子沟通的契机。

我曾是一个工作狂，但有了儿子后，就成了自由职业者，大部分时间都在家里，儿子也因此获得了较多的陪伴。到北京以后，我也曾上过一年班，虽然那时儿子已经上小学，心理上对我的依恋已大大减弱，但我仍然觉得白天的分离太漫长。

于是我养成一个习惯，就是记录上班的趣事，回家和儿子讲。那时候还没有智能手机，我随身常带着相机，随手拍拍路上的风景，拍拍办公室的环境，回家给儿子看。更多的时候是和儿子聊天，聊所见所闻，聊工作上的事。我一直认为，聊天是最好的教育，多和孩子聊天，我们的人生经验就自然而然传递给孩子了。

除了聊天，我还让儿子直接参与我的工作。

有一次，我在家编辑长篇小说《抗战狙击手》。我坐在电脑前，儿子总来找我玩，工作难以继续。我便邀儿子一起来工作，请他帮我找错字，找病句。刚上四年级的儿子不敢相信自己能给作家挑错字，"人家都写书了，还会有错字？！"他瞪大眼睛，疑惑又兴奋。"写书的人就不会写错字了？我就是写书的人，我也会写错字，写书和写字是两回事。写书主要是看内容，内容好，错字自然有人把关。"我说。"嘿嘿，我也是把关的人！"儿子得意地笑了。他果真坐在电脑前认真地把关。看了一会儿稿子，果真看出一个错字，顿时自信心爆棚，很有成就感。

我说："强！你都可以当编辑了！"

"真的？！"

"你说呢？"

"不行，嘿嘿，我只会看错字。"他还是有自知之明的。

后来，这本书顺利出版，作为曾经读过原稿的人，儿子对它的感觉自然不同，抱着散发墨香的新书，他又从头到尾读了一遍，读得异常认真，连注释都细细研究了。这是他第一本独立阅读的纯文字书，从此便开启了读文字书之路。

"生活"的含义是丰富的，"体验生活"的含义也是丰富的，很多时候，工作本身也是生活。就在这本书出版后不久，有一天我和儿子逛书店，正好看见这本书摆在进门最醒目的新书架上，儿子指着书脱口而出："看，你编的书！"惹得旁人侧目，他却两眼放光毫不掩饰滔天的自豪。我想，他参与我的编辑工作，虽是浅尝辄止，但未必没有留下深远的影响。

> 让孩子参与大人的事，就是为孩子打开一扇通往世界的门。

我很喜欢带儿子参与我的活动，他从小就跟我去参加同学会、朋友聚会，耳濡目染学到了不少东西。稍大一点，懂事了，自控力强了，我甚至出差也把他带上。

儿子第一次到沈阳，就是因为我到沈阳电视台录制节目，以及到东北大学演讲，想到儿子还没去过沈阳，就把他带上了。这一次，他不仅游览了沈阳故宫，还第一次见识了电视台的演播厅，知道了平时看的电视节目是怎样录制的。在东北大学演讲时，有个女生向我提问"如何处理好事业和家庭的矛盾"。我说："这两者并不矛盾，今天我把儿子也带来了，"我随手往台下一指，原本只是习惯性动作，没想到坐在前排的儿子随着我的手势，一下子站起来，高举双手，转身向全场听众致意。那姿态，仿佛一个大明星忽然被聚光灯罩住，在那光柱里他高举双手环视四方，大声问候"朋友们好"。那是我第一次意识到平日里腼腆内向的儿子，其实有种阔大的气度，在需要展现的时候就能展现出来。那年他读四年级，为了跟我出差还请了几天假。

后来也有朋友问我："你作为电视台的嘉宾，带个小孩去，会不会影响形象？会不会干扰工作？"我想，也许会吧。带个小孩当然会削弱

第四章 写作第二关：解决"不知道写啥"的难题

"职场感""权威感""神秘感"，我还真没见过有什么明星、专家、领导之类的人物带孩子出差的。带孩子出镜的多，带孩子出差的少，因为有些画面需要"孩子元素"来活跃气氛、体现温情，但出差不需要。孩子出现在工作场所，确实会分散大家的注意力，让人怀疑你的专业性和权威性，使你的职业形象受损。但我恰恰不在乎这些——我本来就是个自由职业者，我的工作也本来就与孩子有关。当我和儿子同时出现在演讲现场，我演讲的内容又是与女性和家庭有关的，我这种状态本身就是最好的说明，所以儿子在场并不会让我减分，反而为我添彩。

　　如果我是做家庭教育讲座，儿子出场就更是一个很好的例证。有一次我到石家庄做讲座，讲座现场是一个大礼堂。开讲前我用相机拍了几张现场照片，然后把相机交给儿子保管，我就上台开讲了。没想到儿子拿着相机开启了小记者模式，在台下从不同角度来拍我、拍听众。在拍我时，因为距离较远，他为了不让手抖，半跪在过道，把相机架在椅背上对着我拍。他那认真可爱的样子被一旁听讲座的家长拍下来，后来家长专门向我要了邮箱发来照片。这真是宝贵的影像。

　　我常常感觉自己非常幸运，这辈子能从事自己喜爱的工作，能把工作和生活结合起来，既养大了孩子，也没耽误事业——养孩子这个过程本身就是我写作的源泉，促成我的作品诞生——这是何等的幸运。

　　儿子跟我到过石家庄、保定签售图书，顺便游览了白洋淀和直隶总督署；跟我到过千岛湖参加科普剧夏令营，顺便游览了黄山、苏州、杭州、上海。上高中后，他更是和我

> 写作的兴趣与能力都不是一天两天养成的，水滴石穿并不需要用多大的力，关键是绵延不断，持之以恒。

一起参与留学分享活动,在学校家长会、美国大使馆文化新闻中心、中美家长微信群等多次做过留学讲座,以及接受媒体采访。

学会看见,学会思索

我们都知道,生活是写作的源泉。但要在这个源泉里真正汲取到水,还要靠观察。大多数人对生活是视而不见的,只有那些看见了,并且思索过的人,才能有所收获。

> "看见并思索"的过程就是观察。

为什么有的人会观察,有的人不会观察呢?是什么驱使着一个人去观察?答案是,好奇心!

人天然都有好奇心。孩子很容易被新奇的事物所吸引,从而全神贯注地长时间观察。譬如对地上的蚂蚁、树上的花朵、天上的星星,或者一个新来的小朋友……只要是正常人,就有好奇心,遇到自己感兴趣的东西就想去了解,这是我们认识世界的原动力。不幸的是,我们与生俱来的好奇心会被岁月慢慢磨损,年龄越大,好奇心越少。

我曾注意到一件有趣的事,我在北京住的小区,以前觉得很大,多少年都没走遍过,不时还会发现新的角落、新的通道、新的植物、新的设施。但现在却觉得很小,一眼就望到了头。很奇怪当年为什么会觉得它那么大?后来想清楚了,是因为当年儿子还小,经常带他在小区里玩,他这里看看,那里摸摸,一个很小的草坪都可以玩半天,一个很小的健身区都可以尝试无尽的玩法,我陪着他自然也就一起体验了,所以那时候觉得小区很大、很丰富、很有趣。现在儿子长大了，去了更大的世界，我自己一个人在这小区里走，觉得索然无味。一览无余之下，世界也小了。

不是小区变了，是我对它的感觉变了，再没有兴趣，没有热情了。意识到这一点，我觉得很悲伤，不是世界不新鲜了，是我自己再也感觉不到它的新鲜，这正是衰老的表现。

而童年正是一个人生命力最旺盛的时期，也是培养观察力的黄金时期。在孩子眼里世界很大、很丰富、很新鲜，他们有强烈的好奇心，什么都想看，什么都想试。不要小看孩子自由玩耍的时光，我们所强调的观察和学习，往往都是在这样的时光中自然而然发生的。要珍惜孩子这段对世界充满好奇的时光，让他的心灵尽可能地保鲜。

鲁鲁三年级时写过一篇作文《蜘蛛真聪明》。作文里那只蜘蛛是真实存在的，这件事就发生在我家小区里。其实早在他写那只蜘蛛之前，我就已经认识它了。是儿子告诉我的，他在路边的冬青树丛中发现了一只蜘蛛。为了证明这是一次不凡的发现，他还把我带到那丛冬青树边，让我亲眼见证这只了不起的蜘蛛。

> 有好奇就会产生问题，而带着问题去观察，收获是最大的。

说它"了不起"并非妄言，从儿子作文中的描写也可以看出，它的确非常聪明。自从儿子对我讲起这只蜘蛛，他表现出了极大的好奇，我也表现出极大的好奇，也许正因为有我表现出的好奇，他的好奇受到鼓励，才更加勃发。

> 孩子好奇心的强弱，往往与大人对他的好奇心的态度有关。

儿子每天放学都去看那只蜘蛛，回来便向我汇报，绘声绘色。我都听得津津有味。我们共同好奇的这只蜘蛛，就这样越来越鲜活，最后走进了他的作文中。

附：李鲁三年级的作文

蜘蛛真聪明

在我家门前的草丛里有一只蜘蛛，这只蜘蛛行动很敏捷，力量很大。但是它的蜘蛛网却很小。

有一次，我抓了一只蚂蚁扔到蜘蛛网上。蚂蚁被蜘蛛发现了，蜘蛛飞快地爬过去把蚂蚁吃掉了。

还有一次，我不想去抓蚂蚁了，这时，我想出一个办法，就是拔一根草，轻轻地放在蜘蛛网上抖动。蜘蛛上当了，一下子爬出来，吓了我一跳。第二次我又去弄，蜘蛛没有上当，我弄了很久它都没出来。最后，我把它的网给弄坏了。过了一天，它又把网补好了。

蜘蛛真聪明。

多可爱的蜘蛛！我承认，如果把我缩小变成一只蜘蛛，把我扔到荒草里独自生存，我很可能还不如它，这是只蜘蛛界的"超级蛛"！

"超级蛛"的呈现得益于鲁鲁对它的好奇。好奇就会产生问题，带着问题去观察，就会有发现。鲁鲁的观察活动是一直跟随着问题行进的：一只力量很大的蜘蛛，网却很小，为什么？这样小的网能不能胜任捕食？如果我用一根小草拨动蛛网，假装蚂蚁落到网上，它会怎样反应？如果网被破坏了，它会怎样？

所有这些疑问的产生和解决，就正是一个探索的过程。而这种探索行为一旦形成习惯，将会受益终身。从好奇心到求知欲，再到付诸行动的探索和学习，这是我们作为现代人终身所需的基本素养。

在观察蜘蛛这件事上，我发现鲁鲁有一种很可贵的品质，那就是持之以恒。他对那只蜘蛛产生兴趣以后，不是只观察了一次，而是连续几天，每天去观察，而且依据自己的假设，用人工方式干扰蜘蛛的正常活动，创设出一种实验模式，然后观察蜘蛛在这个模式下的反应。这实际上已经是一种研究性思维了。所以他最终写出的作文，不仅生动有趣，而且能有所发现，给人启示。

当孩子锁定观察对象之后，需要的就是时间了，这时候家长的耐心和鼓励非常重要。我每天津津有味地听儿子的观察报告，和他讨论各种可能性，最终促进了他观察的深入。

> 生活并不总有惊天动地的事情发生，但当你对一些普通的事物倾注感情，倾注心血的时候，你的生活就丰富起来，乐趣自然也就在其中了。

抓住感悟的瞬间

出门旅游或参加一些特殊活动，对于开阔视野固然很好，但那不是人生的常态，也不能成为写作的主要营养。能不能在普通或者不普通的日常生活中有所感悟、有所思考，这才是能不能持续写出好文章的关键。

鲁鲁一年级开始学写话，但始终找不到话说，一句也写不出，每次都必须要我提示（实际上差不多等于口授），才能勉强写出两句交差。直到有一次，有一家燕子落到我家空调外机上。

那是一家南迁的燕子，一只雌燕站在屋檐上"叽叽叽"，三只小燕站在空调上"喳喳喳"，它们不知在说什么，气氛很热烈。我和鲁鲁隔着窗子看他们，他们也隔着窗子看我们，一点不惊慌，叽叽喳喳的对话一刻也没有停。

我说："它们说不定正在议论我们呢，知道我们听不懂，就放开声音随便说。"鲁鲁说："喂他们一点吃的吧。"我就去厨房抓了一把小米，想撒在空调外挂机上。一开窗，燕子们"哗"地飞走了。

那天，老师正好布置了写作文，我就让鲁鲁把这件事写进去。也许因为感受太强烈，他竟然一口气写下来了，写完之后还兴奋了半天。从此他就开了窍，仿佛盘古一挥斧子，天地从此劈开，写作文对他不再是难事。

知道燕子有恋旧的习惯，头年住过的屋檐，第二年还会回来。那么，头年停留过的地方，第二年是不是还会停留呢？一直盼着燕子再来，每每有燕子从屋外飞过，总要到窗边去瞧，希望就是那年的那一家。但是燕子再没来过，空调外挂机上经常落脚的是几只喜鹊。后来这些喜鹊，还有对面楼厨房经常传来的剁黄瓜的声音，都被儿子写进了他的小说。

感谢燕子，鲁鲁当时一定从这家燕子身上感受到了什么，内心受到了真正的触动，他用笔表达出了这种触动，从此就突破了用笔表达的障碍。

每个人的生命中都有一些重要时刻，只不过很多人没有意识到它的到来，因为它看起来总是偶然的、微小的，让你很难抓住。但抓住了就意义非凡。写作是来自于生命本身的需要，孩子哪怕有一次真正体悟到这一点，他的作文就会有质的飞跃。

可惜这一篇关于燕子的作文随着那学期作文本被老师遗失而永远消失了。

每天的日常生活都是不一样的，都有各自的趣味和精彩，但这些趣味和精彩很多人都注意不到，就让它白白流失了。同样是面对生活，有的人能感受到趣味和精彩，有的人却不能。为什么有的人敏锐，有的人迟钝呢？除了天性的差异外，后天的养成也有影响。

敏锐的家长养育出敏锐的孩子，因为孩子和你在一起，无论你是敏锐还是迟钝，都会被孩子感知到、感染到。

> 要让孩子敏锐，家长首先要敏锐，一方面是对世界保持敏锐，自己看见一些有意义的东西，提醒孩子也去看见；另一方面也要对孩子的状态保持敏锐，根据孩子的状态随机指导孩子观察。

鲁鲁小时候，我送他去上幼儿园，如果时间允许，常会绕一段路，避开平时固定的路线，专门去走不熟悉的大街小巷。路上自然会看到很多新鲜的东西，我们一路走一路兴致勃勃地议论。议论有时候是我发起的，有时候也会从儿子的提问开始。我说得兴起，常常滔滔不绝，但只要察觉到他反应平淡，我便会及时打住，因为知道他对这个话题不感兴趣，他的注意点不在这件事情上，多说也没有意义，无非是满足我的表现欲罢了。

家长指导孩子，看起来是奉献，其实很多时候是为了满足自己。

我家楼下有位年轻妈妈，她指导孩子的方式就让我很吃惊。我经常看见她抱着自己一岁多的儿子，教他认这认那。"这是花。""这是鸟。""这是汽车。"妈妈不停地指点着，脸上泛出红光，怀里的孩子却表情漠然，很少回应。偶尔我与孩子四目相对，我对他笑一下，做个鬼脸，孩子便欢欣起来，神态顿时生动许多。

我就私下揣测，这位妈妈的喋喋不休，或许仅仅因为她自己喜欢说话？如果妈妈只是自说自话，根本不顾及孩子的反应，那就不是交流，只是单向灌输，与噪音无异，反而干扰孩子自己的观察和思考。

> 家长指导孩子，根本目的是为了孩子的成长，孩子是主体，家长是配合孩子、为孩子服务的，所以要以孩子的兴趣为核心，随时观察孩子，随机指导。

指导孩子观察要顺势而为。有些家长把这个关系搞反了，孩子想观察时不让他观察，不想观察时强迫他观察，这就成了以家长为主体，孩子可能反感和抵抗，指导的效果也不会好。

前一阵去公园散步，一对母子走在我前面，距离很近，我听见他们正在说学习的事。突然儿子对路边某棵植物发生了兴趣，离开妈妈跑到路边，仔细看那棵植物，大声叫妈妈也来看，问她这棵植物是不是书上说的某某植物。

妈妈却颇不耐烦，催促儿子快走。"下次再来看吧！"她这么说。儿子依依不舍离开那棵植物，回到妈妈身边，母子俩继续散步，继续刚才的学习话题。

我心里觉得遗憾。当一个孩子对眼前活生生的事物产生浓厚的好奇，想要去了解它、探索它时，任何学习问题都不如解决当下这个问题更有效、更有意义。那位妈妈让他"下次再来看",可是,还会有下次吗?且不说他们下次还会不会路过这里,即使真的再路过,还能从眼花缭乱的植物中找到这棵吗?即使找到,它还是现在的样子吗?它现在正在开花,下次可能已经结果,或者可能已经枯萎……每一次的"遇到",都是唯一的遇到,这次错过,就永远错过了。再说,我们自身也是多变的,人很难持续关注一件事,今天有心情想看而没有看成的,明天就算摆在你面前,你也未必还会看。几乎可以肯定,那个男孩,他永远失去了一次观察和探索的机会。

失去一次机会也许不足为惜,但经常失去呢?我们对于世界的敏锐就是这样渐渐钝化的。

要有从容观察的时间

> 人是需要独处,需要自省,需要有完全自由、自主的内心生活的。

所有从事最纯粹的思想活动的人,都会放慢脚步,忘记时间,譬如僧人,譬如哲人。

忙碌并不是充实的象征。充实的内心生活需要有宽裕的、完全属于自己的时间和空间。现在的孩子很可怜,看起来很受重视,许多家庭在孩子学习的时候,全家人连大气都不敢出,更不用说玩笑打闹了,全家人都陪着肃静。但这肃静与心灵的宁静并非一回事,如果生活就是一张眼花缭乱的时间表,一刻也不能停歇,那么再安静的环境,也仍然是疲于奔命,内心会焦躁不安。

很多孩子被寄予过高的期望,每一分钟都要做有用的事,没有玩耍,没有闲暇,没有充裕的时间沉溺于自己的世界,就像一个飞快旋转的轮子,既看不清道路,也看不清自己,唯有拼命地转,随着惯性往前赶。

这样的孩子,学了很多知识,内心却未必充实,未必茁壮,未必富有灵性和温情。

再勤奋的农民,如果不停地翻地,恐怕什么庄稼也长不起来。最茂盛的森林,都是时间的结晶,无论你种下什么东西,都要它自己慢慢生长。我们所希望孩子具有的价值观,都必须通过他自己的觉醒才能内化。希望孩子掌握的文化知识,也需要他用时间去学习和理解。具体到写作上更是如此,如果孩子没有时间去观察和思索,他又怎会发现生活的细节,探寻到人生的意义呢?

鲁鲁小时候写作文,我一般不指导,让他自己写。鲁鲁有他自己的房间,为了安静,做作业时一般会把门关上。我就让他自己一个人在屋里写。有时从门缝瞄一眼,看见一个背影,也许在奋笔疾书,也许只是在发呆,都不去管他,除非他有问题需要帮助,在里面喊我,我才进去。

> 催促是写作的大敌,也是成长的大敌。

如此的放心,他倒并没有耽误什么事儿,该完成的作业都完成了。到初中我更是放手,时间完全由他自己安排,反正都是他自己的事。

初二时他写了一篇《一树花开花落》,很是让我惊艳。在我的盛赞之下,他也难免得意,自夸道:"我觉得(这棵树)好像有啥意义,但又想不清楚是啥意义。我就想啊想,先坐在书桌那儿想,后来躺到床上想,终于就想通了!一气呵成!"他写这篇作文,整整写了一下午,三个小时。

创造性思维活动都是需要下力气的,也需要有充足的时间,脑子里产生一个有意思的想法,并不一定能马上想清楚。不放弃,慢慢想,一旦想通,那就是痛快淋漓。但这真的需要时间。

要想孩子作文写得好,就要给作文一个重要地位,把优质时间分配给它,如果每次都把作文放在完成所有作业之后来写,人已经疲惫不堪了,哪还有精力深思熟虑呢?很多孩子写作文敷衍了事,其实也是迫不得已。

允许孩子
写废话

孩子刚开始学写作文时，对写作并没有具体的概念，不知道自己要写什么内容，想表达什么思想。如果我们要求过多、过严，他反而无所适从。所以对低龄孩子要多些包容，只要他能写就好，"流水账"也罢，凑字数也行。要允许孩子写废话。

鲁鲁刚开始写作文时，常常把注意力集中在字数上。老师规定必须写300字以上，他就写一段数一下，"90个字了！"数完大声地报告我，很骄傲的样子。

我并不去看那些字是不是都写得合适，听他一报完就赞叹一声："才刚开头就写了90个字，怎么这么轻松啊！"

鲁鲁更得意，又一阵风似的写下去，不一会又来报："150个字了！"他报完还不过瘾，翻来覆去数几遍，陶醉在每一个字里。

我也在一边推波助澜："要是把小松鼠的动作描写得更细一点，肯定这篇作文就能突破500字了！"

"真的？！"受到"500字"的鼓舞，鲁鲁又兴致勃勃地加了许多内容，最后写出来的作文真的就比较丰满了。

刚学写作的孩子就像刚学走路的孩子一样，对于学走路的孩子你不用教他走路的方法，也不用纠正他走路的姿势，只要放开手脚让他走就行了。周围有那么多会走路的人，男女老幼都是他的老师，只要让他走，自然就能学会走，每个孩子都是这么过来的。

幼儿学步的时候，家长不会在一旁不停地纠正、不停地批评，家长总是扶着孩子，以免他跌倒，而他每迈出一步，都很欣喜，帮他加油，没有谁会专门去发现他的错误，一步迈得不对，便横加责骂，甚至施以惩罚——左脚迈得不对，打左脚；右脚迈得不对，十遍八遍地练右脚。

既然幼儿可以自然而然学会走路，儿童又为什么不能自然而然学会写作呢？最重要的是放开写，自由写！

孩子写作文，不能用大人的标准要求他。大人的文章要求简洁、准确，不说废话，那是因为我们已经有了足够的训练，分得清什么是废话，什么不是废话，（大人也未必都分得清），我们已经有了足够的技巧，可以不说废话就把事情讲清楚（也未必所有大人都讲得清楚）。但对于孩子来说，能够写出来就已经很了不起了，写出来就是胜利，写得越多，训练就越充分，词汇量就越大，观察就越细，思考就越深，叙述就越顺畅，文章也就越来越像文章了。

如果一开始就要求孩子把每句话都讲得很精准，可能他根本就没有兴趣说话了。每个孩子都是东一句西一句学会说话的，而且必然是废话居多。写作不过是用笔说话，道理都一样。要允许甚至鼓励孩子写废话，在写废话的过程中得到写作的兴趣和信心，然后才谈得上培养写作的技巧。

> 对于孩子来说，最重要的就是写，写出来再说。

话又说回来，任何废话都不是毫无意义的，任何从口中说出来的言语都发自于心，他之所以这样说，总有他的道理。废话也是意识的体现，也值得我们重视，废话中说不定有宝贝埋藏其中。

养成随手记录的习惯

三年级下学期刚开学，鲁鲁的语文老师让家长把孩子的作文整理出来，参加学校的作文展。所谓作文，其实也就是平时老师布置的小练笔，不定期的，经常写一点，写在日记本上。从二年级开始，三个学期积攒下三个本子，每本都只写了一小半，揉得脏兮兮的。

奋斗两天，作文全部整理出来，在 word 上一统计，居然有一万两千多字。

8 岁的孩子，居然写了一万多字！我看他的本子上，内容倒是林林总总，从买玩具、吃饭、旅游，到梦想考 100 分，什么都有，但每篇大多只有小半页，短的只有两三句，没想到就这样零敲碎打的，居然凑了一万两千字！

聚沙成塔！

许多看似宏伟的事情，其实都是小事累积而成的，学习靠的就是日积月累。七八岁的孩子，一年半时间，可以写出一万两千字，那么两年、三年呢？十年、八年呢？几十年呢？不可细算！

曾经有个朋友的孩子向我讨教写作秘诀，我说我是全靠一个习惯"吃饭"的，就是随身带着纸和笔，有什么想法马上记下来，虽然只有几笔，但精华就在其中，回去再补充血肉，就是很好的文章了。如果当时不记，再好的灵感也可能消失得无影无踪。

我一直都有记录的习惯，上班路上、买菜路上、散步路上、做饭时、吃饭时、上厕所时……哪怕半夜突然想到一个好句子，也会摸黑记在枕边的小纸条上。随时随地，想到什么就记下来，这导致了家里到处放置着纸和笔，床边、沙发边、饭桌上、厕所里……留下"灵感"印迹的纸片也是五花八门，有废纸、广告单、发票、车票……随手可得的任何东西。

有一次，在河北广播电台做节目，说到这个记小纸条的习惯，主持人幽默地说："我也想记，但有可能思想没忘，记思想的小纸条忘了扔哪儿了！"

确实，我也曾有过类似的尴尬，但后来找到了解决办法，就是将小纸条及时归档保存。我的"档"是什么呢？就是日记本和电脑里的日记文档，将小纸条及时粘贴到日记本上，就进入了日记的管理系统，再也不会因散乱而遗失或无法使用。

当然，这已经是多年前的情形了。后来智能手机普及，我渐渐习惯用手机记录，甚至用手机写作。但这只是形式上的变化，随时随地记录的习惯是没有变的。

好习惯是一个宝，让人受用无穷，几十年来，我出版的几十本书，大多都是由那些小纸条以及手机里的只言片语积攒而成，作为一个以写作为职业的人，我居然可以靠一个习惯解决吃饭的问题，想起来都觉得神奇。

有些人一听我出了几十本书，嘴里啧啧赞叹，心里也许疑云丛生：一个人写了这么多书，如果不是粗制滥造的话，那也太苦了。

但其实还好，目前为止我还没有写得憔悴不堪。之所以如此，是因为我的工作方式与常人不同。我是化零为整，随时都在创作，只是别人看不见而已。曾经我就在买菜途中，站在路边完成了一个短篇小说，可能花了两三个小时，当然只是初稿，但真正最珍贵的就是初稿，原始的灵感都在里面。那两三个小时所写的东西，一旦丢失，可能一辈子都无法再现。我的很多书都是把这些随时记录下的灵感加以整理而成的，所以并不需要整天坐在电脑前写作。

在多年的创作中，我发现这种随手记的工作方式还有一个好处，就是可以缓解压力。有时候，一个念头，一件事，因为没有及时记录，忘记了，事后想回忆却又回忆不起来，就会陷入焦虑。如果始终没有想起来，而潜意识又觉得这个灵感很重要，由此产生的愧疚、自责、沮丧，对心理的伤害很大。

随手写写画画，除了可以在这个过程中随机发挥，说不定还能将一个瞬间的念头发展成可观的成果（我就经常这样，本来只是记几笔，结果一落笔又触发了更多想法，一直写下去，竟至成篇。而如果不记，任由那念头一掠而过，很可能就四散无踪），还可以帮助记忆，缓解由害怕遗忘而产生的压力。

我自己多年的创作都受惠于随手记录的习惯，所以我也强烈向儿子推荐这种方式。他也养成了记录的习惯，他从初中开始写日记，一直保持至今。另外他的手机里也一直有专门用于记录灵感的文档，我想这对他的写作也起到了很好的作用。

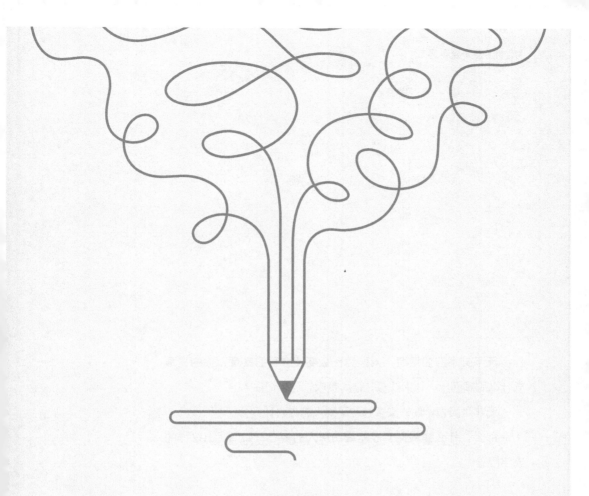

第五章

写作第三关:
如何写得出彩

天下文章浩如烟海，人们凭什么要读你写的文章？你的文章凭什么脱颖而出，让人注意，让人赞叹，让人记住？

无非是因为，你的文字触动了别人的内心！

那么，什么样的文字才能触动别人的内心？如何写出这样的文字呢？

真实的文字最有力

相信直觉，找到打动你的东西

我发现我的直觉丢失是在看电视的时候，明明听得懂里面的话，却非要看字幕，情不自禁，无法控制。这说明文字已经占据我的感知系统中最重要的位置，成为我接收信息时的首选方式。哪怕面前就是活色生香的画面和声音，也不能遏止我对文字的偏爱——我成了文字的奴隶。

因此我有些恨文字，有意识地不看文字，希望字幕少一点，免得它妨碍我的直觉，让我注意不到事物的细节。失去直觉，人很容易无趣，有些所谓的"学究""书呆子"就是如此，哪怕终身从事文字工作，其呈现出来的文字也缺少个性与魅力。

如果说我已经到了这个年龄，已经被多年的文字工作和理性思考所改造，失去直觉是一种必然结果，那么，孩子如果过早进入理性世界，过早强化书本知识在认知系统中的重要地位，也会导致同样的结果——过早失去直觉，心灵过早僵化。

想起鲁鲁的一幅画《枝节》。那是鲁鲁小时候，有一次做作业，我见他一会儿削铅笔，一会儿找本子，一会儿写错一个字，擦半天、改半天，心里着急。我说："不要为这些枝节浪费时间，小地方能过就行了，注意力集中在思考上面。"他问:"什么是枝节?"我给他解释后,他想了想,在草稿本上画了一幅画,问:"是不是这样的?"我一看,画上是一棵大树,在简略勾勒的巨大树冠中,有几根清晰的小枝,树下,有两个人正在锯树,锯子已经深深地陷进粗壮的树干里。远处有两个人,举着望远镜仔细地欣赏着那几根小枝,却对大树即将被锯倒毫无觉察。我一看这幅画,大笑,"太对了,太对了,这就是'枝节'!"我相信他对这个问题已经完全理解,而且还很有创见。

儿童主要是以形象来思考的,这种形象思维本来就有很强的理解力,也有很强的表现力,但如果我们过早地给他灌输抽象思维,就有可能弱化其形象思维的能力,结果其思想既肤浅又苍白,既不能直观地理解,更不能形象地表达,不仅是作文能力受限,连思想的能力也弱化了。

人在生命的早期都天生具有直觉,错过这个阶段,直觉的能力就只减不增,或者说减得多增得少。如果不在这个阶段让直觉丰沛起来,一生都无法重建。

现在,当我回忆幼时的生活,脑海里总是有很多画面,譬如妈妈在厨房切香肠,我跑进去"守嘴",她拣一片又大又厚的香肠喂到我嘴里;譬如我每顿饭总要剩一小口,爸爸总是半嗔道:"又要我捡剩饭。"然后把我的剩饭刨到他碗里……为什么我们写文章一定要有细节?就因为细节是直觉的产物,是一种最真实的感受,是曾经打动过自己,并且在内心留下过痕迹

> 个人的生命史总是由具体画面构成。人们无法用"抽象"去回忆,回忆总是具体的,譬如某个人在某个时刻的某个眼神;某个人的一句话;某个场景的气氛;某个特别的物品等,都是细节!

的，这样一些实实在在的东西，才能让读者体验到同样的质感，从而被打动，生出共鸣。

人是直觉动物，直觉才是本质。我们平常所说的"悟"，其实就是突然从某个现象中明白了某些道理。现象是客观存在的，同样的现象，为什么有的人能悟出道理，有的人却不能？很多时候，悟并不是长时间冥思苦想的结果，反而是不经意间被某一个细节击中，电光火石般迸发出来。而那个激发出重要"领悟"的细节，很可能就是一个场景、一个动作、一个神态……直觉在这个瞬间起了关键作用，它将人的内心与真实世界联结起来，对眼前的细节进行了联想和归因，于是就产生了"悟"。

鲜活的、丰富的生活本身，以及感受生活的能力，不仅是培养作文能力的关键，也是孩子生存发展所需的一切能力的基础。

回到写作的原点，真实表达

孩子天生具有感受力，他们自己鲜活的经历就是写作的最好资源。那么，如何用好这些资源呢？

鲁鲁上初一时，有一次告诉我，他语文期中考试得了 102 分，老师奖励他们几个一百分以上的孩子吃糖。他就当场走上讲台去领糖！我不禁笑出声。

> 真实表达是最简单有效的方法。如果我们内心有美好的东西，不用多加修饰，让它自然呈现就好。

我印象中，鲁鲁从小到大，遇到的英语老师都会经常发糖果、贴画或者其他小礼品，语文老师则从来没发过；他的英语作业本上经常有印章盖的"优""奖""好"还有大拇指等有趣的图案，语文作业本上则从来没有。鲁鲁无论在哪所学校都很喜欢英语课，对语文课却怨言颇多。我就纳了闷，都是语言课，学英语和学汉语为何差别如此大？

也许是因为英语和汉语不仅处在两种语系中，更是处于两种文化中，所以连教学方式和评价方式都带有不同色彩。

鲁鲁的英语书上有许多儿歌，还配了磁带、课件、游戏等，语文课能不能也开发出这些东西呢？肯定也能，但少有人去做。不仅少有这些有趣的形式，还多了许多刻板和严厉，于是汉语学习就成了儿子讨厌的事情。

再说回写作。鲁鲁上初中后，第一次开家长会，我参观了他们班上的墙报，每个同学都写了一篇英语作文。鲁鲁为这篇作文花了两个晚上，写他去体育用品商店买东西，和售货员的对话，包括商品价格、明星代言和他自己的评价等，甚至还有点小幽默，其中说到在买一双Nike鞋时，他认为贵了，售货员却认为很值，"因为是乔丹代言的，他是个大明星！""那我穿这双鞋就可以成为小明星。"最后他买下了那双鞋。在这篇英语作文里，不光有文字，还有图画，包括价目表、鞋、商店等，看上去很像流行杂志的版面，只是画得粗糙些而已。

不光鲁鲁，每个同学都精心讲述着自己的故事，有的写看电影，有的写郊游，有的写逛商场，那一墙的内容非常丰富。

说实话，这些内容都是同学们在小学时就用汉语反复写过的，但为什么我却从未见过如此生动丰富的汉语墙报呢？为什么当我们用汉语来写作时，不仅是词汇，连版面的视觉效果都显得单调呆板？那可是我们的母语啊，原本是我们运用得更纯熟、更丰富的语言！

很多时候，我们忘记了写作的本意是什么。写作就是为了表达！所以要给孩子表达的机会，要鼓励他们表达的欲望，要教给他们真正有用的表达方式，不要被条条框框所束缚，更不要矫情。

写作是一件自然的事，你越想出彩越出不了彩，因为写作的状态扭曲了，写出来的文字也不真实。

鲁鲁小学时，学校经常组织学生参加征文比赛。起初我也很重视，都督促他积极参加，除了觉得能促使他多练笔外，也有功利心在作祟，以为"小升初"时如果有获奖证书加持，说不定就能胜出。

终于又等来一次征文比赛，还是全国级的。我觉得，我必须亲自出手了。

这是一次我真正用心的辅导，从主题到选材到结构到具体行文，我都和鲁鲁讨论，完了亲自修改，反复检查，直到确认完美才交卷。

然后是漫长的等待，最后在我几乎已经忘了这件事时，有一天鲁鲁放学回来，轻描淡写告诉我，他获奖了，是二等奖。

我欣喜若狂，总算得奖了！要知道，鲁鲁在整个小学阶段，特别是四年级以前，几乎就是班上"拖后腿的"，如果哪天我被老师叫住，心里会一紧，马上做好思想准备，应对随之而来的坏消息。这种状况下，鲁鲁从来和"奖"字无缘。

当时教委还没有叫停系统性的学科竞赛，从二年级开始，每学期都有市里、区里、校里组织的几大杯赛，其中数学"某某杯"、英语"某某杯"的名次据说在升学时能起到关键作用。家长们趋之若鹜，孩子们也以获奖为荣。但在我们家，只能刻意淡化这种氛围，以免太伤害永远得不了奖的儿子。

有一年"六一"儿童节，学校上午开大会，然后放假。十点后，我去接儿子。等到校门打开时，孩子们蜂拥而出。不少孩子手里都握着鲜艳的奖状，有的还不止一张。握着奖状的孩子找到自己的家长后，都骄傲地把奖状展开，家长也都眉开眼笑。我自然也盼着儿子能给我展开一张，但当我远远看见他向我跑来，手里空空时，我只好把自己的渴望藏起来。

我还是拥抱了他，和平常一样，高高兴兴地回家。我本来不打算提奖状的事，但刚走几步，遇见了鲁鲁的好友，住在同一个小区的。对方挥舞着手里的奖状，一共三张，问鲁鲁得的是几等奖。鲁鲁有点尴尬，我代他回答："这次没得奖，只差一点点。"对方的妈妈赶紧阻止孩子炫耀，同时安慰鲁鲁说，可能是发挥失常，"下次加油"。其实这时候什么样的安慰都是自欺欺人，说不痛是假的，没人能在跌倒时感觉风风光光、舒舒服服，区别只在于有的人能比较优雅地站起来。

鲁鲁还算好，至少表面上他不是太在意，也许因为我给他设的目标比较低，那就是"越来越好"，现在不厉害没关系，只要趋势向好，越来越好就行。

现在终于来了个厉害的——征文得奖，还是国家级的！我一时有点晕晕乎乎，忍不住多问了几句，班上还有谁得了奖？有没有得一等奖的？结果这一问，我被迎头痛击，他班上居然有好几个得奖的，虽然他的二等奖在班上等级最高，但隔壁班有个一等奖！

我就不得不思考了，鲁鲁所在的是一所普通的郊区小学，一个班就有多人得奖，这个全国性的奖，含金量能有多少？升学时能起关键作用吗？我自认为我的写作水平已属不错，我把我的才华都借给他了，他也才得了个二等奖。但隔壁班就有得一等奖的，那同学（或者同学背后的家长）得有多厉害？这比赛到底比的是什么？

当我把这些问题一想，顿时就清热解毒了，什么奖不奖的，全是扯淡！

再倒回去看我辅导出的那篇获奖征文，就更是觉得搞笑。我们为了获奖而刻意去找了个"正能量"选题，精心谋篇布局、遣词造句，把它写得"像篇征文"，然后就交上去，等着不知姓甚名谁，也不知高矮胖瘦，更遑论面貌脾性的所谓"评委"来判定自己的作品行不行，属于几等。这不是荒谬吗！

写作的目的到底是什么？我们为什么要学习写作文？还是应该回到原点，回到初心。

平心而论，鲁鲁这篇获奖征文没毛病，但的确不感人，它就是一篇拿去迎合评委的文章，满篇矫情。但所谓"评委"也是一个个具体的人，这些人到底是些什么人，对文章持有什么样的标准，其实我们也不清楚。在不清楚对方标准的情况下，还想去迎合人家，哪有什么依据？

而且这种迎合心态本身就是写作的大忌，一旦想迎合别人，就失去了自己。所以这篇征文就算得了奖，也没啥可光荣的。我把这些想法和鲁鲁讲了，和他约定，再不要主动写这种东西了。语文课要求写作文，那是学业的要求，自然要按要求完成，但课外我们所学的、所写的，一律都按自己的来。

从此我和鲁鲁都不再提这次征文的事，我也从来没在我的任何一本教育文集中引用过那篇征文。比赛已经结束，从此抛在脑后。

从那时起直到现在，鲁鲁已在美国获得学士、硕士学位，出版了两部长篇小说，在报刊上发表过许多散文、杂文，但征文比赛再也没有参加过。

征文活动不是不可以参与，只是自己要清醒，不要太当回事。当然，有高质量的比赛，又正好契合自己的风格和能力，或者能助力实现某个目标，参加一下也未尝不可。当年的韩寒、郭敬明，凭借着"新概念作文大赛"一举成名，也挺好。但那不是常态，也不是一般人可以复制的。

> 学习写作，真实表达就是最好的技巧。孩子内心是自带光芒的，很多时候只需要他把心门打开，让光透出来。

自信，才能表现个性

很多同学写出来的作文仿佛是一个模子铸出来的，很难让读者眼前一亮。为什么孩子们写不出有个性的文字？很大原因是缺乏自信。

缺乏自信就缺乏主见，只能人云亦云，结果就是压抑自己的想法和感受，写成千人一面的东西。

很多孩子一提到作文就恐慌，因为他们不知道写作到底是怎么回事，他们没有写作经验，以为那些印在书本上的文章有多神圣，好像是从天而降，自古以来就存在一样。你要让他也去写那样的东西，他会觉得遥不可及，无从下手。

人会因为过度的敬畏而放弃亲近和尝试。其实，再伟大的文章也是由具体的人写出来的，这些具体的人除去被旁人和后人神化的部分，很多方面就和你我一样。但很多人意识不到这一点，包括老师和家长，都有意无意地神化书本，神化作家，这很容易抑制孩子的自主表达。

多年前，我还在一个杂志社做编辑时，我以前的一个学生，喜欢来借书，摆龙门阵。有一天，她突然很认真地请求我，介绍她认识一位真正的诗人，因为她从来没有见过真正的、活的诗人。

我很想笑，我难道不是活的吗？我难道不是诗人？我也发表过很多诗呀，并且她也都知道。但她却要我介绍她认识活的诗人！

显然，我不在她心目中的"诗人榜"上，我不是她心目中的诗人。

过了几天，我带她去见了一位有点名气的诗人，谈了一阵。我出来问她："怎么样？"她答："原来就是这个样子。"

哈哈，还能是什么样子？名人也是人，是人都差不多。

她与我过于熟悉，落差就消失了，我们就成了彼此平视的朋友。而人是需要偶像的，难免要到想象的高处、远处去找一位神秘人物，对其头上的光环顶礼膜拜。唯其如此，才能够把自己与"伟大"隔离开，为自己的平凡找到借口。

孩子如果不能把作家看成平凡人，对写作就难以树立信心，因为他不相信自己的想法也可以变成文字，也可以写得和书上一样好，甚至自己也能写成书，被人读。

> 这就是人性，人是很难看重身边平凡人的，也很难看重平凡的自己。

而且，他会觉得只有像书上那样写才是正确的，怯于表现自己独有的感受和想法，不自觉地修剪掉自己的个性，努力让自己写出来的文字像书上（或网上）一样。

其实，写作不过就是把内心的东西表达出来。用自己的眼睛发现美，用自己的语言去写自己的发现，即使写成异类也没关系。

有一次，鲁鲁在日记里这样写道：

"……在去望宝川的山路上，山上全是一片一片的杏花，特别是山沟里，长满了杏花树，白色的杏花填满了山沟，从远处看，感觉是山发霉长毛了。老妈说这比喻不太美，她说应该是山上下雪了。但我觉得，如果是下雪，应该山上全是雪，没有一丝空隙，但是杏花开得并不是盖满了整个山，而是一簇一簇的。我这个比喻虽然不太美，但我认为是最合适的。"

> 诗意要建立在真实感受的基础上，才会有真正的魅力。

关于什么样的比喻好，对孩子来说，首先是真实，然后才是诗意。其实，杏花未必非要写成洁白美丽，"山，发霉了"这样的句子，何尝不是另一种意境。

同一朵花，各人感受不同。梵·高画出来的向日葵，不仅有通常的硕大鲜艳，还有与众不同的流动感，像在燃烧，像有一股力量在喷涌，这就使他的作品有了情感，有了个性，有了强烈的冲击力。而这，来自于他的个人感受。

独特的个人感受,是作品是否具有审美价值的重要标准。但同时,强烈的个人感受也意味着巨大的风险。梵·高在世的时候,一幅画也卖不出去,穷苦潦倒,37岁就自杀了,自杀之前,已经半疯。现在他的画虽然价值连城,但他本人并没有享受到好处,于他来说,人生是一场悲剧——至少是半场悲剧。

许多伟大的作品、伟大的作家都是如此,正因为伟大是个异数,不为常人所拥有,所以才难在庸众中立足。也正因为此,当一个写作者有意识地讨好大多数人时,真正伟大的作品就不可能产生。

在"世俗"这个框架里,凡是异常的东西,都难以被认同。孩子的作文也是如此。就连我,自诩为一贯理解并且鼓励鲁鲁表达自己独特感受的人,也不适应他用"发霉"来形容开满杏花的美丽山峦,并且一度想要纠正他。殊不知,我用来替代他真实感受的所谓美丽描写,恰恰是俗套。如果所有人都秉持俗套的标准来要求写作,那么,像波德莱尔的《恶之花》,尼采的《上帝死了》之类的作品,都不可能诞生,梵·高的"向日葵"也难以茁壮长成。

真正要写好作文,既要谦虚,又要高傲,别人的经验要学,别人的意见要听,但永远不要失去自己的头脑。

为此,我给鲁鲁的建议就是,准备一个自己的本子,不是为了完成作业而写,而是为自己而写,为自己想写而写,那才是你自己的沃土。

一个孩子,不可能与社会的标准作对,但可以做到在社会的标准中生存,在自己的标准中成长。

有细节
才有生命

鲁鲁的爷爷打来电话，问寄来的冷吃兔、冷吃牛肉收到没。爷爷、奶奶远隔千里，虽然不能给我们多少直接的帮助，但经常有类似关怀，还是很温暖。我想如果我妈妈还在，她也会如此。

妈妈在世的时候，也经常炒点泡菜、臊子（肉末）之类的，装在罐头瓶里，让我带去学校下饭。后来我工作了，她身体尚可，家里只要弄了点什么好吃的，也是专门喊我回去吃。小时候家里做回锅肉，菜板上刚切出来的熟肉，无盐无味，还只是半成品，她也会喊我去厨房，从菜板上拈两块喂到我嘴里。这就是母亲！

一个家有没有母亲是大不一样的。

其实，对于父母，固然有许多大恩大德值得感念，但当自己也老了，真正能够想起的，还是这些小事，某个动作，某个神态，正是这些细节，在岁月的洗刷之后还保留着本色。

说到底，人与人的关系中，最有价值的还是爱，到了最后，我们会忽略很多所谓的

> 为什么细节会给人留下更深的记忆？因为细节是一种感觉，而"感觉"比"概念"更接近生命本身。细节对人有着更本质的意义，凡是那些被记住的细节，都是深深触动过我们，给我们留下了特别感觉的瞬间。

惊涛骇浪，只记住充满爱意的瞬间。人的本能可以从繁复的世事中，识别出真正的善意。

若要让作文细节丰富，大约需要这样一种性格，就是对世间万物都充满兴趣，看一切事情都兴致勃勃，都愿意去观察和理解，然后兴味盎然地讲出来。

> 没有细节的文字就没有生命。

写作的风格一定是与性格有关的，一个枯燥乏味的人，很难写出风趣的文章，他对世界的感知方式决定了他的文风。

鲁鲁写过一篇《我渴望摆脱近视》，里面有很多生活细节，因此显得真实生动，有幽默感。而他之所以能做到这些，我想，是因为他有一种乐观的心态，尽管身陷"不幸"，却能够从方方面面去玩味和解脱。

附：李鲁六年级的作文

我渴望摆脱近视

现在近视的情况在中学生中相当常见，一个班里几乎有一半的人戴眼镜，还有一些是近视而不戴眼镜的，真正视力正常的人又有几个呢？

我是从小学四年级开始戴眼镜的，而近视估计是从三年级开始的。视力下降的原因我估计和大部分近视的人一样，是玩电脑玩的。因为玩电脑实在是太爽了，一玩上就想多玩一会儿，等到停了下来，眼睛已经使用过度，视力也就下去了。

我小学四五年级时，认为眼睛和人的身体一样，是有"免疫"功能的，而我自己就是属于"免疫"功能比较差的人。为什么呢？

因为我那时有一个朋友天天玩电脑，玩电脑的时间是我的两三倍，但是他的视力却是5.2、5.3。为什么他玩电脑的时间比我长，他的视力却比我好？这就让我有了上述的想法。但是到了六年级，他开始玩网络游戏，并且有点放不下手了，于是他的视力也开始慢慢下降，最后到了4.5、4.6。后来班里好几个天天玩游戏但是视力很好的同学都相继戴上了眼镜，事实说明，我的"理论"是错误的。

记得我四年级刚开始戴眼镜时，是在暑假期间，到了开学那天，我开始担心了，我这"新面貌"会让同学们有什么反应呢？当天，我都戴着眼镜走到教室门口了，我感觉直接戴着眼镜进去有点不大对劲，就又到楼下把眼镜放回书包里，才进了教室。坐下之后，过了一会儿，看见四周没有人注意我，我才把眼镜戴上。这时有一个同学转身和我说话，一看见我戴上了眼镜，马上惊讶地问："你怎么戴上眼镜了？"别的同学一听到，纷纷过来问，我只得给他们一一解释了……

说到戴眼镜的不方便之处，那可是太多了。举几个比较典型的：下雨天，雨水滴到眼镜上，看上去就是一个个雾点，刚擦完，没等戴上，又是几个雨点打了上去……

冬天从室外到室内，因为温差比较大，眼镜上便一下子有了一层雾，什么也看不清。不仅如此，别人看见你这样，还会哈哈大笑……

玩一些身体接触比较多的球类运动时（如篮球、足球），为了避免打坏眼镜，通常会把眼镜摘了，但是摘掉之后不好辨认哪些是自己人，很可能把球传错，又只能把眼镜戴上，但是一个不小心……有很多眼镜都是这样"牺牲"在球场上的！

其实戴眼镜也不是没有一点好处，譬如说，可以让人显得有学问，以为你看过很多书。还有，在战争年代，戴眼镜是可以不上战场的。

虽然近视有好有坏，但毕竟它是身体上的一个不足，所以我非常渴望摘掉眼镜，同时我希望没戴眼镜的人一定要保护好视力，已经近视的人也不要自暴自弃，把视力维持在现有的水平。

想象
给文字上色

写作需要想象力

写作是一种需要想象力的创造性活动。如果没有"想象"的参与，思想无法推进，诗意无法闪耀，创造性也无从体现。

鲁鲁从初三开始创作，高一完成初稿，高三正式出版的长篇小说《我去 中学》，就是想象力在写作中的运用。作为小说，它通篇都是虚构，完全建筑在想象的基础上。但在更早以前，他已经在作文里显露出想象的能力。

附：李鲁初二的作文

一树花开花落

春天又来了，她还是像以前一样，没有变化。

上周末出小区的时候，无意间发现门口的杏花已经开了，开得是那样的茂盛，雪白一片。走近看看，更是觉得美丽，这花在阳光的照耀下，晶莹剔透，反射出洁白的光芒，白得让人睁不开眼。这杏花树的树干虽不粗壮，但也略显挺拔，虽不高大，但也遒劲端正，看上去是历经了一番岁月的风霜的。

　　这周散步回家时，又看到了这棵树。杏花还是开着，但开得已不像上次那样的盛，地上也已是一片飘落的花瓣。在夜晚的霓虹灯光之下，本来雪白的花朵不再晶莹剔透，散发光芒，而是略显一分黯淡，不知是少了阳光的照射，还是经不起时间的考验，正在慢慢凋零。

　　花凋零了，飘落了，仿佛只有树干没什么变化，仿佛只有它还是昨日的它。其实不然，树干也在衰老，可能今年的春它是这样，明年的春它也是这样，一百个春之后它还是这样吗？

　　我站在树下，望着树，踩着满地的花瓣，思考着。世间的万物都是会变的，没有任何东西能经得起时间的消磨，唯有自然，花谢了，明年又是鲜花绽放，多年后树干腐朽了，又是一棵新树拔地而起。

　　春来了，又去了；花开了，又落了。明年的春还会照样地来，照样地去，现在这棵落花之树明年又将一树雪白。自然的力量是无穷的，岁月不饶的只有人，作为个体存在的人，面对这生生不息的自然，我们也只能感叹时间的流逝，直到生老病死，春还是一样会来，花还是一样会开。

　　面对这棵看似没有了旺盛生命的树，我却感到真正衰老的是自己。明年杏花盛开之时，你还是昨日的你，而我已不是今日的我。

这篇作文是鲁鲁在初二的某个周末下午写的，当时我很震惊，既欣喜又伤感，心情复杂。儿子这么小年纪就想到了生老病死，虽然这是生命觉醒的表现，并非坏事，我还是有些心酸。

这篇文章写了他从一棵树的变化想到的人生和自然规律。那么他是怎样从一棵具体的树，层层深入，最后写出了丰富的内涵呢？

文章前半部分主要是描写，写出了这棵树开花的种种美丽，以及这种美丽的渐变。譬如第一次看到的"开得是那样的茂盛，雪白一片"，和第二次看到的"略显一分黯淡"，都写出了树的变化。"变化"是他的着眼点，虽然他一直在描写树的各种美丽，但这美丽的变化才是他真正想表现的。

文章真正的转折点是在第四段，他从描写这棵树现在的样子，推进到想象这棵树未来的情形，文章的空间一下就拓展开。

"花凋零了，飘落了，仿佛只有树干没什么变化，仿佛只有它还是昨日的它。其实不然，树干也在衰老，可能今年的春它是这样，明年的春它也是这样，一百个春之后它还是这样吗？"他借由想象，从眼下这棵开花之树，跳转到它一百年以后的模样，由此得出第一层结论——树会衰老，世间万物都会变。

但他并不仅止于此，再进一步想象，虽然这棵树在变，但大自然是不变的，"花谢了，明年又是鲜花绽放，多年后树干腐朽了，又是一棵新树拔地而起。"于是得出第二层结论——唯有大自然是永恒的，生生不息。

然后又想到自己，在这个永恒的大自然里面，"我"会是怎样的呢？

"岁月不饶的只有人，作为个体存在的人，面对这生生不息的自然，我们也只能感叹时间的流逝，直到生老病死，春还是一样会来，花还是一样会开。"谁都逃不掉生老病死，于是得出第三层结论——在大自然面前，个人是渺小的。

于是自然而然结尾——"面对这棵看似没有了旺盛生命的树，我却感到真正衰老的是自己。明年杏花盛开之时，你还是昨日的你，而我已不是今日的我。"既有对永恒的大自然的敬仰，也有对渺小的自己的慨叹。

这篇文章从眼下这棵树，想象到了未来的树、未来的大自然，以及未来的"我"。当他在思考这一系列问题时，脑子里始终是有形象的，并不是单纯的逻辑推理，不是知识的运用，而是脑子里的形象根据某种逻辑演化，产生出新的想法，把文章推进到新的境界。

有些孩子的作文写得很用力——譬如写一棵树在恶劣环境中顽强生长，最后长成了参天大树，以此歌颂生命力——用了很多形容词，也总结出了很有哲理的话，但我就是不感动。为啥？我读了半天，脑子里没有这棵树的形象！我想象不出它到底是棵什么样的树，是像柳树一样婀娜，还是像杨树一样硬朗，或者像松树一样盘根错节，我都想象不出来。这不是我的想象力差，而是作者心里从来就没有这棵树，根本没有一个具体形象，纯粹为了写某个主题而把道理勉强安装到树身上。一篇写树的文章，如果根本不能让人感觉到树的真实存在，那你所抒发的感情，所阐述的道理还怎么能让人信服，让人感动？

艺术之所以美，很大程度上是因为有"想象"的加持，没有想象力

> 很多文章读起来空洞乏味，没有灵气，往往就是因为作者心里缺少具体的形象。

的作文必定是无趣又肤浅的，不仅缺少真正独特的、富有创见的思想，更缺少情感色彩，缺少感染力。

还有很多人写文章无法深入，总是停留在对眼前事物的描写上，根本原因也在于缺乏想象和联想，不能从一个具体事物扩展到更多事物，从而产生更多的联系，得到更多的意义。

几种培养和运用想象力的方法

孩子天生具有想象力，只要被呵护、被激发，就能够蓬勃生长。至于如何将想象力运用于写作文，也主要是在日常对话和练笔时进行。

有几种培养和运用想象力的方法。

> 编故事本身就是虚构，就是想象力的直接发挥，我们不妨利用一切机会和孩子编故事玩。

一是编故事。

鲁鲁小时候，有一次我给他讲幺外公开飞机的故事，笑得我俩肚子疼。现在把那时的日记翻出来看，那种生动，仍让我忍俊不禁。

幺外公是我父亲的弟弟，鲁鲁叫他幺外公。幺外公年轻时是飞行员，开过战斗机的，鲁鲁从小对他景仰有加，感觉很神秘。这次听说他要来北京，要亲自见面了，非常兴奋，就缠着我讲幺外公的事。

我就编了如下这些神奇的故事给他听。

附：

幺外公开飞机

一

幺外公一次开飞机回来，降落的时候忘了踩刹车，飞机在跑道上滑，一下就滑到田里去了，田里还有农民在挖地，眼看快要撞上了。幺外公使劲一踩，刹车都踩断了，飞机还在往前滑。

"那怎么办呢？"鲁鲁很着急。

"幸好飞机的轮子很大，上面还有个架子撑着，农民赶紧蹲下，飞机肚子擦着他们的头发滑过去，好险！后来飞机终于刹住了。下来一检查，因为刹得太猛，轮子都掉了一个！"

鲁鲁："那他怎么开回去呢？"

"只好找辆拖拉机拖回去喽！"鲁鲁听得嘴都张大了。

二

有一次幺外公在天上遇到另一架飞机迎面开来，他连忙按喇叭，但对面那个飞行员好像在听音乐，戴着副耳机，没有听见。他连忙闪灯，闪了好几下，晃得对方眼睛一眨一眨的，才注意到快撞上了，赶快让。但是两个都互相让，幺外公往左边让，它也往左边，幺外公赶紧往右边，它也赶紧往右边，两个飞机就在天上这样对了好几下。幸好幺外公赶紧刹住不动，那架飞机呼地错过去了，把幺外公的飞机都刷掉一块漆。幺外公怕领导批评，第二天悄悄去买了一桶油漆，把飞机补好，那个月的奖金才没被扣掉。

鲁鲁:"那架飞机呢?"

我:"也被刮掉一块漆,但那架飞机没有补好,那个飞行员有点懒,后来就被批评了一顿,奖金也被扣了。

鲁鲁:"活该!"

三

幺外公有一次正在开飞机,突然肚子疼,就去机上的厕所拉屎,结果屎掉下来,正好打在一个人头上,当场把人打晕了。周围的人赶紧打110。110来了问是谁打晕的,旁人说是飞机上掉下来的东西。110问:"记下来没有,飞机牌照多少号?"都说没看清。旁边正好有个卖望远镜的,110就问他:"你看清没有?"卖望远镜的说:"我也没看清。"旁人一齐朝他吼:"你卖的歪货嗦?!望远镜都看不清?!"最后只好把那个被砸晕的人送到医院,幸好不太凶,躺了一会儿,头不晕了,就自己回家了。

鲁鲁:"他的脑壳臭不臭呢?"

我:"可能有点臭,洗了就好了。"

四

幺外公有一次边开飞机边抽烟,一不注意,就燃起来了,他吓得不得了,赶紧打119。

119一听是飞机燃起来了，赶快派了10辆消防车。但是飞机太高，水又喷不到那么远，咋办呢？消防队赶紧把云梯搬来，但爬到顶上还是喷不拢。又接了一个梯子，用绳子绑紧，还是够不到。又接一个梯子，一直接了十个梯子，才够到了。"呼——"水喷出去，喷了幺外公一身，火也喷熄了。

鲁鲁："哈哈，幺外公成了个落汤鸡！"

五

有一次幺外公刚飞上天，就遇到大雨，那些鸟翅膀被打湿了，都飞不动了，好多就掉下来，正好掉在飞机的翅膀上，越掉越多，越掉越多，飞机的翅膀就承不起了，飞机也往下掉，眼看就要掉到地上。幺外公急中生智，突然想到一个办法，拿起他平时吹头发的电吹风，对着鸟儿使劲吹，几下就把它们的毛吹干了。鸟儿又能飞了，飞机也轻松了。后来为了怕又遇到这种事，幺外公就把飞机涂上油，鸟儿一站上去就打滑，站不稳，就再也没有发生过这样的事了。

鲁鲁："那下次小鸟的翅膀打湿了怎么办呢？"
我："它只有落到树上去歇着了。"

这几个故事虽然是以我的想象为主，但鲁鲁也完全被带入了其中，他也展开了想象，对我的想象进行补充，和我一起在编故事了。

什么是创作？这就是创作。没有任何束缚，敢想就有想象力，就有好故事，就有好作品！

二是打比喻。

打比喻是对想象力的最好训练。

比喻是一种复杂的思维活动，打比喻本身就需要想象，因为你要从一件事物联想到另一件事物，找到它们之间的共同点进行类比，用一个来解释另一个。所以，凡是善于用比喻的人，都是想象力极强的人，而且逻辑思维也很发达。

比喻的本质在于理解、联想、解释——先对一个事物有透彻的理解，然后通过联想，用其他更容易明白的事物来解释这个事物。

我们读《庄子》，无不震撼于他奇幻的想象，无不折服于他精妙的比喻。佛家开导人，总是喜欢讲故事，打比喻。《圣经》里也遍地都是比喻。因为没有比"比喻"更能说明问题的方式了。可以说，真正的智者无不是比喻大师，他们既能领悟深奥的道理，又能通过比喻把自己的领悟说清楚，让更多人明白。

我和鲁鲁对话时，我会经常用比喻给他讲道理，这样便于他理解。如果是他给我阐述一个道理，我也常会有意无意地追问一句："比如说？"这样他就要去找一个恰当的事例或者比喻来说明这个道理。如果找得好，说明他对这个道理理解到位了。如果找不到，那就还得再考虑。

三是用拟人。

鲁鲁小时候有一次被蚊子咬了，咬在肘尖（四川话叫"倒拐子"），鼓起一个大包，痒得

> 比喻是多种能力的集合，是表达之重器。孩子们不妨多用比喻来描绘事物，讲道理，逐渐磨炼自己运用比喻的能力。

哭。我说:"这个蚊子也真是,正好咬到倒拐子,都是骨头,一痒就痒到骨头里了!"他一听,一下就笑了,说:"蚊子好傻,咬这个骨头多的地方,血又少,还硌牙!"那神情倒像是赚了一把。

我也一下笑起来,觉得他好可爱,自己被咬了,反倒笑蚊子傻。其实,这正是他想象的结果。只有孩子才会有这种想象,把蚊子当成人,以为它和人一样有牙齿,有智商,会选肉多的地方下嘴。

这就是儿童的心理特点,儿童的内心是与万物相通的,他可以进入一切事物的内部,把对方当成和自己一样有血有肉有灵魂的生命。原始人可以和一切事物对话,大到天地,小至一块石头、一片树叶。认为万物皆有灵,这是原始人和儿童都具有的心智特征。

这种心智使得孩子能将万事万物都纳入可以理解、可以沟通、可以掌控的范畴,对身心都非常弱小的孩子来说,这就是一种安慰,一种力量。

另一方面,这对艺术创作也有好处,自己和万物没有界限,彼此相通,便赋予万物以生命、以灵气,同时也赋予自己想象的自由,海阔天空,无所不能。我们在古人诗文中处处感受到的天地之灵气、日月之精华,实在都是古人的童心与灵性赋予万物的。

孩子天生就有与万物相通的能力,只是随着年龄增加,对外界了解越多,越能分清自我和外界的区别,自我与外界的联结能力就越来越弱了。一个孩子很容易想象自己骑一头象飞到了月球,而大人却很难有如此不合逻辑的想象。这对于艺术创作来说,其实是一种损失。

那么,怎样保护孩子这种与万物相通的想象能力呢?譬如尝试写写

> 写作时可以多用拟人的手法，把事物当成人来写。

"一棵树的故事""一块石头的故事""我的玩具的故事"……把它们都当成人来写，一定是非常有趣的。

四是看图写话。

看图写话是一种常见的写作练习方式，低年级、高年级都经常采用，只不过高年级的图要复杂些，写话的要求也更高。

看图写话首先要准确理解图意，然后在图意的基础上，根据题目要求写出一段（篇）文字。由于"图"和"文"是两种不同的表达形式，所以，理解图意、对图意进行阐释和发挥、完成由图到文的转换，这些都必然要用到想象。

看图写话是训练想象力的好方法，但运用不好，有时反而会束缚想象力。曾经有个家长委屈地告诉我，他儿子看图写话被老师批评了，因为图上有一盆花，他写成："秋天，花开了。"老师打了叉，让重写，因为没写"春天"二字。没写"春天"就一定是错的吗？只要有花就一定是春天？秋天就一定没有花？显然不对。这种机械的评判本身就经不起推敲，也无疑会伤害孩子的想象力。

有的老师可能对"正确理解图意"要求比较严，而对"发挥想象力，多角度阐释图意，提出创造性的观点"引导不够，使得学生看图说话时受到限制，思路狭隘，文风拘谨。这在低年级问题不大，但到高年级就很可能成为难以突破的瓶颈。

我这里举三篇鲁鲁三年级时所写的看图写话，从中可以看出思维状态对文风的影响。

这篇看图写话的题目是"井盖"。图共有三幅，第一幅是路上一个黑洞洞的井口，井盖不见了。第二幅是井口被竹席围上，还写了块牌子"注意安全"。第三幅是什么我忘了，大概是井盖复原了，路面又安全了吧。

鲁鲁写的第一篇《井盖》是我在他的抽屉里发现的，写在一张稿纸上，揉得皱皱巴巴。展开一看，上面写着：

井盖

　　一天傍晚，在一个城市里，一个人在路上走，突然一声尖叫，这个人就神秘地失踪了。

　　第二天早晨，一个人骑自行车发现了这个很深的井。警方立刻展开调查。一分钟后，警方到了这条街，还把这个井口用竹席和金属围了起来，还在栏杆上放了一个金刚跳台，因为，车要是没看见，就可以从跳台上飞过去。

　　两天后，警方得到了一个重要的线索……

写到这里戛然而止。虽然没写完，虽然有一些错别字，有一些字是用拼音代替的，还有一些地方不符合逻辑，但我还是被它新奇的想象吸引了。

我问鲁鲁为什么不写完，没想到他一把夺过稿纸，揉成一团，要不是我大声呵止，稿纸已经变成垃圾了。他说是乱写的，肯定通不过。

鲁鲁写得确实有点离奇，对图意理解并不完全准确，但我仍然认为是篇好作文的开头,想象丰富,描写生动,格局很大。但他无论如何不肯继续写了,还把稿子藏起来,再也不让我过问。

后来,我在他的本子上发现完成后的看图写话,是这样的:

井盖

一天,在一个城市里,一个井盖被小偷偷走了。

过了一会,从酒吧里走出一个人,后面跟着一个行人。前面的那个人头昏目眩地走着,没有注意到脚下有一个没有井盖的下水井,他一步迈下去,掉了进去。后面的那个人看见了,马上去旁边的一个公用电话亭中拨打110。不一会儿,警察就来了,把那个人从井底下拉了上来。又在附近一家菜市场里借了一个竹筐,用它把井口盖住,再在上面放了一个"注意安全"的木牌。但是,这只是一个临时的办法,警察又去找有关部门要了一个井盖,把井口盖上。这样才保证了行人的安全。

这篇看图写话仍然有着丰富的想象,但已经少了横空出世的奇妙,基本上是中规中矩了。老师给了他肯定的评价,"能创造性地把这三幅图想象成一个连续的故事,'头昏目眩'这个词证实了掉到井里的那个人当时是醉酒的状态。结尾想象合理,给了故事一个圆满的结局。"

后来又过了很久,我在他的考试卷上看到这篇看图写话的终结版,是这样的:

井盖

　　一天，在一个城市的一条非机动车道上，一个下水道井盖没了，自行车都到机动车道上去了，这样车很多，又不安全。第二天，小明无意中发现了这个没有井盖的下水道，他立即拨打110。

　　不一会，警察就来了，他们组织一些人用草席把井口围住，还在上面放了块"注意安全"的牌子。几分钟后，自行车又在非机动车道上行驶了，大家再也不怕掉进下水道里去了。

　　这是一篇比较规范的看图写话，正确理解了图意，中心突出，语言通顺，基本没有错别字，还给主人公安上了姓名，应该说是一篇合格的作文。鲁鲁得了一个不错的分数。但我心里一直有个遗憾，第一篇没写完的作文，如果继续写，会写成什么样子？它给了我一个悬念，也给了我一个希望，因为它让我看到儿子的潜力，看到语言中的个性。

　　正是这篇"废品"给了我惊喜，而不是最终那篇合格的作文。

五是角色扮演。

　　角色扮演是一种戏剧化的学习方式，完全靠想象，让自己成为另外一个人。过去角色扮演主要发生在戏剧表演中，现在电子游戏里也有很多角色扮演的机会，很多游戏一开始就要设定人物，你必须成为游戏中的某个角色才能玩。由此看来，游戏对孩子也不尽是负面影响，关键是玩得适度。

　　国外的学校非常重视戏剧，普遍开展戏剧活动，利用戏剧的创作和表演来教授语言、艺术，以及陶冶人格。我一个朋友的孩子去美国读高中，一去就参加了戏剧社，她虽然没有担任主角，只是跑跑龙套，但在和大家一起排练的过程中，她很快融入了美国的学校，交到了朋友，英语水平也迅速提高，对她上文学课也有帮助。

戏剧是门综合艺术，孩子们在阅读剧本、扮演角色的过程中，都要运用想象力去理解人物和情节。戏剧又是富有乐趣、引人入胜的，孩子们很容易就能做到高度投入，不知不觉达到学习的目的。

没有观点，
文章就是一潭死水

现在不光是小孩子写作文难，连大学生、硕士生、博士生写作都成了问题。我有个朋友的妻子开了一家复印店，赚了不少钱。但赚钱的主要来源不是复印，而是帮大学生写论文，她的复印店就开在大学边上。

她自己连大学都没上，怎么还能帮大学生写论文呢？朋友说，她掌握了一套在网上搜集资料攒成论文的经验，而且还有办法可以逃过软件查重，也就是让软件查不出来这是抄袭。她的生意好得很！

不仅是大学生写不出论文，连很多博士生也写不出自己的论文。且不说很多注水的、作假的，就算是认认真真写出来的，问题也很大。有一位博士生导师告诉我，他审读博士论文，最头疼的就是很多论文根本没有问题意识，表面上看，材料一大堆，逻辑也清楚，但你看了半天，就是不知所云。

没有观点！连博士写论文都没有观点！这是为什么？究其原因，恐怕主要是写作动机有问题。如果写作不是为了去发现一个精神的秘密，或解决一个现实的问题，只是为了完成任务，用它去获取某种好处，这样写东西难免东拼西凑，也就只是完成了材料的搬运而已。

譬如我自己，以前并不懂教育，但在养育儿子的过程中遇到一些困

> 阅读和写作都应该是一个研究的过程，读书要带着问题去读，写作要带着问题去写。

惑，就去读有关的书，请教有关的人，思索有关的事，并且把这些写成文字，最后结集成书。结果，我自己的问题解决了，我在这个领域也有了一定的发现。

常有一些家长请我"指点"，他们会描述一堆孩子的毛病，问我怎么办，我真没有现成的办法，因为每个孩子都不同，我不知道造成这些"毛病"的原因是什么，而要真正弄清楚这个孩子为什么会是这个样子，就必须搞清楚他的成长背景，这就必然会涉及家庭环境，而要搞清楚一个家庭内部的情况，甚至家长自身的成长背景，错综复杂，谈何容易。

> 不搞懂"为什么"，就不可能提出"怎么办"。

可以说，人类的所有探索活动都是围绕着"为什么"和"怎么办"这两个问题进行的，尤其是"为什么"，也就是归因，即对现象进行解释和推论，这是一切探索活动的原点，也是人类智慧的核心。

写作也同样离不开这个"因果律"。一篇好文章要有自己的观点，而且这个观点的得出要合乎逻辑，有正确的归因。

这需要培养孩子几方面的能力。

提问的能力

鲁鲁六年级时写了一篇小作文《我的小金库》。他前面写得很详细，写了自己拥有过的几个钱包，写出了从无到有，从简陋到精美的过程，描写细致，有点意思。但结尾却很仓促，草草一句"我爱我的钱包"就完了。

如果一篇写钱包的作文，写了半天，到结尾应该画龙点睛了，却只泛泛地敷衍一句，那岂不是太可惜了吗？鲁鲁自己也不满意，来找我讨论，怎么才能结好这个尾。

我便和他聊，拥有这几个钱包的过程已经写清楚了，但是这个过程说明了什么呢？慢慢想下去，他发现，拥有钱包的过程，实际上是积蓄钱的过程，有了钱才有了钱包，这是其一；其二，既然有了钱，就要管理，要方便取用和统计，于是才有了结构越来越复杂的钱包，可以分别放置不同面额的钱，这其实是个管理钱的过程。由此总结出，拥有这些"小金库"，不仅是拥有一个个钱包，更是学会了积蓄钱和管理钱。

想清楚了这一点，结尾就好办了，他很容易就把那句流于俗套的"我爱我的小金库"，改成了"有了小金库，我就可以更好地管理我的钱了。"

附：李鲁六年级的作文

我的小金库

现在，很多小孩都有自己的小金库，我也不例外。

小时候，我的零花钱全都是爸爸妈妈买东西找的零钱，这些钱太零散了，我便把它们都装到一个袋子里。

但是时间长了，我的零钱越来越多，最后，这个袋子装不下了，我便把它们转移到一个瓶子里。

再后来，我向妈妈要求一个星期给我七元钱，这样一来，我的钱越来越多，而且都是纸币，都随手放在床垫下，这里一张，那里一张，乱极了。直到有一次上完劳动课，我才有了一个像样的"小金库"。

那次上劳动课，老师教我们用纸做了一个钱包。这个钱包是长方形的，分为几层，很方便放各种不同面额的钱。有了这个钱包，我的钱可以全都放在里面了。但是由于它是纸钱包，不怎么结实，刚用了一个多月就坏了。

妈妈终于给我买了一个真正的钱包。这个钱包是黑色的，在正面有一个金属的标志，很酷。我把面额比较小的钱放在内侧，把面额比较大的钱放在外侧，这样，我就有了一个真正像样的"小金库"。

有了"小金库"，我就可以更好地管理我的钱了！

可见，对于如何结尾，如何画龙点睛这类技术性的问题，其实也是与价值观、知识储备和思维能力密不可分的。

追问的能力

对一篇文章最基本的要求是思路清晰，但如果要让文章达到一定深度，就要层层深入进行描述和剖析，这就需要有联想的能力、追问的能力。

现在，家长大都知道要保护孩子的好奇心，对爱提问的孩子大都持鼓励态度。但"爱问"就一定是思维发达的信号吗？

有一段时间，朋友的女儿来我家待了几天，我发现她很爱提问。做作业几分钟就要问一次，大都是"这个字怎么读，那个字怎么写，这道题是什么意思"之类的问题。她已经六年级了，记得鲁鲁在四五年级时就已经很少问这类问题，作业几乎都是独立完成的。

我带她上街，她也很爱问，几乎不停地在说话。但我发现，我和她很难交谈下去。她问完问题，只要得到一个简单的答案，就马上跳到另一个问题，甚至不等我回答就已经跳开。我找不到她所关心的真正焦点，也感觉不到她是否真正在意我的回答，我们更不可能就某一个问题深入交流。

她的问题都很简单，譬如"这是什么""那是什么"，或者干脆就是她自问自答，然后从我这里得到一个确认而已，譬如"这东西很好吃，是吧？""这东西很好玩，是吧？"这种句型在鲁鲁那里几乎不会出现，同样的情况，鲁鲁可能会问"这东西什么味道？""这东西怎么玩？"

她虽然在不停发问，但似乎对答案并不关心，我在不停地答，又什么都没说清。这让我觉得很累、很无聊，并且因为一直在说废话而烦躁不安。

后来我终于明白，她并不是真的有什么疑问需要我解答，也许她只是想通过"问答"这种方式，来和我维持说话的状态而已。她只是需要有人和她说话！

这让我对"提问"这件事有了新的感悟。如果一个孩子的思维仅仅局限于知道这个事物的名称，而不去对它的样貌、本质做更多的观察、思考，并且因为轻易知道了答

> 提问还是一个交流的过程，只有心灵开放的人，才能从问答中吸收到充足的营养，也只有这种交流才能给人带来深度的愉悦。

案，就急于转到下一步，必然错失深入理解的机会。

我不知道她的思维为什么是这样的，也许她与父母的交流就是这种模式？我于是推测，孩子的精神基因，主要是通过与父母的交流获得，从这个意义来说，家是孩子最好的学校。父母与孩子交流，不仅教他学习知识，学习为人，而且有更深一层的心智开发的作用，包括智力的开发、思维模式的建立，这对孩子一生的成长都很重要。

前段时间整理日记，看到当年和儿子的一段对话——"树一直在长"，很有感触。当时儿子8岁，上四年级。我们的对话起于一段闲谈"树会不会一直长"，"人会不会一直长"。当然是不会的！但是，为什么呢？道理何在？

在儿子问我这些问题之前，我并没有仔细想过，我最初的回答也是片面的，甚至是错误的。但儿子不断地提出"为什么"，在他的追问下，我的思路也层层深入，终于越想越清楚，当初的偏差也得到了纠正。

可见，好的提问是对思想的启发，是一种滋养，因而好的交流也是一种享受，让人乐此不疲。具有追问习惯的人，不会觉得思想是累的、苦的，就像沉浸于自然美景中的人，满怀欣喜，不知不觉就步入了林荫深处。

附：我与儿子李鲁的对话

树一直在长

和鲁鲁议论古树，我说树每一年长大一点，越老的树越大。

鲁鲁："树每一年都在长？一直都在长吗？"

我："是，一年一个年轮，一圈一圈的。"

鲁鲁："树可以一直长，那人可不可以一直长呢？"

我："不可以，人长到一定时候就停止发育了，越老可能还越矮，最后就萎缩了。"

鲁鲁："为什么？"

我："我也不知道。科学上好像有一个解释，我看见过，但忘了。不仅人，猪、狗、猫之类都是这样。大概，假如一直长，食物也满足不了，空间也满足不了，上帝安排的吧。树不一样，树越长得高大越好，它本身就是资源，不会危害别的生物，所以就让它长。动物太大了对自身和别的生物都不利，如果一头吃草的动物长到楼那么高，一天就把一大片草吃光了，怎么行？而且它自身的骨骼也承受不了那么大的重量，海里的鲸鱼如果上了岸，没有水的浮力，骨头都会被自己的重量压断。所以就不让它长了。自然淘汰吧。"

鲁鲁："那树就不会被淘汰吗？树可以长到天那么高吗？"

我："不能。树也不能无限地长，长到太高太大，它脚下的土地也承载不了，能量也供应不上，自然就会枯萎；树的体积如果太大，风的阻力也大了，就会折断。所以，总是有限度的，总有一种机制在制约它。"

世界要平衡发展，不可能让某一个或某一种东西过分强大，过分强大的东西，无论周围的环境还是它自身都不能支持，所以过于强大是要遭天谴的。盛极必衰，这也是个真理吧。

2004-11-28

概括的能力

如果我们的眼光只局限在一件具体的事上，得出的结论会相对狭隘，对读者的启示也有限。但如果眼光能够放到与这件事相关的同类或相反事物上，找出共同特征，那我们看到的就是普遍现象，得出的结论也是普遍规律，更有概括力，文章的启示性也更强。文章能写到这个程度，就是很高的境界了。

李鲁这篇作文《传递》，如果能从具体事件上升到普遍现象，它的境界将大为提升。

附：李鲁初二的作文

传递

文化的底蕴都需要传递给后人，以保证这个国家的兴盛不朽。精神上的传递可以使后人有良好的品德与学识，所以传递是很重要的。

但是目前无论从哪一方面来说，人们的传递意识都在减弱，普遍化的倾向越来越严重，甚至在向高层发展，这样在无形中影响更多的人。

就在这一周，北京市宣布：把宣武区和西城区合并，改名为西城区；把崇文区和东城区合并，改名为东城区。单看合并城区这一点，也并没有什么不可，但是关键却在这改的名字上很欠妥。一个城市、一个区的名字就像是一个人的名字一样，必须要有特点，要能代表他自己。而这次给两个新区起的名字，无论是从哪个方面看，都阻碍了文化的传递，对比"宣武""崇文"和"西城""东城"这样的名字，"宣武""崇文"既有文化内涵，又有历史底蕴，能很好地代表北京这个古城，而且这个名字无论是在国内还是国外，都是绝无仅有的，有很强的代表性，应该是这两个新区名字的最好选择了。可是北京市却非得把名字起成西城和东城，简单地想一想，只要是个城市，都可以分为西城区和东城区，全国可以说有多少个城市就有多少个西城和东城。

宣武和崇文就这样被扼杀了，中国又失去了一点文化的底蕴。虽然人们大都还知道它们，但是宣武和崇文将从未来的地图、书本上消失，所以对于很多年后的孩子来讲，这样已经割断了文化上的传递，包括这两个"传说中的城区"。

这篇作文，看到的人都说好。好在哪里呢？好在他抓住了一次事件，说明了一个道理。这个事件就是北京市合并行政区划并为新区命名的事。北京市把西城区和宣武区合并，命名为西城区；把东城区和崇文区合并，命名为东城区。结果原来很有文化底蕴和个性的区名消失了，文化的传承也被割裂。

他选择的这个事件很好地表现了"传递"这个主题。但是，文章还有提升空间，如果能通过北京的这一个改名事件，联想到全国各地类似

> 无论在何种程度上去联想，只要能将单一事件上升到一种现象，那文章的境界都将大为提升。

的改名事件，以及各行各业的改名事件，得出的结论就会更有力。如果再能联想到世界上的、历史上的类似事件，那视野和眼光就更可嘉。

这也并不难做到，只要上网搜一下全国各地类似的改名事件，不只是改区名，还有改市名、改县名、改街名、改山名、改河流名等，凡是属于类似事件都可以拿来进行类比，有的改得好，有的改得不好，这里面就体现着某种普遍性。

不能只看到一件事，要看到一种现象。从事件到现象只有一步之遥，但境界却是天壤之别。查资料并不难，进行比较也不难，关键要有这种意识。

批判性思维

除了提问的能力、追问的能力、概括的能力外，批判性思维也很重要。

在写作中，有时候一个很普通的题目，如果你能运用批判性思维，从多个角度理性地考虑问题，也可能获得独特的价值。李鲁在初中时写的一篇作文《苍蝇·蜜蜂》，就体现了另一种视角。

附：李鲁初二的作文

苍蝇·蜜蜂

苍蝇代表着好逸恶劳，蜜蜂代表着勤劳和奉献，这些都是课本中教的。

但是仔细想想，这也只不过是人类站在自己的角度上的言论罢了。那么不妨站在昆虫的角度上看看吧：蜜蜂，所谓的"为人类勤劳工作奉献"的生物，也不过是为了求取一份安全的栖身之所，而出卖了自己努力工作的成果——蜂蜜，以及原本高傲的整个蜂种群，这种所谓的牺牲奉献，不过是一种委曲求全的生存之道。

再来看看苍蝇，课本中无数次提到：苍蝇，好逸恶劳，无恶不作，不劳而获。这确实是事实，当我们正在餐桌上吃饭时，发现有一只苍蝇在头上飞来飞去，谁会不心烦呢？但是，这些都是我们站在自己的立场上做出的反应。其实，苍蝇也需要生存，它们为了生存不得不向人类挑战，对于一只卑微的昆虫来说，这难道不是一个壮举吗？！是的，对付一只苍蝇，人最多也就是按动一下杀虫剂的喷头，或者挥动一下苍蝇拍的事，可以说不费吹灰之力，但苍蝇每次进出人的领地可能都要冒着死的危险。由此看来，苍蝇不更像是一群为了生活幸福美好而奋战的勇士吗？

苍蝇，蜜蜂，它们都要生存，只不过苍蝇是以一个勇者的身份战斗，蜜蜂是以一个弱者的身份奉迎。

在一般人的观念中，蜜蜂代表着勤劳奉献，苍蝇代表着好逸恶劳。但这只是站在人类立场上的一种偏见，李鲁从另一个角度提出，蜜蜂的勤劳并非出于高尚的奉献精神，而只不过是被人类利用，蜜蜂为了获得一个栖身之所而委曲求全，其实是很渺小、很可怜的。

而另一个人们普遍讨厌鄙视的角色——苍蝇，却被李鲁赋予了高调的色彩。他认为，相对于强大的人类来说，苍蝇是弱小的，但它却不惧怕人类，敢与人类为敌，冒着生命危险闯入人类的领地。在他看来，"苍蝇不更像是一群为了生活幸福美好而奋战的勇士吗？"在这里，苍蝇像自由的精灵，令人尊重和赞叹。

这篇文章的可贵之处就在于他从另一种视角，对我们习以为常的两种事物进行不同的诠释，赋予它们不同于惯常的形象和性格，让人耳目一新。

其实对于蜜蜂和苍蝇，我们还可以做更多的联想和思考，只要脱离思维的惯性区域，就会有新发现。当然，"批判"不等于简单否定，不是你说黑我就说白，那是抬杠。批判是基于事实和理性，去辨析，去判断。不可为了哗众取宠、标新立异而故意唱反调。

> 没有独立思考，无论是盲目歌颂还是盲目反对，都是缺乏思想力的表现。

如何借鉴而不抄袭

鲁鲁初中时，写作文《感谢对手》时总是写不好，来找我讨论。我找出一本我写的书，上面有一篇"珍惜你的对手"，让他借鉴。

他读后望着我说:"怎么办啊?"他的意思是,你这文章写得好,但我总不能抄吧?

我说:"有几个办法,第一个是加例子,你把这篇文章理解以后,自己想一些例子去解释它的观点;第二是完善它的观点,可以反驳,可以补充,总之体现出你自己的思考;第三,如果你完全赞同它,也可以抄,但不是全文照抄,而是部分引用。譬如:'正如某某书中所说……',用我书中的内容来印证你的观点。但是,最好的办法是把我的思想化为你的,就是看完以后默想一下,完全理解书中的内容,再放开书,一点都不看,完全用自己的话写出你的理解。如果忘了而写不出来,那说明书里的东西不属于你,还不足以让你记住,那就忽略掉,或者再回头去读;而记住了又能写出来的,说明是对你真正有触动的,你在这个基础上修改、发挥,就变成你自己的了。"

这其实也是一种学习方法、写作方法。

最后他写成了一篇,标题借用我文章里的原话,改为《珍惜你的对手》,文中举了两个例子,一是快餐业的竞争,在我的原文"麦当劳、肯德基互为对手"的基础上,又加了一个"成都小吃业的竞争",很好。另一个例子是秦朝统一后因没有对手而亡国,这是他自己的观点,也很贴切。

后来,我又和他详细探讨了这篇作文,主要是明确一点,即"如何借鉴"的问题。引用别人的文章应该写明出处,转述也应该写明来自于谁,这是对原作者的尊重。我曾经写过畅销书,被人抄袭,我自己就深受其苦。其实,在文章中引用并注明出处,并不会让人瞧不起,反而还能体现写作者博览群书。同时，诚实引用对自己也是一种解脱。抄袭让自己承受道德压力，也埋下法律隐患，一旦暴露，整个人、整个作品都遭贬值，连原本没抄袭的部分也被拖累，很不划算。

对稍有自尊的写作者来说，做了亏心事总怕被揭穿，心里不光明，也体会不到创作之乐。而标明了原作者之后，界限就分明了，哪些是别人的，哪些是自己的，这才是一种有尊严的获得方式。我曾经上过法庭，和那些剽窃我作品的人对簿公堂，他们辩称自己是借鉴而不是抄袭，看他们振振有词的样子，我心里常常产生怜悯。这些人，其实一直都不明白自己缺失的是什么，如果永远不明白，即使在我这一件事上侥幸逃脱，还会栽在其他事情上，因为他们的人格是不健全的，为人处世就必然会出问题。

儿子迟早会走上写作之路，我和他多聊聊写作的基本道德、基本规范，对他有好处。

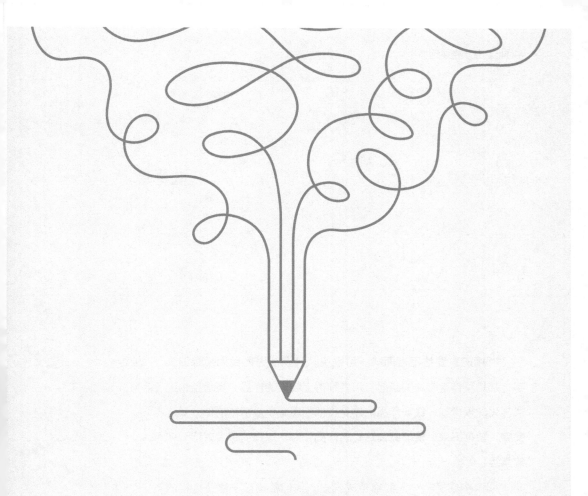

第六章

关于阅读的
正解和误解

阅读的重要性不言而喻。可以说，凡是能进入我们视野的文字，都是写作者心血的结晶。那些称得上经典的作品，更是整个人类文化的极少数。经典作品的作者将他们思想中最精华的部分变成文字，留存下来。能够阅读这样的作品，能与这样的智者对话，何等幸运！

　　阅读构成了一个人的精神成长史。我们希望孩子读什么样的书？希望他有一个怎样的精神世界？又如何让天性好动的孩子坐下来专心阅读呢？

建立对书的亲近感

一个孩子，如果从来没有真正体验过阅读的乐趣，就不可能真正爱上阅读，即使勉强拿起书来读了，也不可能保持长久的兴趣。至于阅读中的积极思考，阅读后的实践和创造，那更是谁也强迫不了的。发自内心喜欢阅读，与被迫坐在书桌前的阅读，状态和效果都有云泥之别。

鲁鲁四岁的时候，我们全家漂到北京，住在昌平。不久我就发现小区附近有一个"昌平区图书馆"，里面有少儿阅览室。于是，鲁鲁在他五岁的时候，拥有了生平第一个借书证。

> 要让孩子从内心爱上阅读，首先就要让他从小建立对书的亲近感，和书交朋友，爱上书。

不过这个少儿阅览室并没有多少适合他看的书，我们大多是借些过期杂志的合订本，有些是儿童杂志，有时也借《奥秘》。我们一起阅读，他看画面，我读文字给他听。用这种合读的方式，还看了一本《急救知识》，一本《地球家园》，这两本书因为他非常喜欢而反复续借，熟到几乎每页都快要背下来。

那时候我就发现，他不喜欢古典童话，一听到王子、公主这几个字就烦。但这并不意味着他没有想象力，他喜欢的是更现代的童话，像

《圣斗士星矢》《龙珠》《彭彭丁满历险记》……也许他还不到喜欢古典童话的年龄，也许他骨子里就不是喜欢古典童话的那种人。

尽管图书馆的少儿书不多，我还是经常带鲁鲁去逛图书馆，就像逛商场、逛公园一样。逛图书馆并不一定有很强的目的性，但哪怕随便翻翻，也可以培养对书的好感，就像逛商场可以感受衣着时尚一样。

除了逛图书馆，逛书店也成了我们的休闲方式，甚至成了一种仪式感很强的活动。昌平城区有几个书店，都在繁华地段。周末我常常带鲁鲁去逛街，总要买点玩具，吃点东西，然后去书店看看。这样一来，书店就总是和"吃的""玩的"联系在一起，都是愉快体验。

习惯于逛书店以后，附近的书店和超市里的图书区就成了鲁鲁经常流连的地方，常常去蹭书看，一站就是半天。

开始是我带他去逛书店，后来他自己可以独立上街了，也常常自己去书店。离我家比较近的"方舟书店"童书较多，也允许读者随便翻阅，他就经常去这家店。后来蹭书看的小孩多了，书店把漫画书用胶条封起来，只能看封面，不能翻开看内页，他就转移到了另外一家可以看内页的新华书店。但新华书店比较远，不能经常去，而且新华书店的漫画书不多，售货员对蹭书看的小孩也没有好脸色，他也渐渐去得少了。幸好不久又发现新开业的世纪联华超市有个图书区，有不少儿童书卖，鲁鲁又转战超市。他每到星期六必去看书，吃了午饭就去超市，看到三点半再去少年宫上课，这也成了他周末的固定日程。

当然，除了蹭书看，偶尔还是要买一些，大多是娱乐性很强的。有人说看这些书没有意义，浪费时间。我倒不以为然，只要是内容健康的书，有内容就有信息，对大脑就有刺激，对心智发展就有好处。何况，读书的过程至少也巩固了语文课上学的那些汉字。

我鼓励鲁鲁去书店看书，因为我自己就有"非借不读"的习惯，借来的书、蹭来的书更有动力读。鲁鲁也养成了借书、蹭书读的习惯。对他来说，在昌平的书店、超市蹭书看，只是一种常规活动，"去西单图书大厦看书"才是一个更为正式、更为隆重的节目。

西单有个图书大厦，二楼整整一层卖少儿读物，还设有专门的阅读区，孩子们可以自在地坐卧于地，随意翻阅刚上市的新书，读多久也没人干涉，那里成了一个真正的阅读乐园。

大约是鲁鲁三年级时，我们偶尔发现了这个阅读乐园，从此就迷上了，每年都要光顾两三次。

当时去一趟西单是不容易的。昌平还没通地铁，我们需要一大早到阳光商厦坐345路（支）公交车，到德胜门转地铁，要花两个多小时才能到达图书大厦。到了他就去二层看少儿书，我去楼上看我的书。到了中午我再到二层去找他，一起去西单购物中心顶层的美食中心吃饭。那里有各种快餐和小吃，鲁鲁可以享受一次自由的感觉，端着盘子在眼花缭乱的摊位前挑来挑去，想吃什么要什么，手里有张卡，随便刷！吃完这一顿，又去游戏厅，玩一玩只有大型游戏厅才有的游戏，过把瘾，最后心满意足地回家。

在鲁鲁的整个小学阶段，"去西单"都是我们的一个重要传统仪式。其实从时间成本和经济成本来算真没多大必要，我们两人光车票就要28元，加上中午的饭钱、饭后玩游戏的钱，去一次西单花费要上百元。当时一本书的售价也不过十来块钱，网上订书也很方便。但通过去西单，鲁鲁对图书大厦产生了很深的认同感，每次说到北京的好，他都要举出西单，"北京有西单图书大厦，全国最大的书城，成都有吗？"

"去西单"并非仅仅只是看书、买书，这一天更多的时间是在玩乐。但如果这场"西单之旅"中没有"图书大厦"，它就失去了核心内容，也失去了某种正当性和意义感。

阅读在我们生命中的存在又何尝不是如此。我们不可能时时刻刻都在阅读，但如果生命中完全没有阅读，就如一场纯粹只有一顿饭、一场游戏的休闲之旅，毕竟缺了灵魂。带鲁鲁去西单，把"图书大厦"作为核心坐标，也是为了让阅读在儿子的人生中留下某种不可替代的意义感，这或许是一种无心的收获。

2 如何向孩子推荐书

四年级的某一天,我和鲁鲁去公园玩。公园的湖面结了冰,我们在冰上走。

鲁鲁问:"这个冰用三八大盖打不打得穿?"

"恐怕不行。冰的硬度很大,又很滑,子弹上去可能会跳开。"我说。

"那中正式步枪打不打得穿?"

"呵呵,是看《抗战狙击手》入迷了吧?恐怕还是不行,步枪的威力都差不多。"

"那就拿歪把子机枪,不行就用捷克造轻机枪,哒哒哒哒……"鲁鲁端起一根树枝夹在腋下向湖面扫射。我问:"你为什么先用'歪把子',不行再用'捷克造'呢?"

"'捷克造'比'歪把子'威力大啊,它的初速度快,射程更远!"鲁鲁似乎很专业。看来,他不仅是读了小说,连正文下面的注释都看了。

《抗战狙击手》是鲁鲁读的第一本非儿童小说,当时他四年级。倒不是因为这本书有多出名,只不过因为我当时在图书公司工作,我是这本书的编辑,编书的工作大部分是在家里完成的,鲁鲁目睹了一本书的诞生，还应邀客串过编辑，在书稿里找出了一个错字。书出版后，我带他一起去书店观察上架效果，他激动地指着摆放在显眼位置的这本书，脱口而出："看！你编的书！"引来旁人好奇的眼光，让我很不好意思。

正因为有这个渊源，他捧起这本非儿童小说，一口气读完了。

男孩天生爱武器，要让男孩像女孩一样喜欢读王子和公主的故事，恐怕有一定难度（当然，男孩们各自的阅读兴趣也不完全相同）。但向男孩推荐图书的往往是妈妈，妈妈掌握着男孩的阅读选择权。而妈妈是女人，女人的阅读兴趣又与男人有差异。很多时候，不是孩子不喜欢阅读，只是孩子不喜欢读大人希望他读的书而已。

经常有家长让我推荐书单，其实我难以胜任。除了因为我孤陋寡闻，对书籍的信息掌握甚少外，更大的问题是我根本不了解将要接受这个书单的孩子有什么样的阅读兴趣和需求。即使同样年龄、同样性别的孩子，阅读的兴趣也差异很大，把不合他胃口的书强推给他，他能不能看进去，就很难说了。

所以，还不如让孩子自己选择。书店、图书馆都是自由选择的极好空间。

我也早就发现，很多我一厢情愿给儿子买的书，最终还是闲置在书架上了，完全成了摆设。如果不是他自己真心想读，再好的书也读不进去。

> 每个人的人生都是自己的，孩子有自己的看法、自己的思想、自己的生活，也有他自己想读的书。

有些书是家长很喜欢买，孩子却根本不喜欢读；有些书则是孩子很喜欢读，家长却根本不会买，甚至根本不让孩子读。这种相互背离的现象,在亲子教育中比比皆是。"教育"这个词,本身就意味着某种对立,是一种自上而下的灌输和改造,因其高高在上而带着一种压迫的态势。

当孩子们能够摆脱家长和老师的"教育"而自由选择图书的时候,他们往往会选那些自己喜欢而不是家长喜欢的书。在其他事情上,也大抵如此。

> 阅读是不能强制的。要增加孩子的自由度,让孩子有选择的权力,包括选择阅读的时间、地点和内容。

曾看过一位日本作家的自述,他的父母都喜欢读书,他小时候父亲常会把自己喜欢的名言隽语抄到纸上,送给儿子。"我觉得这话说得很好,你看看吧。"父亲总是这样说。儿子从中受到很多启发,有些内容至今还会用到。

我欣赏这位父亲的睿智通泰,不仅在于他本人的好学勤思,更在于他智慧地营造了父子之间融洽的关系。他送给孩子的那些纸条,不仅传递了智慧,也表达了尊重。他没有炫耀自己的高明,没有指责孩子学得不够,更没有强制孩子接受自己的馈赠,他只不过是送给孩子一个礼物,那就是与孩子分享和交流。"我觉得这话说得很好",这是他的感受,也是他推荐给孩子的理由,至于孩子是否接受,一句"你看看吧",意味着孩子可以看着办,孩子有权决定是细读这张纸条,还是忽略扔掉。

如果我们带孩子看一次展览,就必须让他写一篇日记;推荐给他一本书,就必要求写篇读后感;告诉他一个看法,就非得要他表态,非要让他说点什么……那对于孩子来说,我们赠予他的这些"精神财富",就简直是一笔负担了。

读想读的书

鲁鲁小时候很多书是在书店和超市蹭来读的,这并非因为我家没有书。事实上,由于我和他爸都从事着出版工作,仅仅是出版社朋友赠送的少儿读物就有不少,成套的书摆了一书架。但为什么鲁鲁还要到外面去蹭书读呢?是因为"非借不读"的奇特心理,自家的书没有新奇感,没有时间压力,往往一放就成了摆设。从图书馆、朋友处借来的书,到手就要赶紧读,反而能读完。书店蹭书读就更是时间紧迫,这就需要高效。

蹭书读不仅有时间压力,还有一种新鲜感。书店、超市经常会上新书,开放式的书架给了人最大的选择空间。孩子在书店读到的,必定都是他当下最想读的。想读的书就会用心去读。

鲁鲁小时候,我很为他的阅读兴趣难堪,因为他就是不喜欢"高雅"读物。我认为安徒生很好,但他一听到"王子""公主"这几个字就烦,家有成套的《世界著名童话》,他就是不读,偏偏喜欢什么《圣斗士》《龙珠》《蜡笔小新》,还有成人化的《乌龙院》。为此我们斗争了很久,最终以我的完败收场。因为我再喜欢的,他不读也等于零;而他想读的,我就算不给他买,他也会自己想办法搞来读。看他靠在书店的书架边，无视店员白眼，一站就是半天，如饥似渴地看那些我瞧不上眼的书，我终于明白，和孩子的兴趣做斗争，完全就是逆天，胜算很少。

那还有什么必要非要与天斗？难道那些书就真的那么不好？我再试着用他的眼光去看他喜欢的书，慢慢就发现，他喜欢那些书也有合理性，那些书里确实有他更喜欢的惊险、搞笑元素和时代气息。

所以就坦然了，我喜欢安徒生，就把这个喜欢留给自己吧。至于儿子，他或许只是还没到喜欢安徒生的年龄（我其实也是到了大学才读完《安徒生选集》，这之前只是零星读过他的几篇童话而已），也或许永远不会喜欢，他的内在气质会做出自己的选择，那就由他去吧。

那么，对于孩子读什么样的书，家长是不是就可以完全放手不管了呢？也不是，孩子的见识有限，时间有限，很多时候还是需要家长帮助选书。

> 阅读因人而异，你只能尊重这种差异。

家长可以有意识地给孩子推荐书。譬如，买书时带孩子一起去书店，带孩子逛重点区域，给他介绍和讲解适合他读的书；闲暇时带孩子去图书馆，让他熟悉书，亲近书；家里的书，适合孩子读的放在最显眼、最方便拿取的位置；平时和孩子聊天时，有意识地交流自己的阅读体验，和孩子谈论有趣的书，激发他的阅读兴趣。

但家长始终只是起助推作用，真正发力的是孩子自己，最终读什么样的书，还是要由孩子自己决定。

鲁鲁小时候喜欢各种武器书，这大概是男孩子的天性，我就给他买了很多武器书。看武器书难免会接触到战争，每种武器都有特定的背景，从古代的刀枪剑戟，到现代的飞机大炮原子弹，战争史其实就是人类历史的缩影。后来儿子对历史的兴趣，说不定就是从这些武器书中发轫。

大约从三四年级开始，鲁鲁喜欢上了历史，电视上凡有考古、收藏、历史讲坛、历史探秘之类的节目，他都会强烈关注，不管再重要的事都丢到一边，非要把节目从头到尾看完。平时读书或闲谈中，偶尔遇到历史人物或者事件，他也会刨根问底弄清楚。到四五年级，历史上的事他已经知道很多，有时候还可以和我讨论一番。

历史和地理向来有联系，喜欢历史的人多半也喜欢地理。鲁鲁最喜欢的书里有一套《图说中国》《图说世界》，是三年级时在西单图书大厦买的，当时只买了《图说世界》，没想到他非常喜欢，看得如痴如醉。书很快看完，又让我买《图说中国》，为此我们专门去了两次西单，第一次没货，第二次才买到。他如获至宝，不仅在家里看，还带到学校看。当时班上规定不准带课外书去，结果被同学告发，书还被没收了（后来还给了他）。到2006年世界杯足球赛时，阅读这些书的威力爆发出来，每个队一出场，他都能说出那个国家是哪个洲的，首都在哪里，有些什么特产之类。他还会问我们一些关于这个国家的问题，很多我回答不了，他就自己去翻书，找答案。

那两本被他读过无数遍，已经破旧不堪的书，上面并无任何精彩故事，不过就是些地图、图片、文字或数字等，他怎么就百读不厌呢？也许这就是"兴趣"的魔力，只有真正热爱一个事物，才会倾注如此大的热情。又或许这是一种心理需要，通过反复读一本书来建立内心的秩序？

这个结果也让我意识到，孩子有他自己的成长轨迹，他的阅读选择也是不以我的意志为转移的，我还是顺其自然吧。

但我不要求他了，他反而自我要求。一上初中，以前不喜欢读文学名著的他，突然对文学名著产生了兴趣，似乎是突然之间，他自己就开始读莫泊桑、茨威格、巴尔扎克、托尔斯泰这些大师的书了，家里一套"中国散文名家"，包括沈从文、汪曾祺这些名家的作品，并不以惊险刺激见长的，他也一口气读完了。

再后来，我不仅无法管他，甚至还要望其项背，他读书的范围已经超过我的视界。从高中开始，他就直接读英文原著了。到大学，原汁原味的《尤利西斯》，他所体验到的"文字的诗意"，是我从中文译本中无论如何也体验不到的。

所以，并没有太大必要去干扰孩子的阅读，只要他喜欢读，就能多读；读多了，自然就形成自己的阅读体系——这实际上是一个知识体系、思想体系。

以历史为例，孩子可能最初只是喜欢听历史故事，后来慢慢读历史故事，再然后读整本的历史书。先看通史，再看分类史（断代史、艺术史、科技史、文学史、哲学史、传记等），越读越细，越读越深，慢慢就构建起了关于历史的认知体系。这是一个漫长的阅读过程，没有兴趣作为基础是不可想象的。

没有兴趣的支撑，即使建成了知识大厦、思想大厦，也是摇摇欲坠，因为缺少热情，不能持续地建设它、维护它。没有兴趣

> 阅读是一个人的思想史，阅读构成了心灵的大厦。但这个大厦的基石是兴趣。

的阅读都只能触及表层，不可能博大精深。

这方面鲁鲁也有教训。他到美国上大学，第二年鬼使神差选了计算机专业，主要因为他所在的加州大学伯克利分校计算机专业太牛，很多学生都梦想着学习计算机专业，将来顺理成章进入硅谷的大公司。他就是怀着这个功利动机选择了计算机专业，结果兴趣不支持，基础又太差，根本学不动，拼死拼活折腾一年，最后还是回到自己喜欢的专业上，最终按时毕业，拿到了经济学和应用数学两个学士学位。这也算是血的教训吧，违背本性的事，都会以失败而告终，假如他还一直和计算机死磕，后果不堪设想。

人是会成长的，兴趣也会变。小时候喜欢的书不一定永远喜欢，随着心智的成熟，阅读能力的提高，阅读的趣味和体系也会改变。

不必羡慕别人，也不必过分焦虑，阅读就像其他事一样，水到渠成。

每个家长都希望孩子多读书，并且读"高级趣味"的书，但这恐怕不是一厢情愿的事。

"高级"或"低级"是在比较中形成的，如果只接触一类书，不知道别的书，那你并不能判断出谁高级、谁低级。很多时候，就连我们家长也很难说一定能分辨出来谁是高级，谁是低级。人的辨别能力受自身观念和素质所限。除了个人因素，社会因素也往往影响着人们对一部作品的价值判断。文学史上很多名著都曾被视为粗俗、反动作品而长期遭禁，也有被埋没多年默默无闻的。《红楼梦》曾经是禁书，现在也有人说格林童话是"黑暗童话"，《小红帽》太血腥，《灰姑娘》传递出不适宜现代社会的价值观，但谁能否认它们仍然是璀璨的经典呢？

读书的确要有所选择，但也不要过于严格，不然就会漏掉真正博大精深的东西。阅读就像下雨，该淋湿的和不该淋湿的都会被淋湿，好的后果、坏的后果，你只能一并承担。但唯其如此，才是一个正常的生态。世界是复杂的，既然孩子最终会进入这个复杂的世界，还不如早做准备，接纳这个世界的不纯洁。

最后我想说，越大的境界越不"纯洁"，选书也要尊重孩子，要有信任和包容。清澈见底的，必是浅水；浩荡之波，无不藏垢纳污。"澄之不清，扰之不浊"，那才是大江大海。越大的境界，越不纯洁。人人都会说"海纳百川"，而真正要做到海纳百川，不包容怎么行？

事实上，不管我们怀抱着多么美好的希望，孩子必然会长成一个不纯洁的人，这也是一件好事，倘若真的一尘不染，那倒是堪忧。

当然，任何事物都有一个基调，就像清澈浩渺是大海的基调一样，臭水沟也有臭水沟的基调。当基调是清澈的，即使有污浊侵入，它也有自净能力。相反，一桶清水倒进臭水沟里，马上也就会变成臭水。

> 本质最重要，与其回避不洁的事物，不如增强"体质"，让孩子有更强的自洁能力。

读完整的书

李鲁在高四（相当于普通学校的高三，他高二跳了一级）的下期，啃完了英文原著《飘》。

说到读《飘》，我不得不佩服他的踏实。他读的书数量并不多，但往往能自始至终踏踏实实读完。像《飘》，那么厚，一千三百多页，我们抱着中文的译本都很难从头到尾读完，他读的可是英文原著，得边看边查字典。

还是在高三的时候，他想从根本上提高英语水平，决定从读小说开始。我在网上给他买了《飘》。我自己没有读过这部小说，并不知道它实际的厚度。等收到书，看到上下两册，每册都像砖头一样，而且是极小的字号，极密的排版，我这才头皮发麻。但买都买了，还是决定读。

自从决定了要读完这部书，李鲁就给自己规定每天必须读，哪怕3页5页，再忙每天也要把书翻开，至少要读2页。读了一段时间，感觉比较顺了，他又给自己规定每天读10页。哪怕头天没有完成，第二天也要补上。就这样，书的厚度10页10页地薄下去。

中间隔了一个寒假。寒假里，他也玩游戏，但是阅读仍然是以每天10页的节奏推进。有一天他高兴地对我说，他看完10页之后不觉得累，正好情节又比较精彩，就接着看下去，看了 15 页，感觉很轻松，以后可以调整为每天 15 页。其实，每天做的事情不在多，贵在坚持。

当他终于把《飘》啃完，掂在手里，如此厚重两大本，也是很有成就感。再后来读《了不起的盖茨比》，薄薄一本，几天就解决了，《富兰克林传》也一气呵成。啃完大部头，再来读薄的，随便哪本都是小菜一碟。

阅读是中国孩子的短板，但恰恰又是美国学校非常注重的。阅读的能力、啃大部头的能力，即使将来去了美国大学，也必不可少。

很多人都爱问李鲁学习英语的经验。李鲁英语不算好，以他有限的经验来看，最好的办法就是阅读，读整本的小说。背单词固然重要，但那一个一个单词要真正变成自己的语言经验，还是必须通过读和写。为什么读小说又是最好的方式呢？一方面小说有趣，读得下去，容易坚持；另一方面，一本小说是一个和谐的整体，语言风格一致，常用的单词会反复出现，读完一本，对书中的词汇以及表达方式都会印象深刻。这与读零散的文章不同，读一本书是一个系统的连贯的过程，对语言的学习以及思想上的收获来说，有零散文章不可比拟的厚度和牢固度。所以光是背单词、背句子、读文章，都是不够的，真正的深度积淀必须要靠阅读有厚度的书来完成。这就需要踏实。

人人都知道踏实好，但怎样才能做到踏实？其实就两个字——不急！孩子要有耐心，家长更要有耐心。如果你很着急，想到一天只读三五页，那么厚一本书猴年马月才能读得完？一急，就很难定下心来从从容容完成这件事。

> 要想让孩子多阅读,就不能让阅读变成压力,变成一种痛苦的体验,任何能够坚持下去的事,都必须是一件自己想要做的事。

只有想做一件事,才能对它有耐心。人们总是愿意看到孩子努力拼搏的样子,"拼了,哪怕结果不好也没关系",宁肯要态度而忽略效果,这只是因为家长自己太焦虑,需要孩子做出一个姿态来缓解,实际上是以加重孩子的压力来减轻家长自己的压力。

我们给予孩子尊重,使他能有充足时间把根扎进土里,犹如一棵橡树,初时只有几片嫩叶,在蓬蒿间仰望残余的天空,但他的根还在往下延伸,他的枝还在向上生长,终有一天,整个天空都是他的。

多读"闲"书

读书最重要的是要有好奇心,读书本身不是目的,通过读书获得什么才是目的。要让孩子爱读书,并不是从捧上书本那一刻才开始,而是在日常的每时每刻,让孩子有一颗好奇心,对物理的世界、精神的世界、一切未知的世界,由好奇而探索。

鲁鲁才几岁大的时候,我带他上街,经常会路过一家医院,医院的楼顶有几个巨大的霓虹灯字"细胞刀医疗中心"。

鲁鲁就问:"细胞刀是做什么的?"

我答:"可能是切细胞的。"

"什么是细胞?"

"细胞就像面粉,单独一颗很细很小,眼睛都看不清楚。但把很多面粉捏在一起,就变成了面团,就有形状了。人的身体就是这样由很细很小的细胞捏合成的。但是如果细胞出问题了,就像面团里有灰尘,已经混在好面粉里揉成一团了,再要把它们剔出去,只有用特别尖、特别快的刀,要找到灰尘,瞄准了,才能切得好。这个刀大概就是细胞刀。"

"细胞刀是什么样子的呢?"鲁鲁瞪大了眼睛,努力理解我的描述。

"我也不知道。我也没见过细胞刀。说不定是激光的,根本不是刀的样子，就是一束光……以后你长大了，可以去看书，查资料，也可以去问知道的人。"

"就是问老师吗？"

"不一定。也许是老师，也许是别的人，也许是书，也许是实验室，总之，肯定有种方式能让你找到答案。"

实际上，我的回答只是一种想象，我并没有确切的答案，但这不妨碍我去寻找答案，这也是孩子需要建立的一种学习方法。阅读很多时候就是一个探索的过程，好奇心是最重要的。

阅读不能太功利。我和李鲁爸爸曾经在北京郊区的一个小村里做公益，为孩子们搞了一个图书室。书是有了，但是来借书的孩子并不多，我专门准备了糖果奖励借书的孩子，常来的还是只有那几个。

有一天，路上遇到一个小孩的妈妈，我问她孩子为什么不来借书，是不喜欢看书吗？她说不是，是因为我那里没有作文书，净看些"闲书"耽误时间。原来是她不准孩子来借书！我哭笑不得。

有些家长把阅读看得过于功利，读书就是为了积累"好词好句"，看别人怎么开头、结尾，怎么提炼出好思想，以便直接帮助写作文。他们看见孩子借作文书，借教辅书，借知识类的书，借与学习直接相关的书，就很高兴，借"闲书"就不满，就生气，觉得看那些书浪费时间。这是很短视的。

那作文书就不能读了吗？有家长问。我觉得，读是可以读，但不要多读。

优秀作文无论写得再好，也只是作文，不足以作为写作典范，要说其思想性、艺术性，肯定无论如何赶不上中外名家，要说规范性，也赶不上正规课本。不过作文书也有它的优势，就是亲和力，因为是同龄人所写，便于孩子在心理上接受，又往往有类型化特征，主题及表达方式都比较简单，便于孩子理解和模仿，从这个角度看，读一点优秀作文也未尝不可。

鲁鲁大约在五六年级时，有段时间迷上了出版社朋友送的两本"作文年度选"，似乎也很有收获。但是过了那两个月，等我再到出版社给他找来类似的优秀作文选，他却兴趣索然，再也不碰了。

我想那是阶段性的兴趣和需求，书里同龄孩子的文字，让他感到亲切，给他自信。他看到，凭着这样的文字，就可以跻身"少年作家"行列，这多少刺激了他的幻想，让他看到希望，也产生了动力。从这个角度看，那两本作文书对他还是很有意义的。

但由于作文经常具有功利性，写作的心态不自然，难免有矫揉造作的成分。再说，孩子的阅历毕竟有限，能在文字中表达的东西也有限。所以，作文书看两本就够了。

愿意看就看，不愿意看就不看，我对作文书的态度就是这样。既不提倡，也不排斥，它可以作为一种学习写作的范本，但不能作为重要范本，更不能作为唯一范本。即使作为范本，也主要是从技术上学其一二，这就像打拳，初学者往往是从分解动作入手，简单明了，适合作为示范。但真要实战，分解动作显然不行。作文书就犹如分解动作，在思维方式和表达方式上，往往比较呆板、单一、程式化，多读无益。

读读无妨，不读也无妨，其实在平时的语文阅读训练中，孩子们已经通过各种渠道、各种方式阅读了大量作文、范文，他们已经有足够的精读精练，不足的恰恰是泛读，是对各种思想、各种知识、各种表达方式的兼收并蓄，这是一个真正成大器者所必须经历的。但恰恰又是最容易被忽略、被舍弃的，因为并非每个人都想成大器、都能成大器，那是一个太遥远的目标，近的东西才容易被看到、被重视、被实现！

要淡化学习成绩对孩子的压力，将阅读的兴趣引向阅读本身。过于功利的阅读容易扼杀孩子的兴趣，如强调做读书笔记、摘抄美文等，这样做往往打断思维的连续性，将一篇完整鲜活的文章肢解了。对一篇文章或一本书的理解，更重要的是整体把握，而非纠缠细枝末节。只有极少数需要精读的文章才需要做摘抄、做笔记，孩子在初学阶段应该大量泛读，在泛读的过程中，那些能引起你注意的信息自然会在脑海里留下印记。

> 阅读的意义本来就远不止肉眼可见的功利目的，所以在我这里，永远是把课外阅读放在课内成绩之上的。

五年级的暑假，每天上午是鲁鲁做作业的时间。这天，鲁鲁却看起了海明威的书。我没有催他做作业，就让他看书。在我心中，读海明威比做作业更有意义（暑假本来就是休息的时间、拓展的时间）。我这样的态度，是想传递出一个信息——阅读是重要的，阅读与写作业一样重要，甚至比写作业更重要。

曾经有个五年级孩子的妈妈，在网上给我留言，诉说孩子读课外书的烦恼。她儿子非常喜欢看课外书，她很为孩子骄傲，但孩子爸爸却有意见，认为那些书分散孩子太多精力，让他不能专心学习。妈妈非常困惑，求助于我。

看完她的留言，悲从中来，我们的教育，我们的社会，搞得连读书都成了浪费时间的事，我们的孩子，除了以应试为目的的学习，还能做什么？！

阅读本身就是一项重要的学习。固然，人可以通过自己观察思考和与人交流来学习知识，增长智慧。然而，自己独自观察和思考，毕竟眼界有限，而和一般人交流，往往是在泛泛的基础上进行，知识的来源零散，交流的深度不够，靠这样的方式来建构自己的思想体系，显然很受局限。人还是必须读书，大量阅读。

看课外书，只要不过度，和应试的学习并不矛盾。首先是对语文的学习有好处。现在的语文考试一般都有三大块，基础知识、阅读理解和作文，除了基础知识有可能靠死记硬背拿点分外，其他两项都需要综合素质。语文很难靠短期突击拿高分，就因为它的综合性太强，它考的是一种能力，而不是死知识。学语文必须靠平时的积淀，仅仅凭课本上的那一点东西，不仅带来知识上的狭隘，还会造成思想上的狭隘、思维上的狭隘，以及表达方式的僵化。如果仅仅限于这样的学习，孩子的成长必定有缺陷，不仅是知识体系的缺陷，也是思想和心灵的缺陷。

> 限制孩子读课外书，不仅短视，即使从应试的角度看，也是不明智的。

何况，现在小升初考试中很多顶尖学校都会自己组织测试，越来越不按套路出题，没有较广的见识和独立思考能力是答不好的。学校为什么要这么做？因为越是好学校越重视孩子的素质和潜力，不会仅仅局限在对课本知识的考察上。

当然，孩子毕竟是学生，学业很重要，时间也紧张。如何解决课内学习和课外阅读的冲突呢？我的折中办法是尽量协调。譬如，在重要考试的冲刺阶段全力以赴备考，平时则适当放松，读一读自己喜欢的课外书。

我还想到另外一个问题，假如孩子不读课外书，他的分分秒秒就都用在学习上了吗？不见得。孩子不是机器，他的承受力有限，不可能完全按我们的要求一直高速运转。如果孩子喜欢读课外书，那么读书就是一种积极的休息，是一种有益的娱乐，我们剥夺他阅读的快乐，他就只能找其他的消遣方式替代，那还不如阅读呢。

总之，孩子是人，活生生的人，我们只有对"人"这个概念有了更深的理解，才能处理好孩子成长路上的各种问题。

既读虚构类书，也读非虚构类书

每个人都有自己的阅读偏好，这既是个人气质的体现，也被从小的阅读经验影响。对于幼小的孩子来说，他们自己并不具有选择图书的能力，更没有选择的权力，读什么书基本由父母决定。孩子的阅读经验很大程度上受到父母的影响，父母影响着孩子的阅读兴趣和知识结构。

我很小的时候，父亲就给我讲历史故事，我父母都是历史系毕业的，家里也有很多历史书，我便自然养成了对历史以及人文书籍的亲近感，这或许就是我后来选择学文科，并且终身从事与文科有关的事业的原因之一。

李鲁也一样，他小时候外公经常带他玩，自然也会给他讲很多历史故事，大约就像给小时候的我讲故事一样。李鲁的爸爸虽然是数学系毕业，却喜欢摄影，还写过诗，骨子里还是个文艺青年。我们家几乎没有理科专业书，儿子的阅读经验也自然偏向文科。这大概也是他后来走上写作之路，文科方面相对较强的原因之一。

与之相对的，他小时候的几个玩伴父母都是搞科研的，有的是大学教授，有的在科技公司工作，这些孩子读的科普书就占了阅读的很大比重。其中有个孩子特别喜欢昆虫，家里有成套的昆虫书，父母还带他专门去野外考察昆虫。后来这个孩子大学选择了医学专业。另外一个小伙伴父母都是石油行业的专家，后来他到美国留学，学的也是石油专业。

读什么样的书的确能够影响孩子的兴趣和知识结构，进而影响他的人生道路。如果我们希望孩子成为一个健全的人，就要给他读健全的书；我们希望他的素质全面，知识结构多元，这些希望也要体现在阅读上。

很多同学到了高年级都会遭遇偏科的问题，要么特别怕数学，要么特别怕语文，这既和遗传有关，也和从小的阅读经验有关，不同的兴趣和能力已经从小就养成了。所以，即使从功利的角度看，从小进行全面的阅读，也可以促进学业的平衡发展。

以小说、童话为主的虚构类书籍，对于孩子价值观的形成，以及思想、情感和想象力的成长都特别重要。以自然科学和社会科学为主的非虚构类书籍，则可以扩展孩子的知识面，拓宽和加深他们对世界的认知。

美国"国家教育进步评价"（NAEP）机构提出的虚构类与非虚构类的阅读比例被认为是一个理想的参照标准，非虚构类比例：4年级50%，8年级55%，12年级70%。但即使美国学生也难以达到这个比例，美国的现状是：4年级24%，8年级34%，12年级49%。从这个数据可以看出，孩子普遍更倾向于读虚构类书籍，非虚构类书籍的阅读比例是随年龄增长而提高的，这也符合阅读

> 阅读史就是一个人的思想史，阅读架构着心灵的大厦，要使这个大厦中正稳固，虚构和非虚构阅读都不可偏废。

的规律。

一般孩子都是从虚构类开始阅读的，譬如绘本，几乎是所有孩子阅读的起点。虚构作品比较有趣，也没有硬性的任务要求，一般不需要背诵、记忆、考核，轻松自由，带有很强的娱乐性。

但如果只读虚构类图书，始终不进入非虚构阅读，思想深度和知识结构就会有欠缺。所以，虽然非虚构类图书更难读，还是要尽量去读。

可以逐渐过渡，有意识地逐渐增加知识类书籍的阅读量。比较小的孩子也可以先增加科学童话、科幻小说的阅读，再逐渐过渡到纯知识类书籍的阅读。其实，真正优秀的科普书籍本身也是引人入胜的，探索本身就有乐趣，我相信我们这一代人，只要是喜欢阅读的，小时候都受过《十万个为什么》的滋养。我现在还经常用书里的知识来解释世界，几十年过去了，当年所读的东西，至今仍在血液中流淌，那是何等的恩惠，没有比阅读更合算的事！

社科类图书可以先从历史入手，因为历史书有情节，好看。有些历史书本身就是文学作品，譬如不少传记都是由作家写成的。青少年特别适合读传记，能够入传的人都绝非凡人，传记所写的大都是伟大人物，读传记就是参与这些伟大人物的成长，与这些伟大人物对话，让自己的心灵更加饱满和扩张，从而走上自我认识之路。

我自己就从传记中受益匪浅，每一本我认真读过的传记，都会给我的生命带来质的飞跃。空虚绝望时，《梵高传》曾给我安慰和力量；创作迷茫时，《邓肯自传》给过我信心和启示；步入中年，茨威格《昨日的世界》让我审视人生……茨威格写传记有独到的功力，他本人是小说家，写传记深得小说写作精髓，情节扣人心弦，描写精准传神，非常好看。同时他又是优秀的传记作家，也深得传记写作的精髓，对人物的评价既客观又有自己独到的见解。他本人的善良天性和良好教养，以及骨子里的人文精神，使得他的作品悲天悯人，荡漾着一股正气，情感也是相当充沛。所以，如果有中学生找我荐书，我总是愿意推荐茨威格的书，尤其是茨威格的传记作品，譬如《人类群星闪耀时》《世界建筑师》《异端的权利》等。

1 不着急，
慢慢来

不同阶段做不同的事，阅读也要顺其自然，循序渐进。

在孩子幼小的时候，识字量很小，理解力也有限，这时候让他独立读书很困难，听书就相对容易。绝大多数孩子的阅读活动都是从听父母讲书开始的。

听父母讲书本身就是一个温馨的亲子互动过程，对孩子的心理健康很有益。听书时孩子可以毫不费力地了解书中的世界，在一些比较简单的地方，他自己读一部分，也会很有成就感。

讲书的过程，实际上也是一个传授阅读方法的过程。大人可以把有关的背景知识穿插进去，也可以提出一些问题让孩子思考，还可以边读书边和孩子讨论，这些都是很重要的学习方法，孩子耳濡目染慢慢会有所领悟。

鲁鲁真正开始自己独立阅读，是在二年级的暑假。当时他的好朋友阳阳来家里玩，我们送了他一套《古鲁当家》。这套儿童理财漫画全是有趣的故事，针对的是小学高年级孩子，是我们古古工作室自己创作的，一直放在家里，鲁鲁也没动过。这次阳阳拿回家后，一口气读完了，喜欢得不得了，在鲁鲁面前讲起里面的情节，眉飞色舞，笑翻了天。鲁鲁一下就被吊起了胃口。阳阳一走，鲁鲁马上跑去书房翻出来看，这一看就入了迷，一口气把两辑共六本全部读完了。两个孩子再碰面时，《古鲁当家》成了他们的话题，他们用书里的话开玩笑，互相比着讲书里的内容，这样，鲁鲁又翻来覆去看了好几遍，几乎可以倒背如流。从此，阅读的心理障碍被打破，阅读渐渐成为一种乐趣。

很多时候，大人的教导是无力的，孩子们相互间的影响比大人对他的影响更大、更直接。孩子们能彼此给予快乐和力量，他们之间的相互学习，也是人生经验的重要组成部分。因而孩子和什么人交朋友是一件很重要的事。

一个人阅读的层次是和他本人的心智水平相吻合的。当孩子还比较幼稚时，只能读简单的书，等心智发展到一定程度，简单的满足不了了，自然会选择更复杂的。

到三年级时，鲁鲁终于对"字书"感兴趣了。有一天，我在超市看到一本青少年版的《斯巴达克思》，想起自己年轻时曾被它感动，觉得鲁鲁也可以读一读，就推荐给鲁鲁。他却一点不感兴趣，执意要买一本"冒险小虎队"。这套书是个英国人写的，他已经看了好几本。

放下《斯巴达克思》，买了《冒险小虎队》，我心里有点遗憾，但并没多说什么，我相信只要是真正属于他的书，总有一天他会自己找来读。

在此一年前，我曾拼命推荐《冒险小虎队》给他，因为这是"字书"，可以锻炼阅读能力，内容也适合男孩子看，但他却执意要买《乌龙院》，买《龙珠》，都是些漫画书。学校禁止带漫画书，说影响学习，老师也反对看漫画书，说无聊，无用。但他还是坚决要看。

后来迷上《冒险小虎队》，三天两头往超市跑，就为了站在书架前蹭书看，为此不惜忍受售货员的白眼，一连两三个小时动都不动。偶尔买上一本，回家以后他可以不看电视，不吃零食，一声不吭地看书，一直看到大人催促他吃饭，一而再，再而三，十足的废寝忘食。就这样陆陆续续，全套"小虎队"几十本都看完了。

我之所以不一次性把全套"小虎队"都买回来让他在家慢慢看，就是为了让他保持那种饥渴感。大人往往也是这样，买不起书的时候，到处找书看，如饥似渴。等真的有了满书架的书，其实没几本是认真看了的。

到三年级下学期，已经是期末复习阶段了，有一天上学路上，我和儿子聊起青霉素的发现，他觉得很有趣。我告诉他家里就有一套"科技发明故事"，也是我们古古工作室自己编著的，回去可以找来读。

下午放学回家，他果然找出这套书，找到青霉素那篇，一口气看完，又接着一篇篇往下看，全神贯注。

那天他本来还有很多课本上的内容要复习，还有很多作业要做，但我没有催他做作业，就让他安静地看书。因为这在他是一次阅读体验的飞跃。编这套书时，我们把读者定为初中、高中学生，书中只配了少量插图，内容涉及许多学科，有大量的科学知识和专门术语，叙述语言也比较成熟。没想到三年级的鲁鲁会专心读进去，我怎能不珍惜！

阅读的兴趣不仅与性格、爱好有关，还取决于心智水平，不理解的东西很难热爱，读不懂的书就容易放弃，不读。所以不要急于求成，当孩子的阅读能力还达不到读深奥著作的时候，不妨就让他读一些浅显的。

但在由浅入深这个过程中，家长的作用不可低估。孩子到了什么阶段，需要进行怎样的提升，孩子自己也许意识不到，他自己也没有条件去选择和购买合适的书籍，这就需要家长的观察和帮助。

鲁鲁在小学阶段已经读了不少"字书"，多为适合青少年阅读的文艺类和历史类读物，内容比较浅显。到初中一年级时，我给他买了本茨威格的《人类群星闪耀时》，让他带到学校去看（他初中开始住校）。结果他一周就看完了，感到收获很大。他的气质似乎与茨威格吻合，于是我又一口气给他买了茨威格的《托尔斯泰传》《蒙田》《世界建筑师》《异端的权利》等。他又一口气看完了。托尔斯泰一直是他的偶像和导师，至今依然是他心灵和写作上的指引，这或许与他当初的阅读有关。茨威格的传记，每本都是精品，很适合孩子读。当然，什么时候给他读，这也需要一个契机。

经常听一些家长说，谁家的孩子如何如何聪明，五岁就读四大名著，而且是原著。我并不羡慕。五岁，也许他能够认识那些字，能够"读"名著了，但读过之后能理解多少？

突然想起一段趣事，鲁鲁小时候唱电视连续剧《水浒》的片头曲《好汉歌》，把"路见不平一声吼"唱成"不听猿啼一声吼"（也许是前面的"大河向东流"让他想起了"两岸猿声啼不住，轻舟已过万重山"，故而产生了这个奇怪的联想？）。我没听清，问他是什么意思，他煞有介事地说："就是不想听大猩猩叫，就吼一声。""哦，那后面还有'该出手时就出手'，是什么意思呢？"我逗他。

"只要价钱合适，就把它卖了。呵呵呵，此人肯定是个偷猎者，专门贩卖野生动物!"他颇自信地解释。我不禁大笑。

人总是以自己的经验来理解事物,阅读也一样,如果所读的书不在经验范围内,也许书是读过了,但不知理解成什么。

我年轻时读弗洛伊德,主要是出于好奇,看了几页觉得虚无、变态,就放下了。现在因为自身有很多困扰,又出于研究教育的需要,再去读,就有了动力,再加上自身已经有了阅历,许多事情一经他老人家点拨就联系起来了,豁然开朗,这才觉得弗洛伊德确实是大师。

为什么同样一本书,以前读没有感觉,现在读却收获颇丰?就是因为有了阅历,理解能力不一样了。阅读并不能揠苗助长,什么阶段该读什么书,都是水到渠成的事。

鲁鲁六七岁还在迷恋动画片,七八岁还在迷恋漫画书,而同龄的小朋友好多已经在看字书了。我也焦虑过,但试着推荐字书给他,他就是读不进,我也只好作罢。耐着性子等到他八九岁,识的字多了,阅读需求也提高了,他自己就看起了字书。孩子有他自己的成长历程,他的路是一步一步走的,我们不能强迫,也无法代替,急也没用。

> 有时觉得,过早读名著,或许反而是糟蹋名著,就像营养丰富的东西拿给消化不良的人吃,不仅吸收不了营养,反而败坏胃口。

鲁鲁从小学一年级就开始学英语(学校开设的英语课),直到初中二年级,才终于可以读英文版的《哈利·波特》。到初三,读了英文版的《林肯传》。这是一个实质性的飞跃,能读英文原著了,世界从此打开了一道门。

然而,这是一个很缓慢的过程。他刚读《哈利·波特》时很困难,有时一天也读不完一段。我给他一支红铅笔，告诉他读完一段就打一个勾，这样看着勾一个一个地增加，就会很有成就感。

《林肯传》也是，买了两年，放在书架上一动不动。当他完全看不懂、啃不动时，我不去逼他。两年以后，他的能力达到了，自然一蹴而就。

何必着急呢？只不过晚两年而已。人生的许多事都是可以自然达到的，但如果非要提前达到，那就像催熟的瓜果，味道和营养都有问题。

读书不在多，
关键要思考

有时候，我不想再伤脑筋思考一个问题了，就想"算了吧，还是读读书"。

读书是唯一既不太费脑子，又显得很有意义的事。只有读书这件事，既能免于思考之苦——思考本身的能量消耗，思考带来的内心冲突，百思不得其解的挫折感等——又能保持体面，甚至收获崇敬。

读太多书，成天都在读，并非如人们想象的那样刻苦、勤奋、有追求，反而说不定是逃避和懒惰。

> 读书并不等于求知，读书有时也是一种投机。

孩子并不一定需要读很多书。一般说来，"博览群书"是个好词，令人肃然起敬。但仔细一想，任何书籍都是别人思想劳动的结果，读别人的书，倘若整天在读，读得太多，难免弱化自己的思想，久而久之很可能丧失独立思考的能力。因而，许多思想家、天才，照亮这一世界和推动人类进步的人，往往更注重直接阅读实事人生这一部大书。

叔本华在谈到某个博学之士时说："听说他经常阅读，或者让别人给他朗读，在餐桌旁，在旅途中，在浴池里，我便不禁这样

> 读书太多，也许并不是思想力旺盛的标志。

发问：'这个人的思想是否有重大缺陷，以致必须不断地吸收别人的思想，正如一个痨病患者必须喝浓肉汤才能维持生命一样。'"

很多时候，我们就是把孩子当成了痨病患者，必须时刻喂浓肉汤，灌进去各种各样的知识才能安心。固然，那些知识都是我们认为有益的，但营养再好的肉汤，如果消化不了，不仅毫无价值可言，甚至还对身体有害。植物浇水太多会被淹死，过量阅读而不思考也很可能窒息心智。

读书不在多，关键要思考。

9 挤时间读书

在鲁鲁小学阶段，我每天都很忙，我大多是在周末送鲁鲁去上课外班时顺便读一点书。倘若课外班的教室大且安静，我便在教室后排就座，读自己的书。如果教室小且吵闹，我就只能在外面的楼梯上垫张报纸坐着读。后来我买了一个帆布小凳，坐在走廊里，背倚墙壁读书，还很惬意。

限于环境因素，彼时只能看些闲书。但就这么断断续续的，也读了好几十本。

其实，即使是周末这段嘈杂的读书时间，也是靠挤才能有。送了鲁鲁，我往往还要顺便去买菜，或者到超市逛一圈，回到少年宫后，剩下多少时间就读多少。可就是这样，居然也读了不少，可见时间的弹性真的很大，只要你愿意挤，总能挤出来。

挤时间读书，这一条看起来似乎不适合小孩。现在的孩子已经够辛苦了，闲暇时间已经够少的了。但对于我们大人来说有没有用呢？假如我们能挤一些时间来看书，对自己总有一些好处吧？自己提高了，孩子总会受益。何况，孩子说不定从你身上学会了挤时间，他的 24 小时就变成了 25 小时，甚至更多。

鲁鲁初中以后英语成绩越来越好，后来就再没差过。他小学阶段的英语是很差的，四年级才开始上班外课，稍有提高，也不算优秀。到初中就没再上任何课外班了，他读的又是寄宿制学校，我们想管也管不了，全靠他自己努力。为什么如此放任的初中，他英语反而好起来了？

实质性的飞跃是发生在初中二年级以后。初二他突然对英语阅读有了兴趣，我给他订了一份英文周报，还买了两本英文杂志（中学生版）的合订本，让他带到学校去看。那个合订本很厚，他看了整整一个学期，才把两本全部看完。就这两本厚厚的杂志，奠定了他的英文阅读基础。可以这么说，那些每周花几百块钱上课外班的人，一学期下来，可能阅读量也赶不上这两本厚厚的合订本，更何况，鲁鲁读杂志，是他自己一个人翻着字典，一页一页啃出来的，其专注程度决定了阅读的质量。

那么，他读这些东西的时间是从哪里来的呢？学校每天的学习任务已经很重了，宿舍又要按时熄灯，不可能"加夜班"。而且他的功课、课外活动一项也没落下。诀窍就在于挤时间！鲁鲁读英文杂志，就是每天午睡前的十几二十分钟，读一小段就睡，时间看起来很短，坚持一学期，每天如此，就是海量了。

此外，他每天写日记，在很多人看来也是不可思议。哪来的时间？其实也就是每天下晚自习后的十几二十分钟，就晚那么一小会儿回宿舍，不过如此。他初三开始写小说，写到高一，全书完成的初稿是27万字，就是那本《我去 中学》。初三，学业如此之重，还要写小说，时间哪里来？无非还是这个晚自习后的空档。时间总是有的，就看你去不去挤。

10 阅读不只是"读"

有很多二三年级的孩子,从识字量来看,已经可以自主阅读了,却总是不爱自己读,喜欢让大人给他读。这让一些父母焦虑。

其实,不用着急,孩子喜欢你给他读,一方面可能因为这样更轻松,毕竟还小,识字不够多,理解力有限。在阅读能力的形成上,每个孩子的发展进程不一样,有的早一点,有的晚一点,不能强求。另一方面,孩子喜欢听你读,既是享受求知的快乐,更是享受一种亲密关系,你阅读时的声音、动作、神态,传达出的爱意,让他内心安定愉悦,这时候的阅读,就不只是一种学习活动,更是一种情感交流。

阅读不只是捧着一本书来读,广义的阅读其实就是一种获取信息的方式。听书是一种阅读,看电视、看电影也是一种阅读。电影是一门综合艺术,好的电影不仅有好的故事、好的对白,还有好的音乐、好的美术,欣赏一部电影,这一切都欣赏了,而且还不会成为一种负担。

说起让孩子看电影、电视,许多人会反对,主要理由是看电影、电视是"被动接受",阅读则是"再创造",所以看电影、电视是简单的智力活动,阅读则是复杂的智力活动。

我对电视的态度比较宽容,对电影更有偏爱。我觉得看电视、电影同样会产生联想、共鸣，也是"再创造"，并非完全的被动接受。好的影视作品同样可以让人受益，甚至一部电影可以影响人一生。影视有好坏之分，就像书有好坏之分一样，所以不在于说书籍和影视谁优谁劣，而在于读怎样的书和看怎样的影视。

当然，过度沉溺于影视肯定不好，任何东西过度了都有害。

我对鲁鲁说，我们争取每周能看一部电影吧（实际上并没做到），又是娱乐，又是学习，还可以跟上时尚的脚步，这一箭不止三雕四雕，何乐而不为呢？

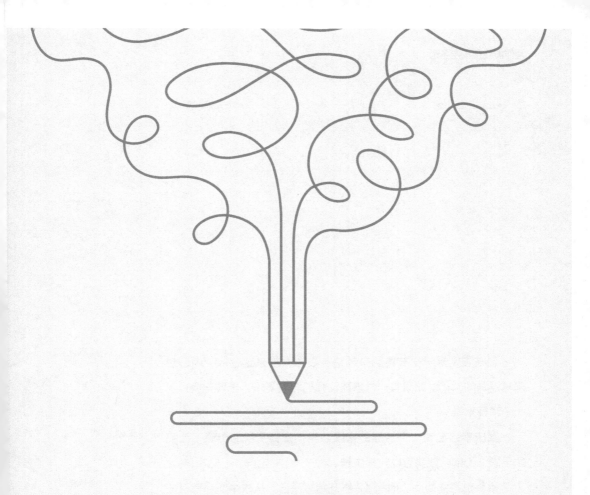

第七章

最好的习惯，
莫过于写日记

现在注定是一个节奏越来越快、注意力越来越分散、内心越来越浮躁的时代。如果有一件事能让我们沉静下来，无异于拥有了一个精神家园。

我庆幸自己有一个这样的家园。写作安顿了我的灵魂，让我免于漂泊无依，让我可以扎根生长。

鲁鲁也同样如此。他从 12 岁开始写日记，从未中断。写日记不仅锻炼了他的文笔，让他形成了连续写作的习惯和能力，更重要的是，写日记还让他习惯和自己在一起。一个可以和自己在一起的人，任何外力都不足以摧毁他。

那么，一个孩子，怎样才能形成写日记的习惯？家长对于这个习惯的养成又能起什么作用呢？

写日记之好，难以尽言

写日记肯定是件好事。我曾对鲁鲁说，假如你能够每天默想10分钟，离开手机，离开书本，离开人，独自待一会儿，关闭外部世界，面对自己——假如能够做到，哪怕每天只有10分钟，你一定会脱胎换骨。

写日记就有这样的作用。

人一旦能够和自己在一起，和自己对话，自己解决自己的问题，就永远不会孤独，可以获得内心安宁。写日记还能给人秩序感、意义感，减少浮躁和焦虑。

> 写日记使一个人每天有了一段与自己独处的时间，每天至少在这一段时间里，你和自己在一起。

鲁鲁在日记里说，"昨天没有看书，今天特别想看书，把书看了，感觉完成了一件必须做的事，又可以痛快地玩了，感觉特别爽。"每天有一件必须完成的事，而且每天都能够坚持把它完成了，这本身就是生活的意义之一。只要获得了意义感，每天就是充实的、稳定的。

鲁鲁二年级刚学架子鼓时，老师让买一个节奏器，练习时打开，就有一个准确稳定的节奏响起，你只要跟着这个节奏敲，再复杂的组合也不会乱。一个好习惯就像一个节奏器，当日常生活紧张烦乱时，把节奏器打开，内心就能迅速回到节奏中，回到踏实、轻松、有秩序的感觉中。

> 写日记最主要的作用不是为了练笔，而是给孩子一个自省和思考的机会，带来的是人格和思维能力的提升。当然，在这个过程中也促进了文字表达能力的成熟。

我想，"写日记"之于鲁鲁，大概就相当于节奏器吧，可能还不止于此。

很多家长要求孩子写日记，主要是为了练笔，写日记是服务于写作文的。但这是本末倒置的。

对于写日记的不同认识，会影响写日记的态度和方式，也必然影响写日记的结果。

鲁鲁小时候学习成绩不好，也许是因为他上学年龄太小（对此我是后悔的），各方面能力跟不上年龄更大的同学；也许是我们没有在幼儿园阶段就预先学习小学的知识，进入小学后又不忍心严加督促，导致他很长一段时间在学业上相当吃力，哪怕他就读的只是一所北京郊区的普通公立小学，竞争压力并不大，但三年级以前他一直是班上拖后腿的学生。

其狼狈之状不堪回首。三年级时，学校迁校址，有些同学转学了。班主任找我谈，语重心长地说，这学期班上垫底的两个同学都转走了，希望李鲁同学抓紧。言下之意，没人给他垫底了！我吓出几身冷汗。

幸好情况慢慢好转，四年级他进入中游，五六年级进入上游，偶尔还能跻身班上前五。

"小升初"费尽九牛二虎之力，总算达到了"进城"的目标，被海淀区一所排名十几的半私立学校录取，还鬼使神差混进了实验班。结果，就像一只猴子空降虎山，惨遭全班碾压，成绩再次垫底，每次考试痛不欲生。

这个情况直到初二才有所好转，他终于又能偶尔挤进班上前二十，

第七章 最好的习惯，莫过于写日记

进到了中游行列。

鲁鲁似乎注定就是个逆袭的人，每上一个台阶，都从尘埃开始，渐渐抬头，渐渐上升，渐渐双脚离地，跃上更高一级。然后又是一次艰难的循环。还好，他一直在向上。

到初三，他成绩越来越好，中考前的一模考试、二模考试，已能进入班级前10名、年级前30名。正式中考，他考了五百多分，按分数线可以进入北京市的区重点校了。

到高中，进入国际学校，他更是一路开挂，常排在年级前五，拿过奖学金。按留学线路，两年半时间里，他学完11门美国大学预修课程（AP课程），拿下五个5分，三个4分；在没上任何培训班的情况下，自己搞定托福、SAT（俗称的"美国高考"）考试；没请中介，自己搞定留学申请；最终被包括加州大学伯克利分校在内的五所美国名校、包括圣安德鲁斯大学在内的三所英国名校录取。

回顾起来，他的起点不高，一路磕磕绊绊，但居然能走这么远，是什么给了他如此大的力量？这当然没有一个简单的答案，但写日记（以及后来的写小说），肯定功不可没。

他的第一个转折点是在三年级下学期，那一年，他在学业上有了人生第一次闪亮登场——在全校展览了个人的"作文集"。

由于作文集的展出一鸣惊人，身边的老师、同学和家长都默认了——"李鲁同学作文写得好！"他自己也默认了——"我作文写得好！"这个自我认同很重要，把他从那个总是处于下风、总是默默无闻的自我认知中拉出来，给了他宝贵的自信，让他从心底里有了精气神。

之后他陆续在报刊上发表文章，巩固了写作上和心理上的优势。带来的结果就是仿佛开窍了，其他科的成绩也越来越好，最终考上了城里的中学。

但是从郊区小学到城里中学，这个跨度让他再一次陷入困境。这一次又是什么解救了他呢？那就是——写日记。

鲁鲁从初一寒假开始写日记，刚开始带有一点强迫性，内容也很简单，但慢慢变成一种习惯，不管学习再忙，每天必写。

写日记带来了什么好处？

首先是自信心。

人在一个封闭的小环境中，如果长期垫底，极易沮丧消沉，甚至精神崩溃，再无上进的激情。而写日记让他拥有了一项特长，这不仅仅是写作文的特长，更是持之以恒做一件事的特长，是一种精神上的优势。每天写日记，肯定要遇到一些困难，付出一些代价，但当坚持一段时间以后，回头再看，会特别有成就感。

真正的领悟总是来自亲身经历，只有自己持之以恒地做过一件事了，才可能真正领会什么是耐心，什么是恒心，什么是坚持。每天写一点，一个字一个字地写，最后也能写成那么厚一本！掂着这厚厚一本亲手写成的日记，那些"积流成河、聚沙成塔""坚持就是胜利"的话语就不再是空洞的教诲了，而是真真实实的个人经验。

这种经验，让他意识到自己的能力，有了发自内心的自信，就不再容易被环境压垮，不再容易自我矮化，即使遇到挫折也容易振作起来。

写日记还使他的心智更成熟。

每天写日记，其实就是每天反省自己，而自我反省是心智成熟的必由之路。白天经历过的事，晚上再回顾一遍，可能对那件事的认识就不一样了。经常理性地反省，认识水平提高，心智成长起来，对各科的学习、对为人处世都有好处。

鲁鲁自己在日记里也写到，白天被老师骂了，当时很气愤，心情不爽，听课也难以专心。但晚上再回顾，发现自己也有做得不对的地方，老师的做法也可以理解。有了这样的反省，不良情绪得以排解，放下包袱，轻装上阵，专注于学习，效率自然提高。

写日记还锻炼了管理时间的能力。

鲁鲁初中读的是寄宿学校，每天的学习任务已经很重，宿舍又有熄灯制度，那么，哪来的时间写日记？其实，就是每天下晚自习后的十几二十分钟，就晚那么一小会儿回宿舍，在盥洗间人潮退去之后他再洗，就这么简单。挤时间，每天坚持做一件事，说起来似乎微不足道，但长年坚持，聚沙成塔，却能形成了不起的景观。

写日记给了他这么多的好处，他能渐渐摆脱刚进初中时的窘境，也就不是什么奇怪的事了。

什么时候开始写，
决定着能否持续写下去

写日记固然好，但太急于求成也不行。很多家长和老师早早要求孩子写日记，希望孩子能从小养成这个好习惯。可惜，往往收效甚微。

我自己就曾是这种心急的家长，当鲁鲁小学二年级老师布置写周记时，我就开始引导他写日记。采取的方法无非是晓之以理，动之以情，再辅以物质利诱，譬如以观察之名、体验之名去吃肯德基，去玩游乐园，只要事后能写出一篇日记。还买过好几个高档日记本送他，有带卡通图案的，有带保密锁的……但都虎头蛇尾，写不了几页就束之高阁。

为什么会这样？我忍不住回顾自己写日记的历史，想用事实教育他一通。没想到这一回顾却发现，我小学时也并没有写日记，甚至到高中都没写日记。我真正开始写日记是在大学，特别是恋爱以后，仿佛才有了见不得人又不吐不快的话，非要写到日记里。

他才小学！看来写日记这事也是急不得的，水不到渠不成。

小学阶段的孩子，自我意识还没有真正觉醒，缺少对生命意义的思考和追寻，也没有强烈的内心冲动想要写点什么，连日常生活都是被家长主导和安排的，兴趣虽多却不会真正关心这些事情的意义，也不会意识到当下的一切会在自己生命中留下痕迹，因为连"生命"这个东西都还不在他们的意识之内，他们眼中只有外部世界的花花绿绿，以及各种欲望的满足与否。这种状况下，即使写日记，往往也和完成老师布置的练笔差不多，记记流水账而已，很难有真正的内在反省和自主表达。

我读过不少小学生的日记，有的是学生本人给我看的，有的是学生家长请我"指点"的，从这些行为本身就可以看出，小学生的日记其实就相当于作文。很难想象任何一个成年人会轻易把自己的日记拿给别人看，更不用说请人指点了。真正的日记纯粹是私人行为，如此多的小学生日记被公开、被指导，说明那根本不是日记，只是作文的另一个称呼而已。

很多人写日记都是从青春期开始的。整个青春期都是写日记的黄金岁月，等将来工作了，成家了，拖儿带女了，激情和思想都被日常琐事挤压，很多事也慢慢看淡，还能保留写日记习惯的人就越来越少。青春期的日记，连同写日记时练就的反思习惯、思考能力，以及真诚、流畅的文字表达方式，会成为人生最奢侈的礼物。

> 只有到了青春期，孩子有了真正的独立意识，开始思索人生意义，甚至有了对异性的爱慕，体验到强烈的情感，由此对命运、对自由、对人生的神秘力量都有了强烈的感受甚至感悟，而这些往往又很难与人言说，这时候日记就成了很好的载体，也成了最安全稳妥的交流对象。

意识到这一点后，我对鲁鲁小学阶段怠于写日记也就不在意了，停止给他买日记本，耐心等待他的觉醒。

终于到了初中一年级第一学期末，我和他认真谈了些人生问题，感觉他到了写日记的年龄了。我才再一次郑重地送给他一个日记本——没有花花哨哨的装饰，封面是朴实庄重的棕色仿皮。

他收下了日记本,却并没有承诺什么。

在接下来的寒假里,我们回四川过年。热闹是大人们的,对人生地不熟的鲁鲁来说,只是一段客居日子,正好有大把空闲,以及大把新鲜感。他正式开始写日记,每天一篇,连大年初一也没落下。内容固然有的精彩,有的平淡,但这有什么关系呢,我们大人写日记,谁又是篇篇都妙语连珠、意义深刻?重要的是,开始了。

从此,再未中断。

心中燃起一团火，
从此就亮了

鲁鲁小学阶段对写日记下了好几次决心，最终都成了"烂尾楼"。究其原因，写日记是一件细水长流的事，如果自己没有源源不断的动力，迟早会断流。

那么，孩子写日记的动力从何而来呢？不是任何外力的驱使，而是他尝到了乐趣，产生了信心，自己想把它写下去。

这乐趣和信心，也许是因为用文字可以倾诉心里不方便说出的话，从而享受到自由表达的快感；也许仅仅就是因为每天写，积累起越来越多的页数，自己翻着日记本就有成就感；或者还因为偶尔读到日记里的旧事，惊讶于当时的反应，意识到如果没有记下来，这些有意思的记忆和想法很可能已经烟消云散……总之，写日记是有趣的、有用的、值得的，但所有这一切都需要孩子自己去体会，去认同，并且付诸行动，养成习惯。

正如没有亲口尝过的美味，永远不知道它美在何处，写日记之乐也需要亲自写一段时间，才能真实感受到。而最初这个"写一段时间"，又往往需要合适的契机来促成。

鲁鲁开始写日记的时间点为什么会是"初一寒假"呢？除了那个阶

段他的心智和情感达到了适合写日记的状态,还因为正好出现了"寒假"这个机会。

那个寒假正好比较闲,接触的新鲜事物也多,既有可写的内容,又有可用的时间,我们恰好在这个时候鼓励他写日记。于是他就开始尝试,每天都写上一两页,密密麻麻的,一个春节下来居然就有了不菲的积累,这让他自己也感到惊讶——以前认为很艰难的事,不知不觉就做成了!

我趁机又和他认真谈了一次,其"认真"的程度犹如两个成年人,在面对一个重大问题时,严肃、坦诚、敞开心扉。那是我俩在散步途中,谈着谈着停了下来,站在车水马龙的路边,却对周遭一切视而不见。我们完全沉浸在交谈中。

交流完写日记的感受,我明确告诉他,只要坚持写,不仅仅是你生命的历史会被记录下来,你的思想、文笔、整个人的素质都会有难以想象的提高;到了高中,你至少在写作方面会大大超出同龄人,那时候你可以创作,可以出书——是的,出书!

"我也能出书?!"他惊讶地望着我,眼里燃起一团火。

"能!"我肯定地回答,"你看我每天就是坐在那里写写写,我就出书了!"我们俩深深地对望一眼,确认了彼此心中那团火的真实存在。我明确地知道,从那一刻起,他和从前不一样了。

有了肉眼可见的目标,动力也就有了。他果然把日记一直写下去,再没有中断过,直至今日。然后他从初三开始创作小说,高中正式出版。当年我们站在马路边描绘出的那个梦境,终于成真!他没有辜负自己。

关于"动机",我一直觉得,让孩子看到未来的可能性,在他们心里

第七章 最好的习惯，莫过于写日记

撒下梦想的种子，是可以让他们拥有更积极的人生的。

记得在鲁鲁6岁左右，有一天接他放学，他一见我就喜滋滋地告诉我："妈妈，今天有一件大事，是件特别好的事！"我问是什么事，他说他因为写话写得好，老师把他的本子拿到讲台上念了。

> 只有认识到一件事情的意义，才可能付出时间和精力长年累月去做。写日记这件事，是任何人也强求不来的，只有孩子自己想写了，他才可能一直坚持。

我热烈地夸奖了他，我们一路都在讨论这件事。在那个阶段，鲁鲁的学习很吃力，算是后进生，被老师表扬堪称大事。我一路夸赞他，历数他近来表现不俗之处，问他为什么会有这么大的进步，他得意地笑着说："可能是因为我比原来认真。"还挺客观呢。

一路表扬着他的进步，一路展望将来可能实现的更大进步，我俩都欢欣鼓舞。快到家门口时，鲁鲁突然拉住我，大声问："妈妈，有没有这种可能呢……"

我认真地盯着他，等待下文。

"有没有这种可能，等我长大了，成大人了，特别优秀，我在大学里，别人都来找我签名，我签了一个又签一个，签了一个又签一个，把笔都写粗了！"

"哈哈哈，完全有可能！到时候就不是用铅笔了，至少是用钢笔哈，我就专门给你端墨水瓶，就站在你旁边，没水了你就沾一下，签一个沾一下，签一个沾一下，哈哈哈！"我们的笑声在楼道里回荡。

只有孩子的野心可以用这样洪亮的声音说出来，无知者无畏啊！但

281

愿他能用他的努力去巩固自信,哪怕将来清楚地看到艰险,还是能够一直无畏地朝前走。

整整10年后,他真的出书了,真的有读者找他签名。我很荣幸可以为他端墨水瓶!

当他只有6岁,在楼道里大声说出梦想的时候,他还不敢肯定,还只敢试着问一声"有没有这种可能",仅仅10年,那句话好像还在楼道里回响,他就真的长大了,那个连他自己都不敢确定的梦想,就真的实现了!

岁月是多么神奇,回味他当年那句——"有没有这种可能",我心里有一种巨大的震动。

有可能,真的,什么都有可能,只要有梦想,只要你一直朝着梦想去!

第七章 最好的习惯，莫过于写日记

4 日记不是作业，请勿批改

其实，很多孩子在最初开始写日记时，心里也是有团火的，但这团火在漫长（或很短）的时间内，被各种不可抵御的力量扑灭了。

这些扑火的力量是什么？

首先是我们成年人的功利心。

凡是能够主动、持续去做的事，都是能够给人带来快感的。譬如玩游戏，没有孩子是被鼓励、被强迫玩的，"好玩"本身就是最大的动力。

写日记本来也是一件好玩的事，有宣泄效果，可以给人快感。但为什么大多数孩子体会不到写日记的快感呢？除了文字表达上的障碍削减了快感，更大的破坏因素是大人对写日记的功利态度。如果写日记成了一项不得不完成的任务，当然就会变为压力，成为负担。

鲁鲁的确是在初中养成了天天写日记的习惯，但在此之前半途而废了好几次，我也并没有嘲笑他、批评他，而是理解他不能坚持的原因，耐心等待条件成熟再重新开始。假如他后来始终不想写日记，并最终没有养成写日记的习惯，我也不会太当回事。人生可做的事太多，没有一件是值得死磕的。对于鲁鲁来说，写日记只不过恰好是他感兴趣、也适合做的一件事。

> 写日记完全是一件个人私事，孩子写什么、怎么写，都是他自己的事。

鲁鲁开始写日记之后，我只是欣赏他每天写的毅力，从未给他提要求，更不会监督他、强迫他。正因为如此，他没必要回避我们，写的内容都乐意给我们分享，只是规定了一条"只准看，不准说"。我们当然也遵守，他允许我们看日记已经是莫大恩赐，我们岂敢再置喙。

有一段时间，他的日记就等于学校课程表加食堂菜谱，全都是"今天上了某某课""今天吃了某某菜"。他爸有点着急，让我提醒儿子，写点有意义的事，记点深刻的思想，不要每天都写流水账。

我赶紧让他打住，不要想多了。我们现在之所以还有看他日记的福利，就因为没有评价他，没有提要求。他写什么是他的自由，千万不要让他觉得写日记成了负担，不写还好，写了反而惹麻烦。

于是也就由着他写。其实就仅仅是这些流水账也已经让我很满足。鲁鲁上的是寄宿制初中，周日返校后，要到周五才能再见面。而每次一回家，他书包一甩就跑去书房玩游戏了（当时还没有智能手机，游戏都在电脑上），我和他爸则争着去翻书包，就想抢先看他的日记。这都是公开的，日记里有些看不明白的还可以问他。我其实并不在意他写没写什么高深的思想，也不在意他是否做了深刻的自我反省，只要是他写出来的，每一个字都散发着亲切，散发着趣味。我读到了他这一周以来的生活片断，以前从来没有机会了解的很多具体事情、具体细节，都从他的日记里了解了。

我给儿子说："好有意思啊，每天的菜这么丰富，这个菜我都没吃过！撒尿牛丸真的这么好吃？一咬，里面的肉汁喷出来，太鲜了！"

"这个写得好生动！"我指着其中一段说。那一段描写了他在食堂排队领饼，排到了窗口前，师傅夹给他一个比铁饼还要大的饼，他正在犹豫要不要这个特大号的饼，后面一个男生一下抢上去说："给我！"就把那个大饼给要走了。多有趣！我就喜欢看这些流水账！

我只去品味他文字中的趣味，偶有错字也不以为意，只随手拿一个纸片，把错字写在纸片上，看完以后夹到日记本里。儿子下次写日记的时候，翻开本子就会看到纸片，至于错字他改不改，那就是他的事了。也许他并没有改，下次这个字又错了，我还是写在纸片上，夹进本子里。他再下次又会看见，多看几次总会改。有些事情并不需要我们去计较，都是小节，我不想因为小节而损耗他写日记的大乐趣。

每个人写日记的目的不同，写日记的习惯也不同。我自己写日记，除了记录和倾诉以外，还多了一重为创作积累素材的功能，所以我会在日记本上留出一定的修改空间。我的每个新日记本在开写之前都会在页边竖折出一条线，线外留白两厘米，以备将来修改和增补之用。这是几十年来形成的习惯，对我来说很有用。但对儿子来说，他并无此需要，日记都是满页密密麻麻。我向他传授过留白的经验，他不采纳，我也没再强求。

写日记真的就是一项业余爱好，能从中享受到乐趣就很好了。曾经有家长来问我，能不能要求孩子每天写日记？当然不能要求！如果写日记变成一项被要求的事，那就

> 千万不要把写日记当成一项作业，让孩子觉得又多了一个负担。

不是自愿了，凡是被强迫的事都会让人烦。

孩子的作业已经够多了，日记已经是额外的项目，只要孩子愿意写就已经谢天谢地了。我们总是习惯用自己的标准去要求孩子，希望他写我们想看的内容，譬如积极的心态、深刻的思想、各种优秀品质……连字迹工整、书写正确都包括在内。

但是，如果孩子真的用这种方式写日记，那不是太假、太累了吗？日记本质上是写给自己看的，就像我们悠闲在家不需见人时，自然也不需要化妆、穿高跟鞋，说话更不需要拿腔拿调，怎么舒服就怎么来。

不化妆固然会暴露瑕疵，不如出门在外时光鲜，但又有何妨？写日记也一样，既然是在自然状态下写给自己看的，也不必像正式写作那样精心构思、认真行文，写出来的东西就算粗糙甚至错误，又如何？这就是写日记的状态，不可避免，也不必避免。

我们经常在书上读到一些名人日记，觉得人家写得真好，日记就该写成那样。殊不知，我们所能读到的名人日记，都是经过选择和编辑的；实际上的日记原貌并不可能篇篇都如此精美，一些平庸的、粗糙的、不入流的、会引起读者误会或反感的内容，早就被剔除了，并不会出现在书中；错别字也被改掉了，叙述不清的地方还作了注解和修订。这已经不是原始的日记了，再加上印制体的呈现方式，给人的感觉就是清清爽爽，一般人一辈子也写不出这样的日记。

这种对名人日记的崇拜当然是个误解。我自己写了几十年日记，我的著作中很多内容都来源于日记，我就深知这些源于日记的文章，与真正的原始日记之间，有着多么大的距离。书毕竟是经过深思熟虑、反复修改的结果，自然精美得多。但也并不能由此忽略粗糙日记的作用，日记毕竟记录了我们当时的思想感受，而且，由于当时真实自然的书写状态，其真诚、鲜活的表达也是事后刻意写作所难以达到的。

很多孩子刚开始写日记时兴致勃勃，但写了几天就发现，写来写去就那些事，没有新的内容可写，越写越无聊，终究半途而废。我很理解这一点，现在的孩子学业压力大，太多精力用于学习，对社会生活的参与度很低，同伴间的玩耍和交流也非常有限。生活内容的单调导致了日记内容的贫乏。

> 过分强调日记的"意义"，会局限日记的内容，削弱写日记的兴趣。

其实，再贫乏的生活每天都会有新的事件、新的感受、新的想法，关键是不要给感官设限，不要给思想设限。如果以为只有重大事件才值得去看、去想、去写，就会错过生活细节中蕴藏的丰富内涵。

鲁鲁初三时写过一篇日记"肥肠粉丝"，很短，很随意，却耐人寻味。他是这样写的：

> 早饭我吃了一包肥肠粉丝，这东西我已经好长时间没吃过了，味道还是好。以前我吃这东西感觉很辣，辣得我出汗，狂喝水还是解不了辣，但是我却停止不了去吃，因为太好吃了。现在我感觉肥肠粉丝已经不辣了，也不像以前那么好吃了。
>
> 是啊，就像这肥肠粉丝一样，以前感觉很兴奋的事物，我现在已经渐渐对它们麻痹了，不再像以前那样。但这些即使我意识到了，也不能改变了，因为人的感觉是一定会随着长大而

改变的，思维也是一样，不管这是好事还是坏事。

日记写的是吃肥肠粉丝，事情很小，他却由此意识到一个人生现象——人对事物的感觉会变，感官会随着长大渐渐麻痹，思维也一样，这是一个必然的过程，不管这是好事还是坏事。

回忆起来，那一年他才 14 岁。一个 14 岁的少年，却意识到了自己的感觉正在钝化，感官正在麻痹，并且连思维也迟早会固化。这样的意识发生在 14 岁少年身上，难道不是很奇异吗？而这样奇异的感受，不过就是由一碗肥肠粉丝引起的。

不是没有可写的，而是我们没有注意到生活中那些有意思的现象，没有注意到自己内心被触动的瞬间，没有去思考这"被触动"的背后意味着什么。

> 写日记其实更多的是体察自己的内心，捕捉内心的波澜，哪怕是微小的涟漪，你若仔细凝望，也能感受到它的美妙和意义。

我想，对于孩子日记的态度，最好莫过于欣赏，就像我们欣赏大自然中树木生长、花儿盛开一样，它们都有自己的生命轨迹，只要它们好好活着，只要它们的根还扎在土里，它们就会日复一日地生长，一切都会有的。

5 有安全感，才能说人话

我小时候虽然也很喜欢看书，喜欢写作文，但一直没有写日记，最大的原因不是我不想写，而是不敢写。那时的居住条件差，小孩几乎没有自己的个人空间，我十岁以后才有了单独的卧室，也只是一间由旧厨房改造而成的小房间，只够放得下一张床，连个床头柜都没有，进门就是一张床，床头床尾都紧抵着墙壁，门只能开一半，刚够一个人侧身进入，一进去直接坐床上。窗外如果有个人，伸手进来就可以直接把蚊帐揭开。

可想而知，这只是个睡觉的地方。虽然逼仄，却是我唯一拥有的私人空间，我可以躲在蚊帐里打着手电筒看书，只要当时不被发现就可以了。但写日记却不同，即使当时没有暴露，日后也可能成为隐患。

现在想来，似乎那时也没有什么见不得人的秘密，即使心里有些不入流的小情小调小想法，被人知道也没什么大不了，但就是不愿被人窥破。我似乎从来就是一个躲在门背后偷偷向外张望的人，如果恰巧碰上谁的目光对视一眼，我一定会惊一跳。我就喜欢自己待在门背后，不被任何人注意。

在那个唯一属于我自己的小房间里，假如有一本日记，唯一可藏的地方就是枕头下、床垫下，而这些所谓的藏匿点，是任何人轻而易举就可以找到的，等于没藏。

由于没有办法保障日记的安全，我索性就不写了。也许我生性就是如此，谨小慎微。即使后来我上大学，有了带锁的箱子，再后来参加工作，有了自己的宿舍、家具，有很多方法和空间可以存储日记了，还是缺乏安全感，以至于一有风吹草动就烧日记，只有彻底毁掉才会心安。结果就是，我早年根本就没有任何日记留存，要么是没写下来，要么是写了又毁掉。直到中年以后，没再烧日记了，终于留下几本，也是属于中庸之笔，没啥私密的东西值得担忧。

其实这何尝不是我个人的悲剧。我也没有办法扭转。

但我并不希望同样的悲剧发生在儿子身上，我希望他是个不必藏日记、烧日记的人，希望他能堂堂正正写日记。对此我唯一可做的就是少介入，少干涉，顺其自然。

日记最好就是私密的，不要给人看。凡是给人看的，必然有顾虑。至于专门写给人看的，那就更无法说自己的话，完全为了满足对方。

我曾经看过一个孩子的日记，是应他妈妈的请求看的，她让我帮忙看看，指导指导。我就看了。这一看，不得了，满篇都是悔过，"今天我做了什么什么，不好，我要改正。"每篇都是这种内容，连格式都一样。

我赶紧对她说，不要再让儿子写了，这哪是日记，分明就是检讨，承认错误，悔过自新，就是写给你看的。你看完心里舒坦了，不再唠叨了，他就过关了。这是孩子的策略，也是迫不得已，谁愿意天天求饶过关？

一个孩子需要天天写检讨，何其可悲！孩子写出这样的日记，家长需要反省的就不仅仅是怎样指导孩子写日记了，更要审视自己和孩子的关系，学习怎样与孩子相处。

　　要充分信任孩子，形成良性沟通。如果孩子不愿给你看，只是告诉你今天写了日记，已经完成计划。你就不要再想着去检查、监督了。凡是孩子告诉你的事，都不要存疑，你只管相信他就是。

　　我有一次和儿子聊到信任这个话题，我说："凡是你说的话我都相信，哪怕是骗我的，我也相信你有某种理由必须骗我，你绝不是恶意骗我，只不过是因为某种原因必须那么做。既然是必须那么做，我就接受，我就成全你。"

　　这就是绝对的信任。

　　家人之间要有绝对的信任。孩子如果成绩不好，你一定要相信，绝不是他故意不想考好，一定是有什么原因使他没考好，那就一起去找原因，克服这个困难，任何的责备都没有必要。我相信，假如家长真的做到了"绝对信任"孩子，孩子也一定不会辜负家长。

　　当然，大多数家长还是比较包容孩子的日记内容的。但再包容的家长，也不可能和孩子在所有方面完全一致，看到自己不认同的内容，即使嘴上不说，心里也会不舒服，而孩子是能够感受到这种不舒服的，这就是压力。

> 隐私是安全感的最后防线，只有不被人知道的，才是完全属于自己的。安全感越高的孩子，对隐私的开放程度越大，越没有安全感的孩子，越会隐藏自己的真实想法。

　　任何一个人都会有自己的隐私，日记是保存这些隐私的"仓库"之一，孩子愿不愿意把隐私存放在这个"仓库"里,能不能安心地在这个"仓库"里赏玩他的藏品,就要看我们给他的安全感有多少。而写日记的安全感,底线就是不被偷看。

但实际上,偷看孩子日记的行为却很普遍。为什么家长总是忍不住要偷看孩子日记呢?

很多家长会解释为好奇心,想知道孩子写了些啥。为什么家长会有这么强烈的好奇心,一旦不知道孩子写了些啥,心里就会发慌?其实是因为家长自己没有安全感,担心对孩子失去掌控。你不确定孩子会怎么评价你,需要从孩子的日记中了解你们的真实关系;你不确定孩子是不是你心目中的那个孩子,需要从日记中检验他到底是什么状态,还有哪些你不知道的行为。其实,你不相信孩子的根本原因,是你不相信自己。

> 孩子不让父母看日记,未必是因为日记里有什么见不得人的东西,也许他仅仅只是在保卫自己的领地。

每个人都有自己心灵的空间,不愿别人侵入。这里就有个界限问题。他不愿让父母介入他心灵的地盘,有些事,有些想法,他就是不想让人知道,父母为何不尊重他呢?

写日记的乐趣之一,就在于给自己建造一个心灵空间,可以完全自由自在地和自己在一起。日记的功能之一,是"发现真实的自己",而这个真实的自己一定是复杂的、多面的,是需要有绝对的安全感才能暴露的。如果感觉不安全,孩子就会设防,最简单的办法就是关闭这个空间,干脆不说也不写,彻底切断与外界的通道,自己就安全了。

这样的孩子,不仅不能自由写日记,就是写作文、写文章、与人沟通、为人处世等，都是缺乏安全感的，都无法做到坦然淡定。

如果孩子允许父母看自己的日记，这是一份珍贵的信任，父母一定要珍惜，不妄加评论，只把日记当作一种交流方式。

万一看到日记里有什么意外的内容，也千万不要大惊小怪。既然孩子向你敞开了他的世界，这是一种无条件的信任，你也要报以无条件的接纳，认识到一切存在的都是合理的，去了解这件事发生的原因，然后怀着善意和孩子交流。

曾有一个初中男生的妈妈找我，她从孩子的日记里看到他描写死亡，说对死亡很感兴趣，她一看就吓哭了，结果把孩子也吓得不轻。其实，青春期的孩子，自我意识觉醒，开始思索人生意义，包括生死问题，这是好事。人终将面对死亡，你不能永远假装看不见。倒不如坦然，在适当的时机，和孩子一起平心静气探讨这些问题，孩子和大人都会得到成长。

我年轻时在师范学校教书，一个同事告诉我，他弄了个人头骷髅放在书桌上，提醒自己，人是会死的。当时我吓了一跳。后来越想越觉得他很清醒，有勇气，敢于直面死，懂得珍惜生。他成了我非常敬佩的人。

习惯养成了，不写还难受

有一个研究报告说，一个新习惯的形成，需要 21 天。不知这个研究成果是否靠谱。但不管是 21 天，还是 31 天、41 天，总之，只要能连续一段时间做一件事，最后达到不做就不舒服的效果，就说明习惯养成了。

写日记也是一样，先不管三七二十一，开始写。然后连续写，写上十天八天、一月两月。这个阶段是需要一定意志力的，可以先定一个小目标，譬如"连续写一周"，这看上去不难坚持；完成以后，再定一个小目标，"再连续写一周"……这样一周一周写下去，直到形成习惯。

> 每天在固定时间写日记，容易形成习惯。

在固定时间重复一件事，会产生节奏感。节奏一旦形成就有很大的惯性，符合节奏的行为让人轻松愉悦，打乱节奏则会感到别扭。比如，我们在唱一首歌的时候，很有节奏感，很舒服，但突然有人乱吼一嗓子，或者敲打另外的节奏，我们就会觉得很难受。我们小时候唱过的歌，要想说出歌词，可能还真说不出来，但唱就能唱出来。和节奏融合在一起的歌词，记忆是最深的，说明它在大脑中刻痕最深。和节奏联系在一起的东西很难忘掉。

我年轻时因为白天要上班，写日记、写文章、写小说都是在晚上，

第七章 最好的习惯，莫过于写日记

就形成了晚上写作的节奏。现在即使白天有时间，晚上也要写点东西才觉得舒服，如果连续几天晚上不写，就觉得自己面目可憎了。

鲁鲁初一开始写日记，他是什么时候写呢？也是晚上，晚自习下课以后，别人都回宿舍了，他在教室多待一会儿，也就那么十几二十分钟，把一天的事情想一想，记一记。后来他初三开始写小说，也主要是用晚自习下课以后的时间。然后周末回家有了大块时间，再集中写一些。积少成多，用了一年多的时间，最终写出了 27 万字。后来出版的小说《我去 中学》是 16.8 万字。

把要做的事固定在一个时间做，对养成习惯很有帮助。有人甚至需要有写作的仪式感，比如非要坐在某个角落，非要使用某支笔，这些都因人而异，只要是对建立写日记的习惯有帮助的，都可以。

沮丧、自责反而会破坏写日记的快感。只要能写就是好事，偶尔不写也没关系。如果你只能做到偶尔写，那也是好事，总比不写强。多鼓励自己，多想想自己的好，尽力而为就行。

> 习惯没养成之前，偶尔忘写或懒于写也是很自然的，没必要沮丧、自责，今天忘了明天接着写就是。

每个人的习惯不同，鲁鲁写日记是固定在晚自习后，我写日记主要也是在晚上，但白天也是随时写、随地写。

我的书桌上有正式的日记本，挎包里有巴掌大的记事本，家里还随处搁着小纸片：床头、餐桌、沙发、厨房、卫生间……只要是随手能写点什么的地方，都常留下我潦草的笔迹。这是因为我深知灵感之难得，之易逝，不得不珍惜。

我曾经和儿子说，我就是凭着这些小纸片吃饭的。我作品虽多，迄今已出版了几十本书，密集时算下来几乎平均一年半出版一本，如此大的写作量，却并没有写得形容枯槁、面黄肌瘦。为什么？就因为有这些小纸片，随时记录下了易逝的灵感，写作的时候就有了素材，甚至有了灵魂，有了骨架，只需补充肌肉、疏通血脉而已——相对来说这些都是更为容易的事。所以，别人看我在电脑前正襟危坐打字的时间并不是很多，但其实我24小时都在创作，随时在创作，半夜都可能抓起笔来写几句，只是别人看不见而已。

曾经，就在买菜的路上，我站在路边完成了一个短篇小说，可能花了两三个小时。当然，只是初稿。但最最珍贵的就是初稿，最最核心的东西都在初稿里面。当灵感袭来，整个故事的样子清晰地浮现在脑中时，哪怕我正在去买菜的路上，我也必须停下来，站在路边，把它写出来。那两三个小时所写的东西，一旦丢失，可能一辈子都无法再现。

日记写到我这个程度，基本上就不需要坚持了，因为完全是种享受，对我来说就是一种自然而然的生活方式，也是自然而然的工作方式，习惯了，让我戒也戒不掉。

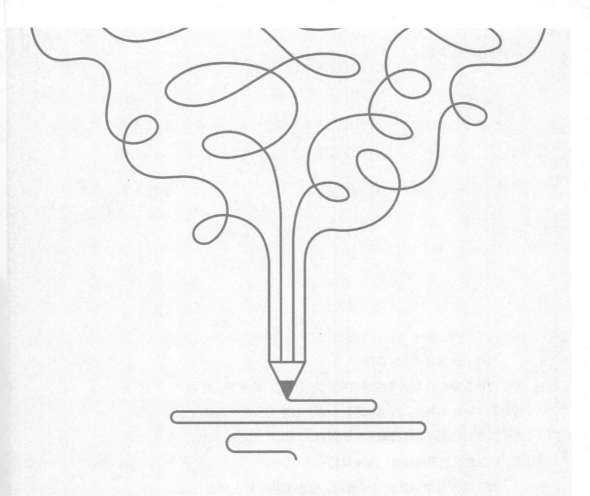

第八章

初中，从作文到创作

创作，也就是创造性写作。

为什么学生所写的东西通常被称为"作文"而不是"作品"？就是因为学生常常是以完成任务的心态，在学习模仿的框架内，完成一篇文字的写作。这样写出来的东西，比较程式化，不被别人重视，甚至自己也不会珍惜，写完就扔。

真正的作品是有其独特价值的，在内容与形式上都是无法混淆的个人表达。如果以这种标准去衡量，即使一些小有名气的写作者，生产出来的也不都是作品。

创作的门槛既高也不高。

一个孩子，能不能进行创作？怎样开始创作？如何才能写出真正的作品？

从写日记到写小说

说到鲁鲁写小说，就必须说到他写日记。他的写作活动实际上很早就开始了，写作早已成为他生活的一部分，那就是写日记。

鲁鲁从初一开始，养成了写日记的习惯。

我曾对儿子说，假如能够每天默想 10 分钟，离开电视，离开书本，离开人，独自待一会儿，假如能做到，哪怕每天只有 10 分钟，你就不是一般人了。

写日记让人自省。人一旦学会了和自己在一起，就永远不会孤独，也不会迷失，因为你有了一个最忠实的朋友、最仁慈的导师，他永远不会抛弃你，也永远不会误解你，他说的每一句话都是你正好需要的——他就是你自己！有了这种感觉，你会何等强大！写日记在儿子的心灵成长方面，起到了任何人都代替不了的作用。

当然，写日记最直接可见的功效，是提高写作能力。鲁鲁写小说的欲望和能力就是建立在长年写日记基础上的。

过重的学业负担，使得孩子们生活越来越扁平，精神越来越萎缩，这是全社会的问题，个人难以改变，但写日记却使鲁鲁获得一片私人空间，富氧而葱翠。

在孩子的课外写作这件事上，有不少家长心存疑虑，每每我讲座结束后，都会有家长提出类似问题："孩子学习已经很紧张了，写小说会不会影响学习？""写小说把孩子的心写野了，以后考试写不出命题作文怎么办？"

也有人问过我，李鲁为什么在初三最后半年最关键的中考冲刺阶段开始写小说，等中考完，有了空闲的时间再来写不行吗？我肯定地回答："不行！"创作是需要激情的，当表达的冲动袭来，如果不去表达，很可能转瞬即逝，永不再来。大地很丰饶，但你只能收获自己种下的粮食，必须做出选择。

我们很多人一方面希望孩子不同凡响，一方面又害怕他与众不同，害怕他不被大众认可，不符合"主流价值观"，过不上大家都想过的生活，这岂不是矛盾吗？人们往往不是没有梦想，而是没有勇气选择自己的梦想，坚持自己的梦想。一个人成长的根本动力在于自己，做父母的，其实只需要帮助孩子去释放他本身的生命力。

> 写与不写，就是一种价值选择，走什么样的路全在自己。

当李鲁写日记写了两年以后，他有了更多的东西要表达。到初三下学期，他有了更大胆的奢望——写小说，他要用虚构的方式表达自己！

这便是创作的开端。

于是，2011年3月，李鲁的小说正式动工。

2 坚持，必有所成

李鲁写小说是从初三下学期开始的，到初中毕业的暑假，已经写了六七万字，但我还一个字都没看到。当时我正在成都陪伴病重的父亲，儿子在北京的寄宿学校上学，周末回家才与我在QQ或电话上见面。他写小说都是利用零星时间写在活页纸上，并未录入电脑，也没法传给我看。因此我只知道他在写小说，却不知他到底写了些啥。

当年暑假，鲁鲁来成都探亲。外公的病已经严重到每天需要坐轮椅到医院输液，这次儿子过来既是看我，也是看外公，我心里知道，这很可能就是他和外公相处的最后时光。

鲁鲁独自从北京坐火车来。我在车站接上他，一到家，就迫不及待让他拿小说来看。他略带羞涩地取出一叠活页纸，果真是密密麻麻。我只看了几页，就被镇住了，定定地看着正在观察我反应的儿子，说："以后，我们在一起的时候，别人不会再介绍'这是鲁稚的儿子'，会说'这是李鲁的妈妈'——我要沾你的光了！"儿子嘿嘿地笑。

这是实话。他的小说虽然在谋篇布局上还很幼稚，但已经表现出了非凡的洞察力，人物描写不只是生动，很多细节都意味深长，我甚至可以读出隐喻的味道。

他的文字能量充沛，很多情节我只能用"荡气回肠"来形容，这还不是由于写作技巧，而是生命状态的体现。鲁鲁有写出好小说的潜质，他兼具情感和理性两种能力，他的文字能一下击中你，从感官到内心。我确确实实被打动了。

> "被打动"是相当高的标准，很多人可以写得华丽，但不能动人，因为他内心没有真正动人的东西。

文字就是灵魂的流露，什么也隐藏不了，所有的一切，都会从笔尖流出，被读者感觉到。只有内心真正有力的人，才能写出有力的文字。

现在鲁鲁的文字表现出了力量，这让我震撼，也无比骄傲。我意识到，他已经在写小说的过程中学会了写小说！现在他要做的，就是不受干扰、完全自由地把想写的东西写出来！

鲁鲁在学校写小说，只能是偷偷写，挤时间写，零零星星写，终是缩手缩脚。现在终于考完了，毕业了，而新的学期还没开始，这是一段难得的空闲，正可以肆无忌惮地写。

鲁鲁在成都的这个暑假，由于外公的病，我的活动范围被限制在医院和家之间，鲁鲁也就连带着只能宅在家里，偶尔下午和我去公园或博物馆走走。有时候，晚上安顿好外公，我和儿子骑上自行车，绕着一环路或二环路骑上半圈。一路聊聊天，在河边坐坐，喝杯冷饮，再慢慢骑回家，也是无比惬意。

更多的时候，我忙着照顾父亲，鲁鲁则自己安排时间。他的时间表很独特，一般是上午读小说，他每个假期都要精读一两本书，这个暑假读的是托尔斯泰的《复活》。中午则玩游戏或帮我做点家务。到了下午三点，才正式开始写作。这一写，就要写到晚饭前。

"下午三点"不知从什么时候开始，成为儿子的生物钟里具有启动意义的时刻。他在北京的家里也是如此，真正重要的事都是从下午三点开始，早几分钟都不行。来成都也是如此，三点前，他是个键盘侠，血战于网络游戏。从三点开始，他便如一尊雕塑，稳稳地定在书桌前。

他写作的地方是阳台上的工作间。鲁鲁过来后，书房里安了一张沙发床，成了他的卧室。与书房相通的阳台原先就已改造成工作间，一张书桌，一盏台灯，成了家里最静谧的角落，而窗台上的花花草草，既屏蔽着外界的喧嚣，又散发着优雅的活力。我不在成都时，那里是父亲读书、写作、处理日常事务的地方。我回家后，那里成了我写作和上网的角落。儿子来成都，他又成了那里的主人。一个家，总有一处最安静最舒适的角落，是给需要的人备着的。

鲁鲁坐在那个角落，一坐就是几小时，我们谁也不去打扰他，有时他出来上个厕所，我们也不和他说话，只是看着他静默地走出来，又静默地走回去。

晚饭通常在六点多。有时候饭已做好，鲁鲁还没出来，我便摆好碗筷等他。等的时间长了，觉得有点过意不去，劝父亲先吃，但他怎么都不肯吃。我便要去敲门，把儿子叫出来。父亲一把拉住我，"让他写，我不饿。"他小声说，生怕惊动鲁鲁。我便和父亲坐在沙发上压低嗓子聊天，直到书房的门打开，鲁鲁走出来，望着一桌子菜，又望望钟，惊讶地说："都七点多了？你们先吃啊！""不饿，不饿，一起吃！"一家人这才坐到桌前，开饭。

那个暑假，鲁鲁让我非常感动。他小时候喜欢美食，每逢去饭店吃饭，必欢欣鼓舞、大快朵颐。每天放学回家，第一句也必定是问"今天吃什么"。但这次回成都，我没有时间带他出去吃，家里由于父亲要吃得清淡有营养，我也没有精力去讲究美味和丰盛。饮食有些单调，但儿子全无怨言，他在很多生活细节上显示出的淡泊，让我意识到他已不是一个孩子，他内心有很强的包容力。

他只有14岁，他的淡定已令我惭愧。成都的夏天闷热潮湿，家里唯一的空调在父亲卧室，而父亲病重体弱，又不能开空调，鲁鲁便只能以一台旧电扇降温。

他每天最主要的娱乐是玩游戏，而玩游戏的笔记本电脑已经老旧，玩一会儿便热得烫手，再玩就要罢工。他就发明了单手游戏法，左手将笔记本的一端抬起散热，右手在键盘的斜坡上拼杀，整个人歪着身子斜着头，不一会儿就汗流浃背，每天衣服上都是一圈一圈的白色汗渍。

看他实在可怜，我便去帮他抬起笔记本，这样他可以两手自由地飞翔一会儿。条件如此简陋，他却毫无怨言，每天愉悦地玩游戏，平静地写作，似乎只要有一台电脑，一个安静的书桌，一切都满足了。

一个暑假下来，他的小说推进到十六七万字，已经初具规模。他大概也知道，开学以后，就再也没有这样大块的时间来创作，必须抓紧。但写作是一个创造性劳动，不是拧水龙头，一拧水就出来了。字要一个一个写，急也急不来。

快开学了，鲁鲁必须回北京了。外公不能送他去车站，坐在沙发上，握着他的手，说："不晓得还见得到你不。"话一出口便泪如雨下，再不能发声。我赶忙安慰他:"见得到,见得到,春节还要回来看你。"但其实我心里明白,这恐怕只是安慰。果然,这一去便是永别,父亲于 2011 年 10 月 3 日去世,距鲁鲁离开不到一个半月。

父亲虽早已知道自己的病,却一直乐观开朗。照顾他是一件轻松的事,他从不会用自己的恐惧来让我恐惧,用自己的痛苦来让我痛苦,和他那样一个得了绝症的人在一起,我却很少感觉焦虑,反而常感幽默和欢快。

每天到医院输液,他常和病友开玩笑:"我不会死的,我还要看到我孙子去美国,看到他出书。"但他终于没有等到这一天。

以前我出的每一本书,父亲都要精心收藏,还会自己掏钱买来送人。为了给我"打榜",他会专门骑车去市区最大的新华书店购买我的书。由于他的购买,那一周我的书或许就能登上当地报纸的"图书销售榜"。可怜天下父母心!现在世界上再也没有这样一个人了,关注我、支持我,不需要任何理由,不计较任何回报,完完全全就是为了我……世界上再没有这样一个人了,每每思及,潸然泪下。

父亲没能亲眼看到他心爱的外孙的小说出版,这是一个很大的遗憾。但他亲眼看到了外孙创作的过程,我想他内心是满足的,鲁鲁没有让他失望。

2013 年春节前,距父亲去世一年零三个月,我亲手将儿子已经出版的长篇小说《我去 中学》放在了父亲和母亲合葬的坟前。默然无语中,青烟缭绕,我的父亲母亲,我想你们都看到了。

最好的老师就是自己

鲁鲁返京后，我们又开始了网上见的交流方式，还是只能每周一次。聊的内容很多，但涉及小说的越来越少。我渐渐有种担忧，怕他的小说写作难以为继，不只是因为学习压力大，更主要的是他现在读的国际高中，生活过于明丽，与初中的氛围大相径庭，他要将心思从当下的明丽气氛中抽离出来，去写压抑的故事，实在不易。

不久，他的创作果然陷入瓶颈，越写越慢，越写越沉闷。

到了寒假，他正好写到"放寒假"这章，我这时也已经处理完父亲的后事，回到了北京家中，又能亲眼看到他创作了。但他这个假期的状态显然比暑假在成都时差很多。他还是每天写，但直到寒假已经过半，这段"放寒假"还没写完。总是找不到感觉。

这天，他沮丧地对我说，越写越没劲，不知道怎么往下走了。我建议他先放下，跳过这一段，从"下学期"直接开始。"跳过去？那岂不是断了，不完整了？！"他当时的构想是要写出初三的全记录，有点舍不得放弃。

"不必追求完整，如果在一个地方卡住了，你就直接跳过去，继续往下走。走到最后，如果发现这个跳过去的地方是有价值的，再倒回去补，那时候已经有了新认识，写起来也没那么困难了。如果发现没有价值，说明当初的放弃是正确的，早点放弃不是更值得庆幸吗？"他觉得有理，一狠心，把写了大半个寒假的章节直接废掉，从"下学期"重新开始。

这一来一下就顺了，积郁了半个寒假的能量爆发出来，连续几天下午都是从2点写到6点，欲罢不能，用他自己的话说："我一想到又要批判熟悉的东西了，就兴奋。"由此可见，写作一定是要写熟悉的东西，写自己有感觉的东西，感觉强烈才能写好，没有感觉的事情就不要去硬憋。

平时我对鲁鲁的创作是不发表意见的，除非他自己需要帮助了，来找我商量，那也是一种探讨，取舍完全在他自己。

我从来不把正在进行的创作拿出来示人，不想听到别人指指点点。在创作阶段，外人无论出于任何原因的介入都是一种干扰，评论只能是在作品完成之后。没有亲自创作过的人很难理解这一点，因而很多人教孩子写作都不得法。

> 写作是一件自由的事，如果不能完全自由地探索和表达自己的内心世界，就不能体会到价值感和愉悦感，写作的动力就会匮乏，质量也会降低。

写作不是教出来的，就像走路不是教出来的一样。人天生都有模仿的能力，小孩学走路，只要看到大人走，就知道走是怎么回事了，然后最重要的就是自己亲自去走。

其实，鲁鲁废掉的"寒假"那段也不是白写的，他在这个跌跌撞撞的过程中也有所得。正因为那一段不是他熟悉的校园生活，他必须进行更多的虚构，这才使他真正触及了小说创作的真谛。

在这之前，他作品中的所有人物和情节都能找到现实的原形，相似度很高，直到"下学期"，林小倩出场，才开始有了真正的"虚构"。这个女生是没有现实原形的人物，从她，鲁鲁才开始了真正的小说创作——源于想象，从无到有，而不是对现实的临摹和改编。

而林小倩的出场，距他开始写小说已经有将近一年时间，他写了将近一年才写到这个人物，才开始尝试虚构，学会虚构。

又写了半年，到高一暑假，鲁鲁的小说已经达到二十多万字。写小说，已经成了他日常生活的一部分。平时在学校里，每天多多少少写一点，到了假期，自然又要集中地干。现在，他驾驭文字的能力已经很强，文字本身不再是障碍，他可以更自由地徜徉在心灵的世界，因此写作的快感更强烈，动力更充足。

> 没有任何一门"写作"课能教会人写作，写作都是在写作的过程中学会的，你必须亲自去写。最好的老师就是自己。

现在，他上午也要创作了。

这天，鲁鲁从上午十点写到十二点多，中午照常玩电脑，下午又从三点开始，写到六点多。晚饭弄好了，是他喜欢的泡椒鱼，让他出来吃，叫了几次都不应。每次我都是轻手轻脚打开他的房门，轻声叫他出来吃饭，他却一直奋笔疾书，对我的话充耳不闻。

我和他爸守着一桌子菜，嗑着瓜子聊着天，等他。终于，房门打开，儿子出来了。但他对泡椒鱼毫无反应，只吃，话也不多。木然地吃完饭，没有一秒钟停留，碗一扔，马上又回了房间。

到晚上九点多，鲁鲁终于出来了，到我工作的阳台，笑嘻嘻地说了句:"完了。"满脸的惬意轻松。我和每次一样,握住他的手摇了摇,开玩笑说,巴尔扎克当年写作的时候,终日关在房间里,只穿一件浴袍,一个人时而自言自语,时而大声咆哮,别人以为他是疯子,其实是因为写作进入了状态,他自己也变成了书中人物。"你现在也进入状态了,不过还没达到巴尔扎克的地步!"我们俩都哈哈大笑,看得出他心情大爽。

算一下,他这一天,坐在屋里写了七个小时!能写到这个状态,说明他情绪完全进去了,和书中人物已经同体,写出来的东西还会差吗!

写作，
是灵魂开出的花

8月底的一天，鲁鲁在他房间里写了大半个下午之后，走出房门，端着一杯水，带着笑意，腼腆地说："完了。"

我一看他的神态就明白了。

"全部？"

"全部。"

"太伟大了！"我的欢乐瞬间爆发，他爸也兴奋得手舞足蹈。虽然这是一个必然到来的瞬间，但当它真正到来的时候，我还是有突如其来的惊讶和震撼。

鲁鲁小说杀青，我们，还有朋友，认识不认识的，都说"祝贺""太棒了""厉害"……等等，而他自己在日记里却是这样写的："我写了有一年半的小说总算结稿了，从科迪（注：鲁鲁的初中母校）初三到康福（注：鲁鲁的高中母校）高一，方朔、黑哥等人物一直伴随着我，现在这个故事终于结束了，应该说这是件好事，大快人心。但是之后修改还是一个问题，这几天先不管了，好好休息一下。"

平淡的句子，读着令我眼湿。这个故事终于结束了，这段陪伴也终于结束，千里搭长棚，没有不散的筵席。结束一部小说，就等于一次永别，朝夕相处的人物，从此天各一方。

　　这才是一个写作者心底最真实的感受。整整一年半，从科迪到康福，从初三到高一，这正是他人生一个重要的转折期，他经历了残酷的中考，做出了重要的人生选择，走上了准备出国留学的路。而在这个过程中，他一直在写作。一个黑色的活页夹，一叠活页纸，每天抽空写一点，有时半小时，有时一小时，有时也许只有十几分钟——当然，在寒暑假里，他每天要写几小时——周末回到家，就把写好的活页纸取下来保留好，再换上新的纸。就这样一页一页积累，总共写了602页，27万字！

　　这六百多页，都是有生命的纸，他的那些人物活在上面！只要他开始写，他就与小说中的人物见面，无论现实怎样粗砺，都无法磨掉他的锐气，无法让他灰头土脸。因为他心中还有一个世界，在那个世界里，有他一手创造出的生命，他像上帝一样，往这些人物的鼻孔里吹一口气，他们就活了。

　　他是上帝，他可以做上帝，在他自己的世界里！这对于他来说，有着怎样的意义啊！创作是神圣的，直到这一刻，我也才领悟了，我自己为什么会对文学一辈子也舍弃不了，我为什么会一直耿耿于怀，放不下那些很难发表的文字。谢谢儿子，你给了我指引。

　　每每想到儿子在那些离家住校的日子里，在如他小说所描绘的那样一个灰暗沉重的环境中，是小说里的人物陪伴着他，我就觉得，写作真是一件太值得感恩的事。

　　写作，绝不能用"勤奋"去形容，它是灵魂开出的花，美而甜蜜。

　　写小说最重要的不是出了个成果什么的，而是灵魂的成长。节假日，我们总是看到景点人满为患，为什么一放假人们就必须大吃大喝，必须到处去走？人为什么就静不下来？

> 人们稍微有一点空闲，就必须用各种活动、各种热闹去填满，很难看到有人静静地享受独处。人们常把"精神家园"挂在嘴边，却很难真正去建设这个家园、享受这个家园，人若没有一个内在安住的地方，心就永远在饥渴，永远在漂泊。

儿子能够写作，这是天大的福分。写作让他能够独处，就如安静的土地上，能长出一茬又一茬的植物。这就是鲁鲁为什么自初三以来成绩越来越好（包括数理化科目），做学习以外的事情也更加得心应手的重要原因，也是所有认识他的人都觉得他沉稳淡定的重要原因。

写小说培养出他更加阔大的眼光，让他跳出自身的狭隘视界。写小说，需要作者站在不同的角度去看世界，他自己是一个角度，人物又是一个角度，不同的人物有不同的角度，他经常要在各个角度间切换。这需要他的心灵空间有不同的维度，比常人更广阔、更灵活。写小说的训练，让他在现实生活中也有了更大的灵活性和应对力。

到了这一步，鲁鲁就不再需要我操心了，他什么时候学，什么时候玩，都是他自己的事，甚至他要做什么，未来该怎么走，都可以完全交给他自己决定。

鲁鲁喜欢读书，喜欢写作，有时会和考试相冲突，我也由他自己去平衡。高三的一天，夜里11点多，学校已经熄灯，鲁鲁发来微信，说他最近看了《挪威的森林》，快看完了，感觉不错，和以前看的巴尔扎克、托尔斯泰很不一样。于是我和他在微信上讨论起了文学，直到12点多。

其实他时间很紧，当时正是留学申请的关键时期，相当于普通校的高三冲刺,连暑假都住在学校进行强化培训。但就是在这样的情形下,他不仅读了一本《挪威的森林》,还读了半部《百年孤独》,都是在手机上读的。我问他怎么有时间读小说,他说:"一般就是回宿舍之后零星看一些,……我是觉得生活不管怎么样必须有这些东西的滋润才能不枯燥。所以要找点东西来看。"

我对他爸说,娃儿要走什么样的路,恐怕是挡都挡不住的。

鲁鲁虽然高一时完成了长篇小说《我去 中学》的创作,高三时小说出版(实际是高中的第二年,他高二跳了一级)后,他戴上了"少年作家"的帽子,但他的成长实在太快,到高四时,这顶帽子已经不很恰当了,他的写作已经脱离"少年"情怀,远不是小说出版时的样貌。进入加州大学伯克利分校之后,不到两个月,他开始用英文写小说。大学二年级,他的英文小说 *Saivation*(《救赎》)出版。四年后,他在乔治·华盛顿大学读 MBA,又开始了第三部小说的创作。

我不知道他会走多远。

记得有一次我在海淀剧场做讲座,有家长提问:"怎样让已较优秀的孩子达到卓越?"我当时回答说:"不阻碍他,给他充分自由,让他已有的天赋充分发挥;另外,激发他的使命感,激发他的生命意识,创造机会让他成就自己。"——当然,这是一个笼统回答,问题太大,三言两语不可能说清。

人如果意识到生命有限,肉体必腐,就

> 丰子恺说人有三重生活:物质生活、精神生活、灵魂生活。人做任何事情其实也有这三重动力,物质刺激是第一层,兴趣爱好是第二层,第三层更为深沉,那就是生命意识的觉醒。

会珍惜时间，去追求比肉体更能恒久留存的价值。所有伟大人物都对死亡有着深刻的思索，并将超越死亡作为一种人生追求，这是一种终极动力。

我们身处的世界不好也不坏，决定一个人沉沦还是升华的不是环境，是自己的灵魂。儿子有一个丰沛的灵魂，我已无话可说。

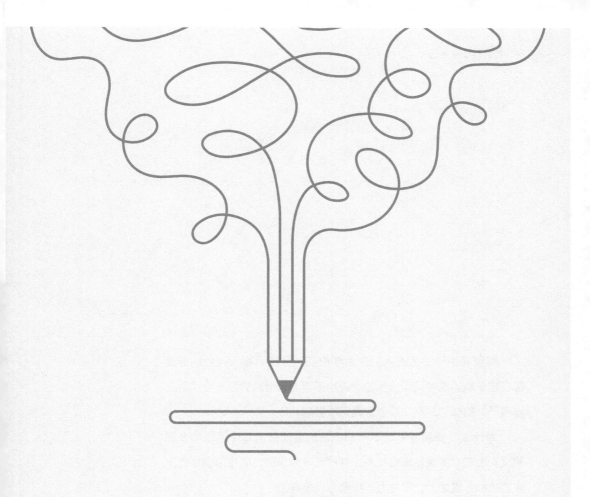

第九章

写作把他送进
世界名校

李鲁高中毕业后进入加州大学伯克利分校。有人说他能被美国名校录取，高中阶段出版的小说功不可没，但这只是一个"别人家孩子"的成功故事，普通家庭无法复制。

　　为什么非要复制？出版一部小说难道就是他写作活动的全部意义？也许，美国名校看中的，并不是一部小说，而是小说体现出来的素质：表达力、思想力、行动力、领导力……

　　写作与"行动力"有什么关系？与"领导力"有什么关系？有这些能力的孩子，即使不出书，他能走多远？不写书的孩子，又怎样获得这些能力？

与其补"短板",
不如突出"长板"

李鲁高中读的是国际学校。几乎所有国际学校的学生,本科都会到国外留学。李鲁的小说《我去 中学》在他高三时正式出版,正赶上留学申请的关键阶段。

留学申请和国内高考不同,不是"一考定终身",而是由整个高中阶段的平时成绩(GPA)、一系列标准化考试成绩(托福、雅思、SAT、ACT、AP等)、社会实践活动、申请文书等一大堆综合因素决定,学生固然不会因为一次考试考砸了就完蛋,但也不会因为你是学霸考了状元就一定会被名校录取——在这个体系中根本没有"状元"一说。但学生并不会因此就压力减小,反而因为巨大的不确定性而处于持续的压力之中。

李鲁并非学霸,标准化考试成绩不算很高,也没有突出的社会实践活动,譬如那些年很受追捧的支教、慈善、模拟联合国辩论等,他都没有深度参与,唯一与众不同、长期实践并小有所成的就只有写作。

小说的出版恰逢其时,为他的留学申请增添了亮色。因为一部长篇小说不是短时间内出于功利、通过恶补就能完成的,一部作品摆在那里,本身就是实力的证明。并且,它所证明的不仅仅是才华,还有比才华更重要的品质、个性、价值观、行动力和领导力。

于是,"写小说"这件事自然就成为他的申请文书的重点。后来李鲁被包括加州大学伯克利分校在内的五所美国名校、包括圣安德鲁斯大学在内的三所英国名校录取,很多人都说这部小说功不可没。此话既确切也不确切,谁也不知道招生官到底是怎么想的,也就不知道这部小说在留学申请中到底起了什么作用,一切都是基于推测。

但有一点是确定的,就是李鲁在写小说过程中锻炼出来的诸多能力,切切实实地帮助了他的留学申请。

在我们的教育界曾有一个非常流行的"木桶理论",强调均衡发展,通过"补短板"提高低点的位置来提升整体高度。但现在人们渐渐认识到,所谓"木桶理论"的削高补低,未必科学。

人的精力有限,把大量精力用于补"短板","长板"就无力顾及。而短板之所以成为短板,往往就因为那是自己不喜欢、不擅长的,所以才做不好。把大量精力放到原本就不喜欢、不擅长的事情上,很可能最后还是做不好,却因此牺牲了原本就喜欢、擅长,极有可能做得出色的事,这是个好策略吗?

> 我倒更欣赏另一种思维"顶端优势",它的着眼点是突出优势,通过提升顶端来带动整体。现在的社会更青睐有个性、有特长的人,作为个人,也更有可能通过提升顶端优势来带动整体发展。

任何一个生命都很难均衡用力于各个部位的生长,总有一些部分享有能量供给的优先级。就像树木,越是高处,枝叶越茂盛,果实越壮硕,顶部永远比底部强,因为顶端拥有充足的阳光,拥有更优势的资源,正是顶部的高度决定了整棵树的高度,决定了它在森林中的地位。虽然顶端优势牺牲了低处的枝叶，但整棵树却因此获利，得以在茂密的丛林中出人头地。可以说，"顶端优势"就是整棵树的优势，这是大自然赋予每棵树的本能。

李鲁的顶端优势就是写作，他通过这项顶端优势让自己的精神境界和现实位置都得到了提升。一众名校的录取，不过是这优势的自然结果。

项目式写作，
一场探索

前段时间，看见一个学术大咖要开课的广告，是讲怎样写学术论文，受众主要是硕士生、博士生、大学青年教师。

都已经是博士生、大学老师了，还需要学习怎样写论文？出于好奇，也出于自我提升的需要，我买了课。待到开讲，我大吃一惊，怎么这么基础？似乎是高中生都应该懂的道理啊，为什么还要讲给这些博士生、大学老师听？但从现场提问来看，他们还真是需要听。

写学术论文说到底也是一种写作，基本原理和写议论文的原理相通。大咖在课中反复提到的要有论点、要言简意赅、要谋篇布局、要考虑导师的感受等，难道不都是常识吗？只不过作为博士论文，要观点更独到、材料更翔实、表述更专业、更符合学术论文的范式。而这些，博士们通过阅读别人的优秀论文，通过亲自写论文，通过与导师、同侪交流探讨，应该早就学会了吧？还何需花钱听课？

但就是有这么多人来听！上千人！

这并非个别现象。我一个朋友的妻子，在大学旁边开了个复印店，但她的收入来源主要不靠复印，而是靠给大学生们改论文。她本人连大学都没上，却能靠给大学生改论文吃饭，是不是很讽刺？

很多人大学都毕业了，还根本不会写论文，有些人甚至把这种不足带到了硕士生阶段。这种不足所反映的，不仅仅是写作能力的缺陷，更是思考能力、解决问题能力的缺陷。

> 写作从本质上来说就是一项探索活动，是对自我的探索，对世界的探索，而凡是探索都一定是有目的、有过程，最后也有结果的。写作不过是把这场探索的每个环节都准确地呈现了出来。

其实写论文的训练在高中就可以开始了，那就是项目式写作。所谓项目式写作，就是以项目来统领写作。在这里，写作不只是一个单项训练，而是要解决一个问题，完成一个项目。

譬如，你要参加一场演讲比赛，为了这场演讲你必须写一篇演讲稿，这样的写作活动就是项目式写作——写作对应着一个真实而有意义的活动，有具体的目的和手段，能解决具体问题。由于这篇演讲稿必定会运用到一场具体的活动中，写的时候就会格外用心，会全面考虑演讲的主题、时长、听众等各个因素，调动所掌握的各种素材。写完之后，会反复修改，反复演练，以期达到最好的演讲效果。你对这篇演讲稿投入的心血，会大大超过平时单纯写一篇作文所付出的心血。而演讲完后，同学、评委、家长各方面的反馈还会让你检视写作的得失，这无疑又是一次成长。

如果说写演讲稿、广播稿、校报稿等还是一种比较单纯的项目式写作，自己一个人做案头劳动就可以完成，还有些写作活动则需要多人协作，可能还需要田野调查。譬如，一组孩子进行一项社会调查或科学考察，最后分工合作完成一篇论文，这就是一种研究性学习加项目式写作，如果在高中阶段有这样的训练，将让孩子受益一生。

我认识一个北京的高中孩子，他对北京胡同很感兴趣，便邀约了几个有相同兴趣的伙伴，利用周末时间去考察北京的胡同。孩子们分工合作，有的拍照，有的采访，有的收集老物件，有的查阅资料。家长也参与了这项活动，帮孩子们请来专家讲解。经过一段时间的田野调查，孩子们汇合各自收集的素材，坐下来分析、讨论，形成观点和写作框架，再分头执笔去写，最后由一人统稿，完成了一本《北京胡同研究》，并且在家长的帮助下正式出版了。

这就是一次非常典型的项目式写作。它的精髓在于，孩子们不是为了写作而写作，而是在做一个真实的、有意义的事，是在用自己的研究和写作来观察世界、探索奥秘、解决问题。他们把平时所学的历史知识、文学知识、民俗知识等都放到了"胡同"这个真实的情境中，运用于解决具体问题。在写作过程中他们根据写作需要，不断寻求新知识，这种"主动寻求"目的性极强，手段也不拘一格，对他们的学习能力、思考能力，以及融合跨界研究、团队协作完成项目的能力，都是极好的锻炼。

李鲁高中读的是国际学校，所有同学都是要申请国外大学的，而国外顶尖名校都非常重视学生的课外实践活动，希望从中发现学生的综合素质和发展潜力。所以每一位同学都会根据自己的特长，在高中阶段完成一两个有质量、有特色的项目。有人支教，有人做慈善，有人护鸟，有人在父母的实验室做科研，也有人在学校开起了小卖部……而所有这些活动，最终要体现在申请文书中，那就成了项目式写作，其成果是会直接影响到录取结果的。

李鲁在高中也参与了一些类似的活动，但他最终写入申请文书的项目,还是他最擅长的,那就是写作。写作本身就是他的项目。

他从 14 岁(初三)开始创作小说,这是一个真实而有意义的事,他是真真实实在创作,在用笔表达自己的真实感受和思想,完成一个属于自己的作品。由于是第一次写小说,他没有经验,边写边学,一边阅读名家名著,一边思考自己的创作。这种有目的的研究性阅读,其深度、广度和效率都绝非课堂学习所能比。而他这本小说的创作过程延续了整整一年半,最终的初稿有 27 万字!这代表着他这个写作项目的体量。

那么,完成这部小说对他个人成长有什么意义?美国大学的招生官又从中看出了什么?我以为这是不言而喻的。

再说回来,普通公立校的学生能否将常规的"写作文"转化为项目式写作呢?当然能,这主要取决于学生本人、老师和家长的观念、意识。很多事情就是一念之转,李鲁在高一时完成的一次小型项目写作就能说明这一点。

李鲁高中就读的学校有一个传统,就是所有已通过面试等待录取的新生,入校前都要参加一期封闭式英语夏令营。夏令营为期 10 天,公益性质,老师全部是来自剑桥、哈佛等世界名校的学生。

李鲁原本在入校前也应该参加一期夏令营,但因为那个暑假他到成都探望病重的外公,学校特许他缺席。这个缺席算是一个照顾,但也留下一些遗憾。

没想到,高一结束后,李鲁意外地获得了弥补这个遗憾的机会,他被学校选为夏令营助教,以另一种身份体验了一次夏令营。

夏令营学生按英语水平分成 10 个班,李鲁被分到六班任助教。六班的外教 Richard Alam，来自剑桥大学，家在伦敦，有印度血统。后来又来了一个哈佛的大二学生，读数学和化学的，才 18 岁。

开营后的前几天，李鲁按部就班地配合外教上课，帮着分发教材，当口语翻译，选班委，指导排练节目等，就是普通助教做的工作。

到第四天，他正无所事事地在校园里游荡，遇到曾经教过他英语的曹校长。曹校长把他叫到办公室聊天，问他来学校当助教最该干什么，他随口答道："跟老外交流。"

曹校长摇了摇头："交流？就只是随便聊聊？"李鲁有些迷惑，那还能怎样？"要带着目的去交流。"曹校长一语点破："你应该做一个课题，采访那些外教。他们可都是来自全球顶尖学校的学生啊，采访他们是可遇不可求的机会！然后写出一个报告！"李鲁如梦方醒，对呀，机会就在眼前，这才真是一件大事！

他的激情一下子被点燃了，事后他在日记里写道："老曹（曹校长）能点拨我，也说明他确实看重我。"一个学生若能遇到真正赏识他的老师，那是多么大的幸运。"聊天"和"做课题"显然有着天壤之别，不同的动机决定了做事的效果。感谢曹校长，他是一位真正的导师。

接下来李鲁马上进入状态，整个下午都在想这个课题的事。最后定下了研究题目——是什么造成美国和中国大学生之间的差异，这样的差异又会给国家的未来造成怎样的影响。他在 2012 年 7 月 22 日的日记中写道：

"我觉得这个课题很适合现在去研究，因为正好身边有还在读国外顶尖大学的优秀学生。我设计了几个需要与外教讨论的问题，一是你的爱好对于选择专业的影响；二是你未来想做什么？现在的专业会对其产生什么影响？身边人的职业是否与他们的专业相关；三是大学的作用究竟是什么？我觉得这几个问题就很能体现出中国大学生和美国大学生的差异。我打算采访之后整理出资料，写出一篇关于中外教育对比的报告。"

这看上去是一个过于宏大的结构，而且有观点先行的偏狭，但无知者无畏，从没做过课题的李鲁，就这么轻装上阵了。

第五天。"课间的时候，我采访了Alex,他在剑桥读医药专业，将来想当医生，这是他的梦想，但是这跟爱好并没有太大关系，只是一种职业选择。之后Richard也来了，他是学法律的，以后想当律师。他说在英国大部分学生做的工作跟他们所学的专业并没有很多关联，因为一个岗位的竞争很大，如果你不是最好的，你就无法得到这份工作。这点看来还是和中国差不多，但是中国的大学生玩的时间多，因为他们不知道自己想要啥，或者说不知道自己能得到啥。不像这些外国学生，即使在哈佛、剑桥都还在很努力地争取。"（日记2012-7-23）

第六天。"开完会之后，我又跟老曹说了一下课题的事。我觉得我手头上数据还是太少了，得上网查查，或者再跟其他外教交流一下，之后找时间写出一篇文章来。……晚上我去机

房查了一下关于英美高校毕业生就业的资料,记在了本子上,准备明天开始着手写。"(日记2012-7-24)

第七天。"上午我没去上课,直接去了机房,构思那篇报告该怎么写。我在机房想了想,就建了一个word文档开始打字了,直接用英语写。……中午觉得有点困,就回宿舍睡了一觉,不过也没怎么睡着,等他们上课有一会儿之后,我就又去机房继续写那篇文章。整个下午我都在机房待着,期间也不断有老师、学生、外教来玩,还是挺热闹的,但我基本没有受影响,下午写到了500多字,还把上午写的修改了一下。晚自习我回班参加他们的英语辩论会,……之后我又去机房写文章。"(日记2012-7-25)

第八天。"上午又在机房写,中午睡了一觉,下午又去,终于在下午最后一节课下课之前写完了,有1000多字吧。这是我有史以来写的最长的一篇英语文章了,真的挺有成就感。写完之后我觉得轻松了好多,完成了一件大事,我想可能到我小说完稿的时候肯定会更爽。"(日记2012-7-26)

李鲁的文章完成了,这只是一次小型的项目式写作,但对于问题意识的培养,以及探究问题、解决问题能力的提高,显然有好处。

写作为什么能体现领导力

还在李鲁上初中时,有一次我和朋友聊到儿子喜欢写作,正在写小说的事。朋友沉默片刻,语重心长地提醒我,最好不要让儿子走写作这条路,一是吃文学饭,太难;二是以写作为特长,将来在单位最多当一个"笔杆子",辛苦又没啥前途。

她说的是大实话。但当时鲁鲁还小,我还没认真规划他的职业发展,只是出于尊重他的爱好,也是出于我自己对写作的偏爱,全力支持他写。那时觉得,他爱写就写,将来并不一定当作家,也不一定以此为生,但写作练好了,技多不压身,总有用吧。

因为这个能力不只是"写"的能力,它实际上是思想的能力、表达的能力、行动的能力,以及精神境界和意志品质的体现——有梦想的人铺天盖地,又有多少人能够长年累月地写,一个字一个字地实现它?

> 在我的经验中,写作既是一种爱好,也是一种能力,这种能力会让人在做别的事情时如虎添翼。

一个孩子,若具备了这几项能力,将来还能没出息?

时间快进到鲁鲁高二,是时候检测他的能力了。这时我发现,尽管之前我对写作的好处已有充分预计,但仍然认识不足,我还是低估了写作的好。我没想到的，写作竟然还体现了宝贵的领导力！

由于传说中美国名校都十分看重领导力，为了体现自己的领导力，学生们都积极参与各种社团活动，争当创始人、领导者。但创始人、领导者毕竟只是少数，鲁鲁的性格又比较安静内敛，对领导他人的热情不高。这一度让我有些郁闷、担心。

但逐渐的，他在一些集体活动中的表现，让我有了不同的感受。

高二的一天，鲁鲁和班上九位同学去参加一个宣传"宜农贷"的公益活动。这个活动是由一家金融企业组织的，企业向农民提供低息小额贷款，帮助他们脱贫致富。这个项目被联合国青年大会认可，参与者通过选拔，将有机会去美国参加联合国青年大会举行的"扶贫接力、青春公益"大会。

正能量，"高大上"，我们当然支持。

4月的一天，公益活动的启动大会在国家科学院图书馆会议厅举行，我和他爸都去助阵。没想到来了这么多人，礼堂座无虚席。几乎都是年轻人，都是大学生，还有不少是从外地赶来的，鲁鲁他们是现场唯一一支高中生团队。

大会开始前，组织者邀请一些人上台分享公益感想，我们一家也在受邀之列。时间仓促，我们各自想了一下自己要说的话，很快就轮到我们上台了。我心里有些紧张，不是为自己，而是为儿子。我还从没看他在这么大的会场上讲过话，又不知道他具体要讲些啥，难免为他捏把汗。

我和他爸都只是简单讲了几句。话筒就递到了鲁鲁手上，他开口了，首先感谢大会给了他分享的机会，然后讲到他的公益经历——我们一家在一个小山村创办图书室。讲到这里，台下很多人露出"不过如此"的表情，因为这是一个耳熟的桥段。但接下来的情节却渐渐出奇，因为这次公益活动是以失败告终的：由于缺少当地人参与，当我们一家因特殊原因离开村子后，图书室便荒废了。

看起来是个令人沮丧的结果，他却话锋一转，引出一个建设性观点，那就是：做公益单靠个人努力是不行的，要想保证它的持续性、有效性，就必须有组织、有计划，更重要的是，要有被帮助对象自身的积极参与——这恰恰是"宜农贷"能够做到的事情，以"贷"代"捐"从根本上提升了公益扶贫的可持续性。

我大为震撼，第一次目睹并聆听儿子的正式演讲，就看到了如此的表现！没有讲稿，临场发挥，如此清晰、有力！

站在舞台上，望着身边侃侃而谈的儿子，我有了一个前所未有的发现，那就是——领导力！

首先，他会讲故事！他从一个具体事件中发掘出了观点和意义，具有强大的说服力。

著名的趋势研究专家丹尼尔·平克在他的著作《全新思维——决胜未来的6大能力》一书中，介绍了一个人在未来社会必须具有的六大核心竞争力：设计感、故事力、交响力、共情力、娱乐感和意义感。所谓"故事力"就是编织故事、理解故事的能力。

为什么故事力这么重要？因为现代社会信息越来越泛滥，信息的获得越来越容易，拥有多少信息已经不是那么重要了，更重要的是整合信息的能力。而在诸多整合信息的能力中，将信息"故事化"更是重中之重。也就是把信息置于某一情境之中,使之具有情感冲击力。这就是故事力的秘诀。

曾经有一位做服装生意的朋友想打造一个童装品牌,让我帮她的品牌编一个故事,故事要包含"小仙女""森林"等元素,与童装的风格相匹配。然后她再请人围绕这个故事去设计 Logo、包装、店面、宣传品等。这其实就是把商品信息融入故事情境中,造成情感冲击力,促使消费者购买。

说到品牌和故事,大家很容易联想到"苹果"。为什么"苹果"总是伴随着乔布斯的故事,虽然斯人已逝,但关于他的故事却历久弥新?产品需要故事,对"苹果"来说,乔布斯就是最好的代言人,他本人的故事就是对品牌最好的诠释。

小到一个品牌,大到一个国家、一种文明,都需要故事来演绎。人类社会无论是政治活动、商业活动、文化活动……一切活动,都要靠故事来推动。没有故事的人,不可能是个名人!没有故事的国家,不可能是个有影响力的国家!没有故事的时代,意味着已被遗忘!故事就是存在的证明。

故事是人类理解事物、维系社会关系的基本手段。尤瓦尔·赫拉利在《人类简史》中,将"拥有创造故事的能力"作为人类进化史上最重要的一步,正因为人类会用幻想出来的故事编织成一张意义之网,让大家都相信这张网所体现的意义,并由此产生大规模的协作,人类才与其他动物彻底分离开来,最终站上了食物链的顶端。尤瓦尔·赫拉利在书中说道:"人类和黑猩猩之间真正不同的地方就在于那些虚构的故事,它像胶水一样把千千万万的个人、家庭和群体结合在一起。这种胶水,让我们成了万物的主宰。"

多么宝贵的"胶水"!而李鲁恰恰拥有了它。在台上短短几分钟,他用一个乡村图书馆的故事,准确地阐释了他正在推广的这个"宜农贷"公益扶贫项目的意义,他是一个合格的动员者,其有力的武器就是讲故事。

他为什么能够在短短的时间内把一个故事讲好?这就不能不回到他的写作活动,一个从14岁就开始写长篇小说的人,他会缺乏观察力、想象力吗?他会贫于构架、贫于思考吗?构架故事本身就是写小说的基本功,而故事所体现的意义,正是优秀小说与平庸小说的分水岭。现在我还不敢说他已经写出了优秀小说,但我知道他有这个能力。

由此我意识到,他身上有着我从未意识到的优势,长年的写作活动,已经造就了他丰盈的内心世界,并且赋予了他在精神上影响和引领他人的能力。

中国家长往往将领导力理解为"权力",而且是一种组织权力,就像他们平时所见的大大小小领导所具有的权势一样,能够管人,发号施令,他们认为这就是领导力。

固然,世界上有很多大权在握的强人,风光无限。但同时也有一些社会活动家、特殊时代的革命者,一辈子有很多时间都在监狱度过,孑然一身,不仅"管"不了别人,连自己本身都不能自由支配。但他们却是真真正正的领袖,是世界风云中的权力者,不仅作用于当下,还将流芳于后世。他们的"权力"不是来自于控制,而是来自于影响,是思想和人格方面的影响。

更极端的例子，譬如数学家纳什，不仅管不好别人，连自己的生活都难以自理，一度精神分裂，但这个世人眼中的疯子，却为纷乱的世界理出了头绪。作为数学家，他的博弈理论广泛影响着劳资谈判、国际关系、美国选举，对世界产生了深刻影响，并因此获得诺贝尔奖。纳什难道没有领导力吗？虽然他每天木讷地独自一人步行去学校，待在普林斯顿大学图书馆那个角落里，沉浸于默无声息的数学世界，但我们提到他时，却不能不称其为博弈研究领域的领军人物。"领军人物"这个词他当之无愧，在这个领域，还有谁比他更有领导力呢？

管理人的只是"头目"，影响人的才是领袖。

财富固然是一种权力，组织也是一种权力，但无论是财富领袖还是政治领袖，真正领袖级的人物，其成功背后真正的原因，还是在于头脑，在于思想，在于人格。

不能狭隘地理解"领导力"。如果不能从更深更广的角度去理解所谓的领导力，"培养孩子的领导力"这件事也会做偏。中国家长往往拼命想让孩子当干部，在履历里弄一大堆头衔，以此证明孩子具有领导力，其实是很肤浅的。一个少先队大队长，一定比中队长有领导力？真的不一定。

意识到这一点以后，我对儿子缺乏亮丽"活动"的焦虑终于消失。之后才突然发现，儿子安静内敛的外表下，其实也潜藏着强大的"领导力"，只是我们从未意识到而已。

记得儿子在中学时，有一天他和爸爸聊到学校舞蹈比赛，说他不打算参加。他爸让他做个鼓劲的牌子,比赛时在下面给队友鼓鼓劲,"不要成了边缘人,要显示自己的存在。"

"我存在的意义就是观察。"儿子淡然地回答。我惊了一跳,多么智慧犀利!他在那样的年纪就有了如此的独立思想,只是我在当时,还没有把这与"领导力"联系起来。

我和很多人一样,都有一个认识上的误区,以为必须参与,必须行动,才是积极的态度,旁观是消极的、可耻的。但实际上,旁观也是积极的,旁观也是参与,旁观本身就是一项事业,也可能取得大成就。世界上有很多人就是以旁观为职业的,譬如作家、学者、艺术家,他们以观察和思考为生,他们就是旁观者。有一本写管理大师德鲁克的传记,书名就叫《旁观者》,我自己也正是从这个书名得到感悟,彻底消除了自卑,安心做一个旁观者,这才写出了更多的作品。

我也终于理解了儿子"不参与"的态度,让他按自己的选择去生活。也终于,儿子通过他的观察和思考,在中学阶段就开始创作长篇小说并最终正式出版,实现了一个旁观者的价值。

任何困扰的根源,还是那个老问题——"认识自己"。对自己如果没有清楚的认识,就不可能有自信,不可能有标准,对外来的信息也就越难取舍。所以,最好的标准就是"做自己",把自己的特点、自己的价值充分展示出来,相信自己是金子,识货的人自然会看上。

在写作能力的培养上也是如此,如果不是为了表达自己、做自己,如果仅仅为了分数而写作文,那就只能写出取悦于人的文字,那还真应了我那位朋友所说的,最终当一个"笔杆子",在单位代领导写稿,能不能被提拔全靠领导高兴。

儿子这一次在公益活动上的发言,临时起意,灵光乍现,却解决了问题,不仅让他再次认识了自己,也为留学申请文书找到了主题。

后来他的申请文书大意是:他初中时和父母一起在北京的一个小山村办了个公益图书馆,但渐渐发现图书馆的书只能让很少人受益。他的父母都是作家,他从父母身上看到写作可以影响和帮助更多的人。于是他自己也决定写作。通过努力,他写出了一部反映中国中学校园的长篇小说,出版后产生了社会影响。他希望进入一所世界顶尖的大学,让自己成为一个强大的人,可以更好地回报社会。

这就是他讲的故事。全文只有一千字,但信息量非常大。按题目要求,要结合自己的成长背景来介绍自己。于是他就写了自己成长于什么样的家庭;父母是什么样的人;他们传递给我什么样的价值观;这些价值观如何影响了我;我为什么会产生写书的动机;我又是如何去做的;写书对我个人有什么意义,对社会又有什么意义;我将来打算怎么办;我为什么要申请你们这所大学……如果不是讲故事,又怎么可能把这么多信息整合在一篇短短的千字文中呢?

> 真正的写作是为了表达自己内心的东西,而具有真知灼见、真情实感的文字,是能够影响世界的。

后来他进入了理想的大学,也算没有辜负自己。当然,进入大学只是踏上了人生的一个阶梯,我想他在写作中锻炼出的能力,还会助他踏上更多的阶梯。

4 写作为什么能体现行动力

申请大学固然与梦想有关,但它更是一个行动。

所有学生在正式申请国外大学之前,都必须做出选择——以什么方式进行申请。

李鲁选择了自己申请,这意味着,他必须自己行动。

所谓自己申请,就是俗称的 DIY(Do It Yourself),一切都自己去做。与 DIY 相对的就是找学校(留学中心)或中介机构帮助申请。

DIY 当然有很多好处,最直接的就是省钱。找中介或学校留学中心都要花钱,少则几万,多则几十万。但别人之所以能赚到这笔钱也是有道理的,因为不找中介自己申请的确难度很大,还要承担更大的心理压力。

绝大多数人都是第一次留学,从来没有留学申请的经验,而留学申请本来就有很多环节、很多头绪,让人眼花缭乱。所以选择 DIY 的人,必须要有抗压的能力,制订好计划,管理好时间,有条不紊地推进。

李鲁的性格原本就不乏自信、冷静,而制订计划、管理时间更是他的长项。他从初三开始创作小说,在长达一年多的时间里,必须抵抗来自多方面的压力,包括写作本身的难度、青春期所必然面临的心理困扰、与学校管理制度的冲突、成绩和升学带来的焦虑……而他在重重压力下，仍然能够挤时间出来坚持写作，仅仅是这个行为本身，就让他获得了一种克服压力、专注做事的人生经验。而小说最终的完成和出版，更让他确认了自己的能力，无惧于人生路上的种种困境。

这个写小说获得的人生经验，可以复刻到其他事业中。

当然，对于留学申请这样一个重大又复杂的工程，实际实施也没那么简单。但真正走过之后再来看，DIY所节省的那笔钱，比起他从中得到的经验和成长，简直太微不足道了。

不仅是留学申请，也不仅是小说创作，孩子们将来总要去面对自己的生活、工作，总需要有信心、有毅力、有理性，把遇到的困难一件件解决掉。而这些品质也总是需要在平时的学习和生活中通过做一些具体的事情来养成的——写作就是一项很好的养成活动。

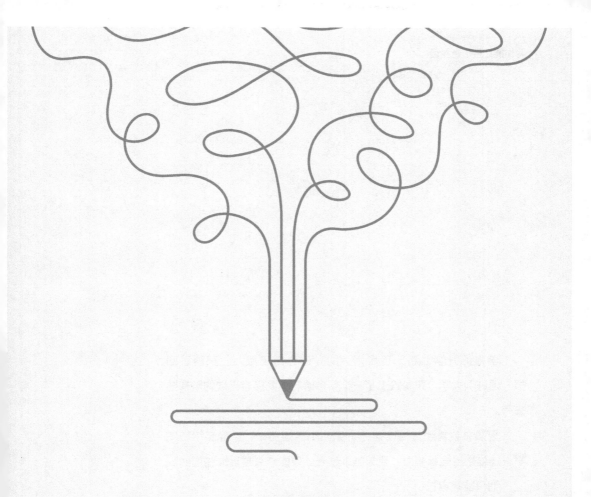

第十章

写作何尝不是灵魂伴侣

李鲁的升学之路无疑是幸运的，他付出了努力，获得了回报。但进入大学，只是跨上了一个新台阶，后面还有无数的阶梯要去跨。

　　只是，我再也无法陪伴他，像他小时候那样，给他牵引和托举。他越来越强壮有力，我却越来越老，只能越来越远地注视他。

　　他只能靠自己。

　　任何人，最终都只能靠自己。

写作陪他走过艰难的路

李鲁进大学时，申请的是文理学院，没有确定专业。对于17岁的他来说，美国是个新鲜的国度，未来是个遥远的幻境，人生的方向还需要探索，他并不急于画出箭头。

于是，在伯克利的第一年，他出于兴趣，选学了大量文科课程，尽情享受伯克利的学术环境和自由氛围。与此同时，他开始用英文创作小说，用艺术去理解和阐释他眼中的新世界。

其实，李鲁在每一个十字路口，都会通过写作来找到方向。至于当时这个写英文小说的行为，对他到底产生了什么影响，他自己写过一篇文章，我摘录于此。

附：李鲁的文章

我在伯克利这两年，写下一部小说，也明白了我与他人的不同之处

是的，我在美国上学，在伯克利，就是那个伯克利。

在陌生人眼里，我可能是个典型的学霸：每天教室、图书馆、宿舍三点一线，书不离手，要点不离口。然而我就读于"名校"

并不代表我的生活就被局限于此，相反，在过去的两年中我把写作看成是和学业同等重要的事，为它欢喜为它忧。

在大一整整的一年里，除了 midterm（期中考试）前一天和 deadweek（期末考试前一周），晚上我是不学习的——每个晚上，当其他人都在看书写作业的时候，我匆忙敲击键盘，写下的是迥异的人物和超越现实的情节；我平静地望出窗外，看到的是繁忙的 Bay Bridge（海湾大桥）和灯火阑珊的三番。

因为写作，那一年的 GPA 很不如人意，直到现在也没能填上当时挖下的坑，但是现在我仍觉得那些写作的日子将会是我整个大学生涯里最美好、最有意义的时光，会是一段使我明白我与他人的不同之处的时光。

还记得那时每写一万字，就拍一张照片作为激励。那样的照片留下了 14 张。最终，在去年的暑假，我终于完成了这本小说 *Salvation*（《救赎》）——我人生中的第二本小说，也是第一本英文小说。又过了整整一年，今年的暑假，这本小说终于得以出版，以电子版的形式登陆 iBook 和 Amazon，实现了我在美国出版小说的愿望。

从动笔到杀青，再到最终出版，转眼间大学过半。匆匆两年，多了很多学弟学妹，少了很多学长学姐；未来想了又想，专业换了又换；喜欢过的人，开过的车，生活太多变，虽说走过很多弯路，却总觉得少一些纪念。到现在回头看，可能唯一不曾改变且一直陪伴我的，就是这本小说：作为我的情绪和幻想充斥着我的生活，像我的影子和我一起走过起起落落,从很久以前,直到现在。

　　出书的经历对于我自己是十分宝贵的,然而这不仅仅是我一个人的成就,更重要的是发出了新一代中国留学生的声音——不同于以往贴在中国留学生身上的标签(要么富二代、官二代,要么死读书),我们也有自己的个性和想法,渴望自己的声音能被美国社会所听到,渴望自己的理想被认可,而不是简单地被视为高智商劳工,最终忙于生计。我们也能影响美国社会,影响世界,不单单从技术上,还能从精神上、文化上。这就是我正在做的,通过出版小说。

　　我时常告诉自己:我不仅是一名伯克利的学生,我还是一位作家。我之所以这样想,并不是自居清高,而是不断提醒自己,我深埋心底的理想和鲜为人知的汗水都赋予了我大学生活深刻的意义,那些意义是超脱了所有可以量化的成绩的,是纯粹源于生活又回归到生活中去的。

　　写作的路程必定艰辛,以后的日子任重道远。回头看看,在伯克利学习的这两年,竟没有其他成绩可以送给自己,唯有这本小说随着时间沉淀下来。所以把它当成一座里程碑,标记在已经走过的路上,以此激励自己。

　　Sophomore turns to Junior. Got nothing particular. So to myself, Salvation. (二年级升入三年级,什么都没有发生,给我自己,救赎。)

2016-6-21

正如他的文章所言,在学霸云集的伯克利,他的确算不上优秀,但写作使他超脱了平庸,成为一个不一样的人。他生命中的这一段,终究因为写作而沉淀下来,有了一座里程碑。

事实上,他在文章里没有多说的是,他在伯克利的头两年是相当艰辛的,可以说经历了有生以来最大的打击和困扰。大学一年级他沉浸于自由的学习和写作中,学业压力不是很大。但到了二年级,不得不选择专业了,现实世界的残酷便摆在面前。考虑到将来的就业,他选择了一条更多人走的路——计算机专业。然而那却是一条不适合他的路。

他之前一直是以文科见长,从来没碰过计算机课,而伯克利的计算机专业在全美高校名列前茅,老师中不乏世界级大神,学生中不乏国际竞赛获奖者,他以零基础突然空降到如此强悍的课程中,其艰难程度近乎"自杀"。

大二的第一次专业考试,他以一箱红牛备战,以史无前例的状态死磕,结果呢,只得了 2 分,总分是 40 分!

我在手机这头都听得出他的悲伤。那个绝望的夜晚,他开车登上伯克利后山,望着脚下的旧金山湾区,遥望万家灯火,不知道哪一盏属于自己。

下山之后,他告诉我,约了学校的心理医生。我反倒放心了,一个还想着要自救的人,就不会真正绝望。

他那边的夜晚是我这边的白天。我度过了一个心绪不宁的白天之后,他那边天又亮了。他起床了,手机里传来的声音是平静的。他又去上课了。我长舒了一口气，知道这次的事情过去了，就像从小到大经历过的无数次挫折一样，他又站住了。

之后每天的生活按部就班，他居然慢慢把成绩追到了C，追到了B。他仍然不是学霸，但我已经确信，如果他继续努力，是有可能拿到计算机专业文凭的。而拿下伯克利的计算机专业文凭，就等于拿到了硅谷的通行证。

但是，当大二结束时，他做出了转专业的决定。对这个决定，他也写过一篇文章，发表在《北京晚报》，现摘录于此。

附：李鲁的文章

破碎的计算机梦，
我人生第一次完完全全的失败

我从小就对以数学为首的各种理科提不起兴趣，出了课堂便不会去思考那些五花八门的定理，理科成绩也一直停留在"跟着走"的水准。但另一方面，我却把大把的时间花在了与学业无关的小说创作上。这让我越来越确信，我对理科有种天性般的厌恶。

然而就是这样的我，在大二竟学了一整年的计算机科学，理由和大多数在伯克利选择读计算机专业的人一样，瞄准的无非是这个学校坐拥的良好条件和氛围：俯瞰湾区，靠近硅谷，学计算机意味着理想的就业和报酬。但诱惑大，竞争也惨烈：伯克利每年选择读计算机专业的人成百上千，但大多数人要么因承受不住繁重的学业而另辟蹊径，要么因成绩达不到要求而名落孙山，真正能进入这个专业的不到一半，能顺利毕业的更少。最终能经过面试、考核重重筛选，进入那些赫赫有名大公司的只是冰山一角，能成为闪闪发光的成功创业者的更是昙花一现。

这些险峻的现实对我而言并不代表不可能，但却实实在在地代表了一条艰难且压抑的路。这个道理在当时我便明白，现在再看也并无差错。

大二的整整一年里，学习计算机语言和编程几乎占据了我的所有生活。在大二的第一学期，我所修的四门课里有三门是"水课"，也就是内容简单且不需要拿高成绩的课，剩下一门是计算机的必修课，为申请专业所需的四门必修课中最简单的一门。我如此选课的目的是为了在学习计算机的初期，最大程度地减轻其他课程带来的压力。然而在最开始的两个月里，这个全新的学科还是带给我了前所未有的挑战。

那段时间我每天电脑不离身，脑子里充斥着乱麻般的代码和计算机语言独有的逻辑；能不上的课我就不去上，只为了腾出更多的时间来学习计算机；每天我傍晚六七点钟放学回家，不间断地学习到凌晨三四点钟，但也只是勉强能写完作业。那段时间里，使我身体疲惫的是压得我喘不过气的知识量和作业量，更使我内心疲惫的是我与身边人的差距——由于我打心底对计算机提不起兴趣，同样的知识对于别人也许是一段新奇的探索历程，对于我则是一洼咬紧牙关才能趟过的泥潭；由于我没有和编程相关的学习背景，同样的知识可能别人在高中就已学过，我却需要在跟上目前课堂进度的同时补齐起跑线上的差距。

在最初的一个月里，我与别人的差距最多体现在学习的效率上，比如别人花一个小时写完的作业，我得花两个小时。但是在第一次期中考试之后，这种差距转变为了被量化的、更直观的成绩上的差距。尽管我花费大量的精力学习备考，那次考试我还是遭受了惨痛的失利——40分满分的考试，我只拿到了可怜的2分。

我无法用言语来描述得知成绩后的心情，仿佛是长期累积的压抑和苦涩轰然爆炸，一片片扎在心里，伴随着一个巨大气泡被戳破后产生的巨响，在脑中回荡。当晚我开车上了学校的后山，眼下是湾区的夜景，万家灯火中却没有一盏灯为我亮起，就像在那个时间节点，回顾我花在学习计算机上的每一分每一秒，都如眼前的灯火一般虚无缥缈。然而就在那个夜晚，我也清楚地知道，再多的感慨在面对白纸黑字的成绩时也是无力，第二天等一切过去，我也只能更奋不顾身地投入那黑洞般的学习。

越付出，就越期待；越失败，就越想反击。渐渐地计算机占据了我的全部生活，让我没有时间去和朋友相处，没有精力去顾及除计算机之外的任何事，然后猝不及防的，在考试中一次又一次地摧毁我对它所有的期待。或许是我太固执于最初的决定，或许是我不走到尽头就不死心，等到我开始思考"计算机是否真的适合我""我如此卖命却又一次次失落是否值得""将来即便从事了与计算机相关的工作，我又是否能开心"这种种问题时，眨眼间已经过去了一年。那时，当我发现自己已经无法继续前行，抬起头回望过去，我看见的是一个狼狈不堪的自己。

庆幸的是，我虽狼狈，但在我身边也曾有那么两三个战友陪我一起走过艰难险阻。大二下学期的每个周四下午，我都会和我的一位朋友一起去上计算机课，遇到不会的问题互相帮助，有人做伴仿佛时间也过得更快。下课后大多已是傍晚时分，每当我们走出计算机楼，夕阳映上脸庞，加利福尼亚耀眼的阳光，伴随着丝丝的凉意，送我们走上回家的路。那是一阵短暂的却源自内心的平静，和在认真上完课后对自己小小的嘉奖。于是我们会在十字路口抽一支烟，腾起的烟雾在微风中很快消失不见，落日西下阳光照得我们睁不开眼，出了教室再也不谈课业，只是聊聊天，随之笑笑结束这一天。那是当我回眸时心生温暖的瞬间，就像《肖申克的救赎》中犯人们在屋顶喝啤酒的傍晚，那个瞬间他们感觉到自己仿佛是自由人——这也许不是一个好的比喻——然而我却也感觉到自己仿佛回到了过去，仿佛逃离了生活的怪圈。

陪我度过这般岁月的朋友着实可谓"患难之交"，只是在我大二结束最终决定放弃学习计算机后，他依然坚持走在那条我未走完的路上。最近和他闲聊，问起这学期计算机课的进展，他说无非是作业更多考试更难，我也只能勉强笑笑，心疼他如今要独自面对我还没能来得及面对的、更加险峻的未来。过了良久，他说即使他现在有希望进入计算机专业，他却更怀念从前，那时他把我看作是他的靠山，因此心里踏实，然而当时一起拼搏过的兄弟如今只剩下了他一个，不禁心生留恋。那之后我才突然明白，原来是非成败早已不再重要，即使这段学习计算机的路曾经走得是那么狼狈，即使在别人看来是那么无谓，当它给我留下的创伤慢慢退去，我依然把它看作是一段峥嵘岁月。

无论是当时还是现在，我都从未后悔选择学习计算机，尽管对于一个像我这样把全部热情都投入进写作里的人而言，这决定显得异常不合理。但是我也不禁思考，当初是否应该一意孤行地走上这条道路，以至于在前行的过程中撞得头破血流，停下脚步时已然遍体鳞伤。事实上，我从未把"学成计算机"当作梦想；相比起"梦想"，那更像是一个美好而缥缈的梦，给我希望又使我彷徨，然而固执的我却沉睡在那梦里迟迟不肯醒来。那也是一年后的今天我才明白，有种距离比所谓的"梦想"更遥远，那便是盲目跟随潮流，追逐某个原本不属于自己的梦，随之迷失在前人留下的杂乱脚印中，再也找不回方向，直到梦醒时分才发现原来自己还在原地，心中却已满是伤痕。

然而是梦，也是感慨良多的旅程；是伤痕，也是通往下一段路的大门。这段经历的真正意义并不在于使我具备了与计算机相关的技能，抑或是给我增添了学习计算机的背景，而是在于让我面对了人生中第一次完完全全的失败，一次无法回头、没有机会反击的失败；并且让我在跌倒后有勇气正视自我，正视这段苦涩的经历，以及这段经历里包含的所有付出和失落。最终让我能心平气和地讲述我的故事，再敞开心扉踏上人生的下一段路。

这是李鲁大三时写下的文章，反思他的这段"计算机梦"。事实上，当他能够反思时，他已经走上了新的旅程。大三他转了专业，经过两年学习，按时从伯克利毕业，拿到经济学和应用数学双学士。

我想说的是，对于一个能够反思、能够选择的人来说，世界上没有什么真正的挫折，全都是财富。

2　儿子成人，我终获安详

李鲁从伯克利毕业以后，本科的专业背景以及特有的写作能力，帮助他在美国找到了第一份工作——数据分析师兼科技记者。此后他又换了两份工作。

再之后，一年的工作历练，帮助他进入乔治·华盛顿大学 MBA 深造。读研期间，学业已不是障碍，项目也不是问题，却遇到了一场肆虐全球的"新冠疫情"。

他没有回国，选择留下来完成学业。疫情中他和所有留学生一样，经历着外人难以想象的艰难，但我从他身上没有感觉到太多恐惧和沮丧。他还是和平常一样忙碌，我们和他微信联系时，他常常是在上网课，或者在网上开会、做项目。

后来美国疫情严重了。居高不下的感染率、持续的社交限制政策、不断爆发的种族冲突及抗议活动、中国留学生遭受的歧视和打压、越来越难获得的工作机会……压力山大！但我们半点忙也帮不上。

我们难免流露出担忧，他倒反过来安慰我们："天无绝人之路，看情况吧。"确实也是，除了"看情况"还能怎样呢？人在时代大潮里总是那样渺小，但再渺小的人也总有自己的一席之地。他还是淡定，还是忙碌，还是上网课、开网会、投求职简历，该干什么干什么。

待到学校放暑假，疫情还没有结束的迹象。李鲁五月份原本要去德国普华永道实习的项目，也改为在网上完成。中美已经断航，我一个朋友春节去美国看儿子，买了十天的往返机票，结果疫情暴发，两口子困在美国，到年底也没能回国。李鲁自然是不可能回国了，暑假就安安心心待在美国。

他还是没闲着，告诉我们，又开始写小说了。这是他的第三部小说，已经酝酿很久，"现在又不能出门，正好写小说，以后怕是难得有这样的空闲了！"

忽然很感动，也很感恩，这辈子有写作相伴，是他最大的福气。以前我总把写作看成一种工具，助他获得某种现实的成功。现在看来，写作何尝不是灵魂伴侣，给人生最忠诚的陪伴、最温柔的抚慰、最有力的支撑。

> 写作可以让我们摆脱对任何人、任何环境的依赖，成为一个可以独处的人。

"独处"在岁月静好时也许只是生命的点缀，但在某些大灾难、大变故面前，能否"独处"或许就成了生死攸关的素质，因为你必须冷静面对，独立行动，自己承担所有一切。

到了九月初，美国学校如期开学，李鲁他们还是上网课。他的小说已经写到十多万字，开学后速度会放缓，因为时间更紧张了。新学期他不仅要继续 MBA 项目，还申请了一个新专业"商业数据分析"，争取一年后拿到两个硕士学位。

周末他会开车去大华超市,买回一堆食材。这次疫情把他最短的短板也补齐了——他学会了做饭。我开玩笑说:"真想不到你还能成为大厨,拍出来的'饭照'还色香味俱全。"他说:"做饭也挺简单,以前只是没时间。"

他把一个人的生活过出了质量。我脑补出一串画面:他一个人买菜、一个人做饭、一个人吃饭、一个人写作、一个人玩游戏、一个人开车去空旷的地方跑步……整整大半年,他除了去大华超市买东西,平时身旁连个能说话的活人都没有……我忽然想流泪……想起我们这边疫情严重,全社会隔离的时候,很多人仅仅因为不能外出活动,都快要憋疯了……我的儿子,他血气方刚,独自在万里之外,整整大半年,一个人憋在家里,还没疯!

事实上他还相当淡定,自己做饭,自己学习,自己写作,还把找工作的大事给搞定了,毕业前和一家电商大公司签约,即将去波士顿就职。

前几天和他视频,搞了突然袭击,让他开着视频仔仔细细看了他的家,这个他独自在华盛顿住了两年的地方。这一圈看下来:厨房,没有剩菜剩饭和脏碗,调料瓶都放在架上;客厅,沙发上有靠垫,书桌上有台灯和电脑,墙上有几幅画;衣橱里,妥妥地挂着衣物,包括常穿的运动服;床头有个小柜子,柜子上有盆绿植,是他从小到大家里就一直养着的那种"一帆风顺",还没开花。

我不知道该怎样感激他,感激上苍给了我这么好一个儿子!

儿子小时候,我常常会做噩梦,那种极度恐惧、极度焦虑的感觉难以言传。半夜从梦里吓醒,一身冷汗,明明知道是梦,还是会一翻身起床，走到儿子房间，看他还好不好。当然，每次都是好的。那样的时刻，站在他的床前，看着他恬静的睡姿，听着他深沉的呼吸，窗外是无边的寂静，觉得世界是如此安详。

对，安详！

"安详"就是我养育儿子所要追求的终极目标。一个孩子的成长总伴随着父母太多的焦虑、太多的担忧，孩子是如此稚嫩、弱小，谁又敢说有绝对把握？只有孩子真正长大了，有力了，能够自己应对复杂的世界，独立承担他自己的命运，作为父母才能真正放心，终获安详。

现在我已经不做噩梦了，儿子偶来我的梦中，也皆是温暖、喜悦之气。人生进入下半场，能有这样一个局面，夫复何求。